북한 투자
실무가이드

북한 투자 실무가이드

초판 1쇄 발행 | 2020년 11월 20일
초판 2쇄 발행 | 2020년 12월 10일

지은이 | 법무법인(유한)태평양 · 삼정KPMG
펴낸이 | 박상두
편집 | 이현숙
디자인 | 고희민
제작 | 박홍준
마케팅 | 박현지

펴낸곳 | 두앤북
주소 | 04554 서울시 중구 충무로 7-1, 506호
등록 | 제2018-000033호
전화 | 02-2273-3660
팩스 | 02-6488-9898
이메일 | whatiwant100@naver.com

값 | 18,000원
ISBN | 979-11-90255-08-0 03320

이 도서의 국립중앙도서관 출판예정도서목록(CIP)은 서지정보유통지원시스템 홈페이지(http://seoji.nl.go.kr)와 국가자료종합목록 구축시스템(http://kolis-net.nl.go.kr)에서 이용하실 수 있습니다.
(CIP제어번호 : CIP2020046970)

북한 투자 실무가이드

법무법인(유한)태평양·삼정KPMG

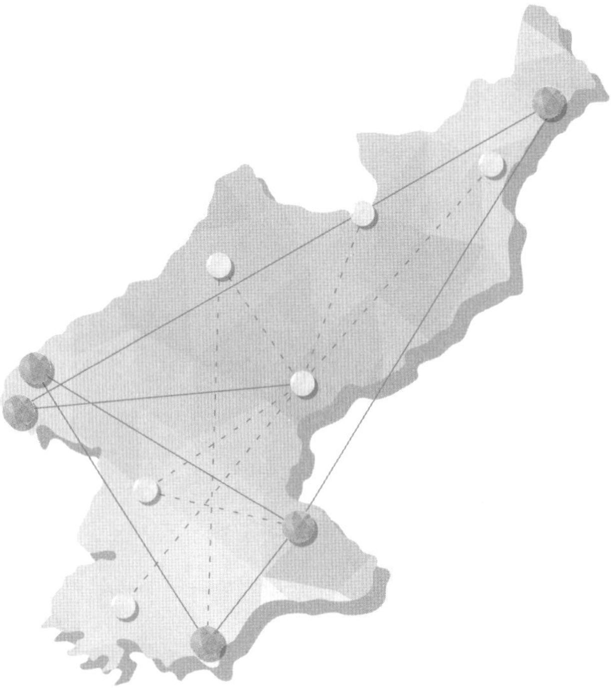

두앤북

성공하는 대북투자의 요건

한반도의 분단은 불행한 역사의 산물이자 우리 민족이 극복해야 할 과제입니다. 남한과 북한은 국가와 국가의 관계가 아니라 분단을 넘어 통일을 지향하는 과정에서 잠정적으로 형성된 특수한 체제관계입니다. 우리는 상호 교류와 협력을 통해 오랜 대립과 불신을 불식하면서 연합단계를 거쳐 단일한 체제로 통합되는 통일의 여정을 함께해야 합니다.

지금까지 대북투자는 1990년 '남북 교류협력에 관한 법률'이 제정된 이래 30여 년간 이어져왔으며, 개성공단과 금강산관광사업, 경의선 철도와 도로 연결과 같은 대규모 남북협력사업부터 북한산 농수산물과 광물의 반입, 임가공 교역까지 다양한 규모와 형태로 이루어졌습니다. 중요한 것은 미래입니다. 남북정상회담과 판문점선언, 평양선언 등을 계기로 새로운 변화의 모멘텀을 모색 중인 남북관계가 근본적인 전환을 맞이한다면 대북투자는 전혀 다른 차원에서 전면적으로 활기차게 추진될 것입니다.

한반도 정세의 극적인 변화는 우리 기업들에 중대한 도전과 기회로 다가올 것이 분명합니다. 북한은 새로운 시장이라는 단순한 의미 외에 민족의 공동번영을 도모할 수 있는 상생발전의 파트너로서 중차대한 의미를 갖습니다. 상호 보완적인 남북의 산업구조를 적절히 활용한다면 충분히 가능한 일입니다. 하지만 결코 쉽지 않은 것 또한 현실입니다. 남한과 북한은 장기간의 분단으로 사회문화를 비롯한 많은 영역에서 이질화되었습니다. 법제도 상이할뿐더러 북한의 법운용 실태와 법문화는 대부분 알려져 있지 않습니다.

북한은 현실적 리스크와 불확실성에도 불구하고 우리 기업들의 활로를 열어줄 미래의 블루오션으로 포기할 수 없는 투자 대상입니다. 앞으로 전개할 본격적인 대북투자에 앞서 우리 기업들이 투자 관련 법제도와 운용 실태 및 선행 경험 등에 대한 심도 있는 학습과 토론을 통해 전문성을 확보하는 것이 필요한 시점입니다.

법무법인(유한)태평양은 대북투자 초창기부터 전문팀을 구성하여 남북관계 분야의 법령은 물론, 개별 기업의 합영·합작·단독투자사업, 남북교역사업, 남북임가공사업, 남북관광 및 문화협력사업, 남북경협보험 등의 제반 이슈에 대한 법률자문서비스를 제공하고 있습니다.

《북한 투자 실무가이드》는 저희 법무법인이 수행해온 법률자문 과정에서 축적한 경험과 지식에 삼정KPMG가 대북투자 관련 비즈니스컨설팅을 통해 보유한 최고의 전문성을 결합한 성과입니다. 양 사의 전문가들이 혼신의 노력과 효율적 협업을 통해 완성한 이 책이 대북투자를 준비하는 기업들과 관심 있는 모든 분들에게 북한의 투자환경을 정확히 이해하여 예상되는 리스크를 최소화함으로써 성공적으로 사업을 추진하는 데 보탬이 되기를 기원합니다.

법무법인(유한)태평양 업무집행 대표변호사

김성진

대북 비즈니스를 실질적으로 준비하고 있습니까?

《손자병법》에 나오는 것으로 알려진 '지피지기(知彼知己)면 백전백승(百戰百勝)'은 유명한 문구입니다. 하지만 정작 《손자병법》에는 이 문구가 나오지 않습니다. 실제 《손자병법》의 〈모공편(謀攻篇)〉에는 '지피지기(知彼知己)면 백전불태(百戰不殆)'로, 뜻은 비슷하지만 다르게 쓰여 있습니다. 세기에 남을 문구이지만 세상에는 다소 변형된 채로 알려져 있는 것입니다.

이러한 현상은 우리의 현실과도 닮아 있습니다. 70년이 넘는 남북분단의 기간 동안 서로에 대해 잘 모르는 채로 지내면서 우리는 북한을 알기 위해 노력해왔습니다. 하지만 그 과정에서 《손자병법》의 원문을 구미에 맞게 윤색하듯 우리의 의도에 맞게 북한을 바라보았던 것은 아닌가 하는 의문이 듭니다.

북한과의 경제협력과 투자도 대동소이하다는 생각입니다. 수년에 걸쳐 제기되었던 장밋빛 미래와 아름다운 전망들 속에서 과연 우리는 냉철하게 지피지기(知彼知己)했는가, 북한 진출과 투자를 위해 실질적으로 무엇을 준비해야 하는지 알고 있었는가를 돌아보게 됩니다. 그리고 지금 무엇을 준비해야 하는가를 묻게 됩니다.

우리는 오랜 시간 동안 이러한 질문에 대해 치열하게 고민하고 답을 찾기 위한 노력을 기울였습니다. 그 인고의 시간 끝에 《북한 투자 실무가이드》라는 결실을 세상에 내놓게 되었습니다.

이 책은 크게 5개의 파트로 구성되어 있습니다. 'Part 1 북한 바로 알기'에서는 북한의 현주소, 북한의 경제, 주요 인프라 환경 등을 분석하여 투자 환경을 최대한 객관적으로 들여다보고, 'Part 2 투자 준비부터 실제 투자까지'에서는 투자에 앞서 알아야 할 북한과 특수경제지대의 법제와 정책을 면밀하게 살펴보았습니다. 'Part 3 어떤 회사를 어떻게 설립할 수 있는가'에서는 설립 가능한 기업의 형태, 절차, 특성과 차이 등을 일목요연하게 정리했고, 'Part 4 어떻게 경영할 것인가'에서는 부동산, 노무, 생산, 무역(수출입), 회계, 조세, 금융, 해산 및 청산 등으로 나누어 실제로 기업을 운영하는 절차를 상세하게 안내했습니다. 마지막으로 'Part 5 분쟁이 발생했을 때'에서는 많은 기업인들이 우려하는 각종 분쟁과 관련한 법률을 고찰하고 개성공단 등의 선험 사례를 소개합니다.

법무법인(유한)태평양과 함께 이 책을 준비하면서 무엇보다 심혈을 기울인 부분은 북한과의 비즈니스에서 필요사항들을 객관적이고 실질적으로 제공하는 것이었습니다.

앞으로 도래할 대북 비즈니스 준비를 위해 기꺼이 함께해준 법무법인(유한)태평양에 깊은 감사의 마음을 전합니다. 양 사 전문가들의 열정과 수준 높은 팀워크를 바탕으로 우리 기업들이 북한에서 비즈니스를 전개하는 데 길잡이가 될 유용한 책을 만들어낸 것을 자랑스럽게 생각합니다.

아무쪼록 이 책이 남북경협을 준비하고 기획하는 지침서의 역할을 넘어 남북의 비즈니스가 활발하게 이루어질 수 있도록 남한과 북한의 경제 주체들이 실무 차원에서 함께 참고하는 원론서의 역할을 할 수 있는 날이 속히 오기를 기대합니다.

삼정KPMG CEO

김교태

차례

PART 05

분쟁이 발생했을 때

APPENDIX

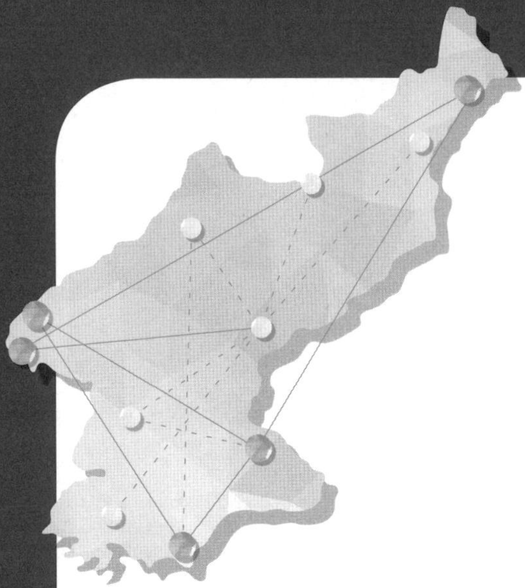

PART 01

북한 바로 알기

북한은 지금

▶▶▶▶▶

북한의 현재에 대해 알아야 할 기본 정보들을 정리하면 아래와 같다.

북한 개요(2019)

정식 명칭	조선민주주의인민공화국(DPRK, Democratic People's Republic of Korea)
수도	평양(1직할시), 1,849㎢
인구	2,525 만명(남한 5,171만명)
주요 도시	2특별시(라선특별시, 남포특별시)
인구밀도(명/㎢)*	204명(남한: 514.1명)
기후	대륙성기후 영향으로 한랭건조, 고온다습, 사계절 뚜렷, 연평균 기온 10˚
면적	123,214㎢(한반도의 약 55%)
통화	북한 원화 사용, 장마당에서 달러와 위안화 통용
국민총소득	명목 GNI 35.6조원, 1인당 GNI 140.8만원
무역총액	32.4억달러(수출 2.8억달러, 수입 29.7억달러)
남북교역액	690만달러(반입 20만달러, 반출 670만달러)

천연자원	석탄 생산량 1,808만톤, 철광석 생산량 328만톤
농작물	식량작물 생산량 464만톤(쌀 224만톤, 옥수수 152만톤)
수산물	수산물 생산량 71만톤
발전설비용량	8,150MW(수력 4,790MW, 화력 3,360MW)
발전전력량	249억kWh
이동전화 가입자수	381만명(2017)

출처: 통계청

2,500여만의 인구 구성

2018년 북한의 인구는 2,513만 2,000명으로, 남한의 5,160만 7,000명과 비교하면 약 1/2 수준이다. 기대수명은 남자 66.5세, 여자 73.3세로, 남한의 남자 79.7세, 여자 85.7세보다 남자는 13.2세, 여자는 12.4세 낮은 상태다.

평양 등 주요 도시의 인구

북한의 수도인 평양에는 전체 인구의 약 13%가 살고 있다. 주요 도시별 인구분포를 살펴보면 다음과 같다.

북한의 주요 도시 인구

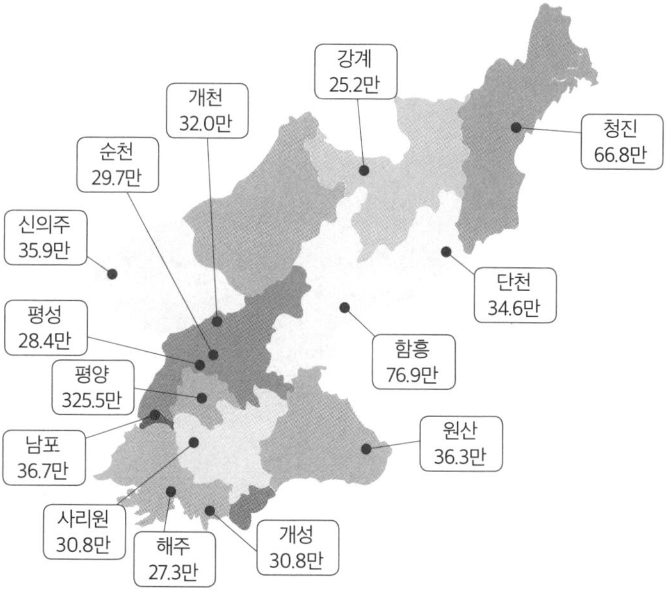

출처: 통계청, 유엔인구기금(UNFPA) 2008년 인구센서스

북한 경제의 어제와 오늘

▶▶▶▶▶

경제의 주요 지표

국민총소득(GNI)[1]

북한의 국민총소득(GNI, 명목)은 2019년 현재 35조 6,000억 원으로, 남한의 1,935조 7,000억 원 대비 1/54 수준이고, 1인당 GNI는 141만 원으로, 3,744만 원인 남한의 1/27 정도다.

북한의 인구, 명목 GNI, 1인당 GNI, 경제성장률

항목	단위	2011	2012	2013	2014	2015	2016	2017	2018	2019
인구	천명	24,308	24,427	24,545	24,662	24,779	24,897	25,014	25,132	25,250
명목GNI (원화 표시)	조원	32.4	33.5	33.8	34.2	34.5	36.4	36.6	35.9	35.6

1 국민총소득(GNI)은 한 국가의 국민이 국내외 생산활동에 참여하거나 생산에 필요한 자산을 제공한 대가로 받은 소득의 합계다. 이 지표에는 자국민(거주자)이 국외로부터 받은 소득(국외수취요소소득)은 포함되지만, 국내총생산 중에서 외국인(비거주자)에게 지급한 소득(국외지급요소소득)은 제외된다(통계청, 통계용어·지표의 이해, 2015. 4)

항목	단위	2011	2012	2013	2014	2015	2016	2017	2018	2019
1인당GNI (원화 표시)	만원	133	137	138	139	139	146	146	143	141
경제성장률	%	0.8	1.3	1.1	1.0	-1.1	3.9	-3.5	-4.1	0.4

출처: 통계청

통화

국제표준화기구(ISO)가 정한 북한의 통화코드(ISO 4217)는 KPW이며, '₩'으로 표시하고, '원'으로 읽는다. 2018년 현재 북한에서는 지폐 9종(5,000원, 2,000원, 1,000원, 500원, 200원, 100원, 50원, 10원, 5원)과 주화 4종(50전, 10전, 5전, 1전)이 유통되고 있다. 지금까지 총 5차례의 화폐 개혁을 실시했으며, 가장 최근인 2009년의 화폐 개혁은 그 부작용으로 인해 원화(조선원)보다 외화(달러, 위안화, 유로화)가 더 활발하게 유통되는 결과를 가져온 것으로 파악된다.

환율

북한의 환율은 공정환율, 무역환율, 비무역환율(여행자환율) 등 3가지로 구분되는 복식환율제였으나, 1990년대 후반 들어 공정환율과 무역환율로 단순화되었다가 2002년 7월 이후부터 공식환율로 단일화되었다. 북한의 공식환율은 타국과의 협정이나 국제 금융시장에서의 수요와 공급에 따라 정해지지 않고 국가가 인위적으로 결정한다.[2] 북한은 고정환율제를 채택하고 있으며, 조선무역은행이 공식환율을 고지한다. 2018년 북한의 대미 공식환율은 105.60원으로 파악되며, 비공식(시장)환율은 2015년 이후부터 평균

2 통일부 북한정보포털(https://nkinfo.unikorea.go.kr/nkp/overview/nkOverview.do) 홈페이지

북한의 공식환율

(단위: 원/달러)

2011	2012	2013	2014	2015	2016	2017	2018
98.00	101.00	99.70	99.80	108.80	108.40	107.30	105.60

출처: 통계청

북한의 비공식(시장)환율: 평양지역

(단위: 원/달러)

2015. 1. 7.	2016. 1. 13.	2017. 1. 26.	2018. 1. 24.	2019. 1. 8.	2020. 1. 1.
8,000	8,190	8,000	8,000	8,500	8,350

출처: 데일리NK

8,000~8,500원대를 유지하고 있다.[3] 공식환율과 비공식환율이 약 80배의 차이를 보인다.

외국인직접투자(FDI)

유엔무역개발회의(UNCTAD)가 발표한 통계편람(Handbook of Statistics 2019)에 따르면, 북한에 대한 외국인직접투자(FDI)는 2018년 5,200만 달러로 2017년(6,300만 달러)보다 17.5% 감소했다.

북한의 외국인직접투자 유치액(FDI)

단위	2011	2012	2013	2014	2015	2016	2017	2018
백만달러	126.00	221.33	88.72	78.76	81.64	93.02	63.00	52.00

출처: 유엔무역개발회의

3 데일리NK(https://www.dailynk.com/北장마당-동향/) 홈페이지

변화하는 산업구조

북한의 산업구조는 2019년 서비스업의 비중이 34.1%로 가장 높고, 이어서 광공업이 29.6%, 농림어업이 21.2%를 차지하고 있다. 국제사회의 대북제재로 수출품 1위였던 광공업 비중이 하락하고 있으며, 원자재 조달이 어려워지면서 제조업도 감소 추세다. 장마당과 종합시장의 확대 등 시장화의 진전으로 관련 서비스가 증가하면서 전체 산업에서 서비스업 비중이 점차 확대되고 있다.

북한의 산업구조

(단위: %)

구분	2016	2017	2018[1]	2019
농림어업	21.7	22.8	23.3	21.2
광공업	33.2	31.8	29.4	29.6
광업	12.6	11.7	10.6	11.0
제조업	20.6	20.1	18.8	18.7
(경공업)	(6.9)	(6.8)	(6.8)	(7.0)
(중화학공업)	(13.7)	(13.3)	(12.0)	(11.7)
전기가스수도업	5.2	5.0	5.4	5.4
건설업	8.8	8.6	8.9	9.7
서비스업	31.1	31.7	33.0	34.1
(정부)	(22.4)	(23.2)	(24.6)	(25.2)
(기타 2))	(8.7)	(8.4)	(8.5)	(8.8)
국내총생산	100.0	100.0	100.0	100.0

주)1 명목GDP에서 차지하는 각 산업별 생산액의 비중
2 도소매 및 음식숙박, 운수 및 통신, 금융보험 및 부동산 등을 포함

출처: 한국은행, 2019 북한 경제성장률 추정 결과, 2020

대외무역 동향

대외무역 현황[4]

2019년 북한의 대외무역 규모는 2018년 대비 14.1% 증가한 32.4억 달러를 기록하면서 2017~2018년의 하락세에서 벗어났다. 수출은 전년 대비 14.4% 증가한 2.8억 달러, 수입은 14.1% 증가한 29.7억 달러를 기록했고, 무역수지는 26.9억 달러의 적자를 나타냈다.

북한의 전체 수출품목 비중(2019)

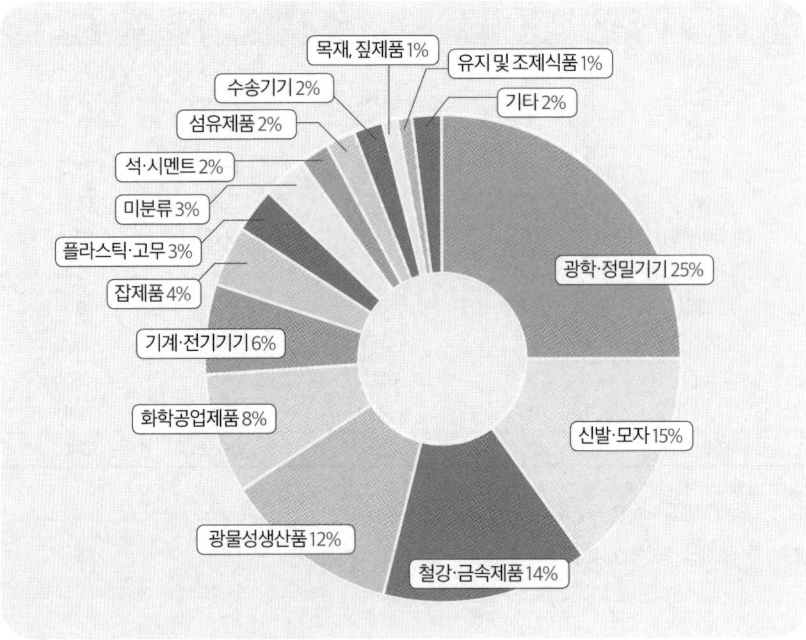

출처: KOTRA, 2019 북한 대외무역 동향, 2020

4 KOTRA, 2019 북한 대외무역 동향, 2020

최대 수출품목은 광학·정밀기기류(HS 90-92)로 전년 대비 53.2% 증가한 6,934만 달러를 보이며 전체 수출의 25%를 차지했다. 다음으로 신발·모자류(HS 64-67)가 14.9%인 4,152만 달러를 기록하면서 유엔의 대북제재 영향을 받지 않는 광학·정밀기기류와 신발·모자류가 북한의 새로운 주력 수출품으로 등장했다. 대북제재의 영향으로 기존에 북한의 최대 수출품목이었던 광물성생산품(HS 25-27)은 2018년 수출액이 전년 대비 -92.4%를 기록하고, 2019년에는 전년 대비 -29.9%인 3,429만 달러를 기록하며 급격한 감소세를 보이고 있다. 역시 최대 수출품목 중 하나였던 섬유제품(HS 50-63)은 2017년 33.0%의 비중에서 2019년 1.7%로 대폭 축소되었다.

북한의 전체 수입품목 비중(2019)

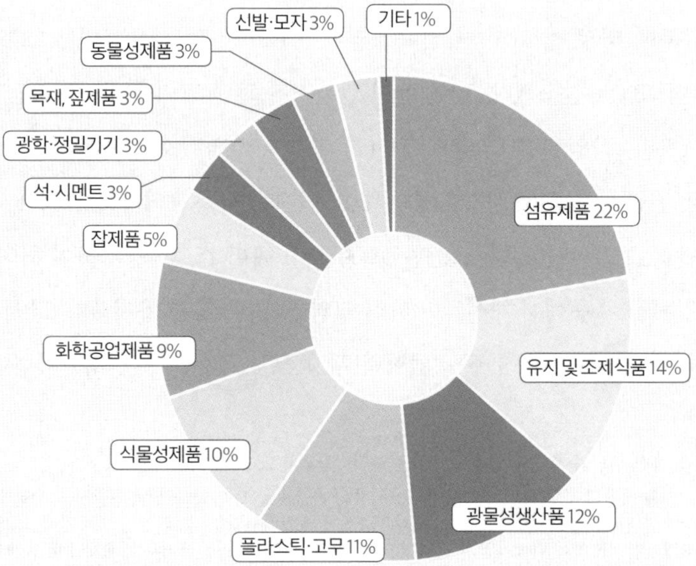

출처: KOTRA, 2019 북한 대외무역 동향, 2020

2019년 최대 수입품목은 섬유제품이었다. 2018년 대비 23.6% 증가한 6.6억 달러로 전체 수입의 22.2%를 기록하면서 5년 연속 최대 수입품목이 되었다. 대북제재의 영향을 받는 품목인 철강·금속제품류, 기계·전기기기류, 수송기기류의 수입은 각각 35.6%, 67.0%, 75.7%의 감소세를 보였다.

북한의 대외무역에서 주요 수출품(무연탄, 의류, 수산물 등)의 비중은 대북제재로 급감했다. 북한은 이에 대한 자구책으로 비제재 수출품목(시계, 가발, 텅스텐 등)을 개발했으나 제한적인 수요로 인해 기존 수출품들의 공백을 채우기에는 부족한 상황이다. 여기에 연료, 기계, 전자, 차량, 철강 같은 주요 품목들의 수입이 지속적으로 감소하는 추세에 있다. 특히 2017년부터 강화된 대북제재의 영향으로 최근에는 수입 비중이 급감한 상태다.[5]

남북교역[6]

통일부에 따르면, 2019년 남북교역액은 687만 달러로 전년(3,127만 달러) 대비 78.0% 감소했다. 이 중에서 민간지원 관련 교역액이 차지하는 비중은 71.6%다. 반입은 21만 달러로 전년 대비 98.0% 감소했고, 반출은 667만 달러로 전년 대비 67.8% 감소했다. 2015년에는 남북교역액이 27억 1,447만 6,000달러로 2014년(23억 4,263만 9,000달러) 대비 15.9% 증가하여 최대치를 나타냈는데, 이 중에서 개성공단 관련 교역액이 99.6%를 차지했다. 당시 남북교역의 반입과 반출은 모두 경제협력(개성공단, 금강산관광, 경공업협력, 기

5 이요셉, 북한 무역의 추이와 전망, KMI 북한해양수산리뷰 2020년 2호

6 남북교역은 남한과 북한 사이에 이루어지는 물품의 반출·반입을 말한다. 남북경협 형태의 하나로, 대북무상지원(민간, 정부), 경수로 건설, KEDO중유, 경제협력사업(개성, 금강산, 사회문화, 기타)금액을 제외한, 일반교역과 위탁가공의 교역액만 비교한 개념이다. 일반교역은 매매계약에 의한 단순상품거래를, 위탁가공교역은 남한에서 원부자재의 일부 또는 전부를 공급하여 북한에서 완성품 또는 반제품으로 가공하여 반입하는 형태의 교역을 말한다(통계청 나라지표: http://www.index.go.kr/potal/main/EachDtlPageDetail.do?idx_cd=1698)

남북교역액 현황

(단위: 백만 달러)

구분	남북교역 유형	2010	2011	2012	2013	2014	2015	2016	2017	2018	2019
반입	일반교역, 위탁가공	334	4	1	1	0	0	0	-	-	-
	경제협력(개성공단, 금강산관광, 기타, 경공업협력)	710	909	1,073	615	1,206	1,452	185	-	-	-
	비상업적 거래(정부·민간 지원/사회문화협력/경수로)	0	1	-	-	0	0	0	0	11	0
	반입 합계	1,044	914	1,074	615	1,206	1,452	186	0	11	0
반출	일반교역, 위탁가공	101	-	-	-	-	-	-	-	-	-
	경제협력(개성공단, 금강산관광, 기타, 경공업협력)	744	789	888	518	1,132	1,252	145	-	-	-
	비상업적 거래(정부·민간 지원/사회문화협력/경수로)	23	11	9	3	4	10	2	1	21	7
	반출 합계	868	800	897	521	1,136	1,262	147	1	21	7

출처: 통일부

*반올림으로 세부금액 합계와 전체 금액이 다를 수 있음. 교역액 백만 달러 미만은 '0'으로, 없을 경우 '-'로 표시함

타) 중심으로 진행되었다.

지하자원 및 농수산물

지하자원

광물자원공사에 따르면, 북한에 매장된 주요 광물자원의 잠재가치는 3조 9,000억 달러(약 4,170조 원)로 추정되며, 이는 남한 광물자원의 약 15배에 이르는 규모다. 북한에는 철광석, 무연탄, 마그네사이트, 흑연 등 총 220여 종의 광물자원이 매장되어 있고, 동과 아연을 비롯한 경제성이 있는 광물은 20여 종이 분포하는 것으로 파악된다. 그중 텅스텐, 몰리브덴 등 희유금속과 흑연,

북한의 지하자원 매장량

광종 구분	광종	기준 품위	매장량	단위(t)
금속	금	금속기준	2,000	톤
	은	금속기준	5,000	톤
	동	금속기준	2,900	천톤
	연	금속기준	10,600	천톤
	아연	금속기준	21,100	천톤
	철	Fe 50%	50	억톤
	중석	WO3 65%	246	천톤
	몰리브덴	MoS2 90%	54	천톤
	망간	Mn 40%	300	천톤
	니켈	금속기준	36	천톤
비금속	인상흑연	FC 100%	2,000	천톤
	석회석	각급	1,000	억톤
	고령토	각급	2,000	천톤
	활석	각급	700	천톤
	형석	각급	500	천톤
	중정석	각급	2,100	천톤
비금속	인회석	각급	1.5	억톤
	마그네사이트	MgO 45%	60	억톤
석탄	무연탄	각급	45	억톤
	갈탄	각급	160	억톤
	소계	-	205	억톤

출처: 조선중앙연감(2011), 북한지하자원넷

동, 마그네사이트 등의 부존량은 세계 10위권으로 추정된다.

농작물

2019년 북한의 식량작물 생산량은 464만 톤으로 남한의 400만 톤보다 64만 톤이 많은 것으로 나타났다. 쌀 생산량은 224만 톤으로 남한(374만 톤)의 60% 수준이지만, 옥수수 생산량은 152만 톤으로 남한(2018년 8만톤)의 19배에 달한다.

북한의 식량작물 생산량

(단위: 만 톤)

	2012	2013	2014	2015	2016	2017	2018	2019
식량작물 생산량	468	481	480	451	482	470	456	464
쌀 생산량	204	210	216	201	222	219	221	224
옥수수 생산량	173	176	172	164	170	167	150	152

■ 쌀 생산량 ■ 옥수수 생산량 ● 식량작물 생산량

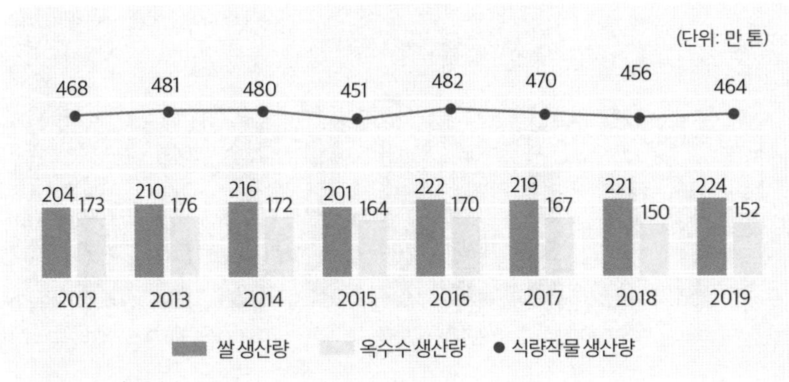

출처: 통계청, 2019 북한의 주요 통계지표, 2019

수산물

통일부(통계포털)에 따르면, 북한 해역에서 서식하는 어종은 약 650~800여 종에 달하는 것으로 추정된다. 이 중에서 해면어류는 640여 종이고, 패류와 해조류는 100여 종, 기타 수산생물은 40여 종으로 알려져 있다.

북한의 수산물 생산량은 통계청과 세계식량농업기구(FAO, Food and Agriculture Organization)에서 발표하는 자료를 통해 간접적으로 확인할 수 있으나, 자료들 사이에 적잖은 차이가 존재한다. 이들을 종합해볼 때 2010년 63만 톤을 기준으로 2016년에는 101만 톤으로 지속해서 증가했으나, 2017년 88만 톤, 2018년 71만 톤으로 감소하기 시작했다. 이는 2017년 유엔의 대북제재(2371호) 채택으로 북한의 수산물 수출이 전면 금지되고 조업활동에 필요한 유류 및 각종 장비의 수급에 차질이 생기면서 수산물 생산이 감소했기 때문이라고 할 수 있다.

북한 수산물 생산량

(단위 ▬ 어획량: 만 톤, -●- 증감률: %)

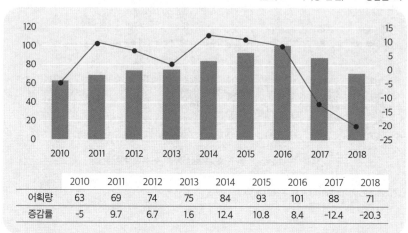

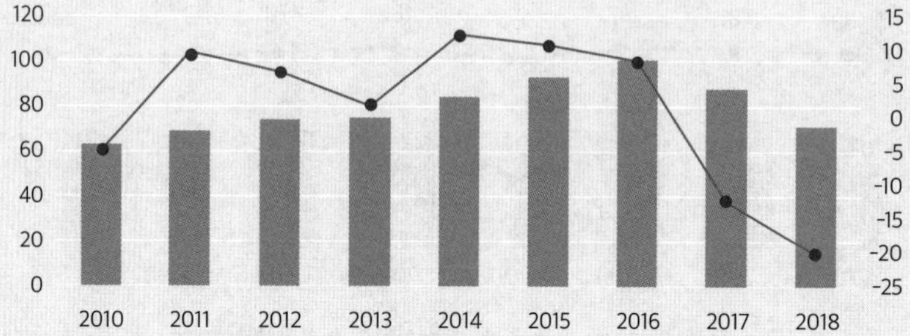

	2010	2011	2012	2013	2014	2015	2016	2017	2018
어획량	63	69	74	75	84	93	101	88	71
증감률	-5	9.7	6.7	1.6	12.4	10.8	8.4	-12.4	-20.3

출처: 통계청

북한의 주요 인프라 환경

교통 인프라[7]

철도[8]

북한은 전체 철도망을 13개 본선으로 편제하고 있으며, 수십 개의 지선철도가 추가되어 2018년 기준 철도 총연장 5,289km, 전철 총연장 4,293km에 달하는 방대한 철도망을 형성하고 있다. 북한의 철도역은 대부분 여객과 화물을 함께 취급하고 있으나, 일부 역의 경우 여객 및 화물만 전담하기도 한다. 국제철도로는 중국과 신의주~단둥, 남양~도문, 만포~집안 3개의 노선을, 러시아와 두만강~하산 간 1개의 노선 등 총 4개의 노선을 운영하고 있다.[9]

남북을 잇는 철도는 2000년 6·15선언 이후 장관급회담을 통해 경의선과 동해선 단절구간의 연결에 합의하여 2003년 경의선이, 2005년 동해선이 연결되었다. 이후 2007년 12월 개성~신의주 구간 현지조사를 실시하고 경의선 화

7 교통 인프라는 도로, 철도, 항만, 항공 등 이동과 관련한 사회간접자본을 의미한다.

8 한국교통연구원, 동북아북한교통자료집·북한의 철도교통, 동북아총서 2019-3

9 안병민, 북한의 교통 인프라 실태와 한반도 교통망 구축 방향, 2018

물열차의 정기운행을 개시했다. 경의선 남측 도라산역과 북측 판문역 간 남북 화물열차가 주말을 제외한 주 5회에 걸쳐 정기적으로 운행되었다. 2008년 2월 1일부터는 남북 간 합의에 따라 화물이 있는 경우에만 화차를 운행하고, 없는 경우에는 기관차와 차장차만 운행하게 되었다. 그러다가 북한의 육로통행제한조치에 따라 2008년 11월 28일 이후 화물열차 운행이 중단되었다.

남북이 체결한 열차운행합의서는 분계역 사이의 운행에만 국한되어 있어 그 활용도가 매우 제한적이고, 남북 간 철도와 도로는 연결 이후 임시운행합의서에 따라 경의선과 동해선 도로만 개성과 금강산까지 이용할 수 있게 되어 있다. 남북의 철도가 정상 운행되려면 운행을 위한 군사보장합의서 체결, 통신망 연결, 차량운행사무소 설치 및 운영에 관한 사항에 대한 합의가 필요하다. 또한 철도가 제기능을 다하려면 화차의 공동 이용, 화차 운영, 요금정산,

북한의 전국 철도노선망

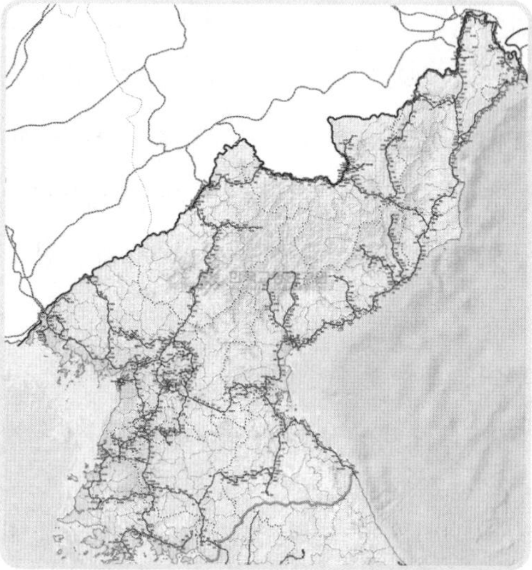

출처: 한국교통연구원

화물수송 방법 등에 대한 기준을 마련하고, 중국, 러시아, 유럽의 철도와 연계 운행될 수 있도록 국제협력철도기구와 꾸준히 협의해나갈 필요가 있다.[10]

도로[11]

북한의 도로는 고속도로와 일반도로 1~6급 등 총 7개 등급으로 분류된다. 〈한반도 도로망 마스터플랜 수립연구〉에 의하면, 2016년 북한의 고속~2급 도로 현황은 총 8,255.7km다. 이 중 고속도로가 총 697.4km로 전체의 8.4%를 차지하며, 1급도로는 2,424.5km(29.4%), 2급도로는 5,133.8km(62.2%)에 달한다.

북한의 도로

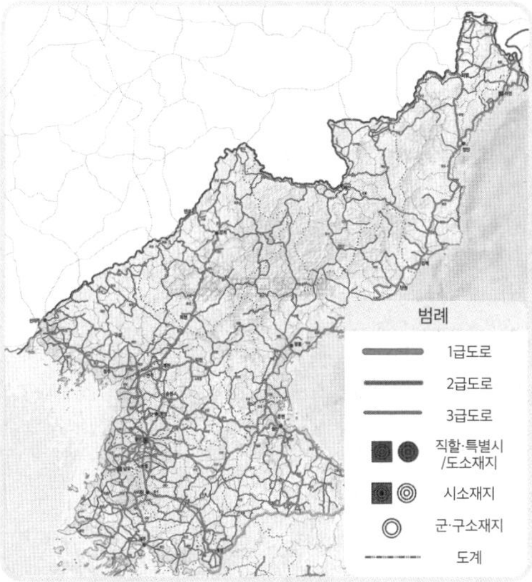

출처: 한국교통연구원

10 남북교류협력지원협회, 남북교역 25년사(pp.329~331), 2016

11 한국교통연구원, 북한의 도로교통(pp.6~7), 2019

북한 고속도로 노선(2016)

노선	총연장(km)
평양~개성	162.9
사리원~신천	33.1
평양~남포	45.7
평양~향산	119
평양~원산	197.3
원산~금강산	106.4
평양~강동	33.0
계	697.4

출처: 한국교통연구원

북한의 고속도로는 평양~개성, 사리원~신천, 평양~남포, 평양~향산, 평양~원산, 원산~금강산, 평양~강동의 7개 노선으로 이루어져 있다.

그동안 남북은 육로수송에서 도로수송에 절대적으로 의존해왔다. 남북 간 도로는 2000년 경의선 왕복 4차로와 동해선 왕복 2차로의 연결공사가 시작되어 2004년 11월에 완료되었고, 2003년 1월에 체결된 임시운행합의서에 따라 2004년 12월부터 도로 통행이 시작되었다.

이후 2010년까지 육로수송을 통한 사업별 물동량비율은 개성공단 46%, 사천강 모래반입사업 22.1%, 철도·도로연결사업 3.2%, 금강산관광 15.5%, 경제협력사업과 대북 인도적 지원사업 6.4%, 사회문화교류사업 0.5% 순으로, 개성공단 물자의 수송비율이 절반을 차지했다.

남북 차량 왕래 현황

(단위: 운행횟수)

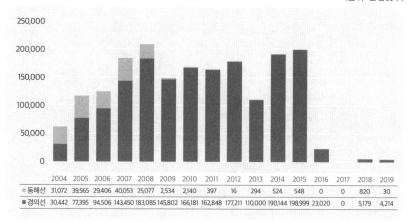

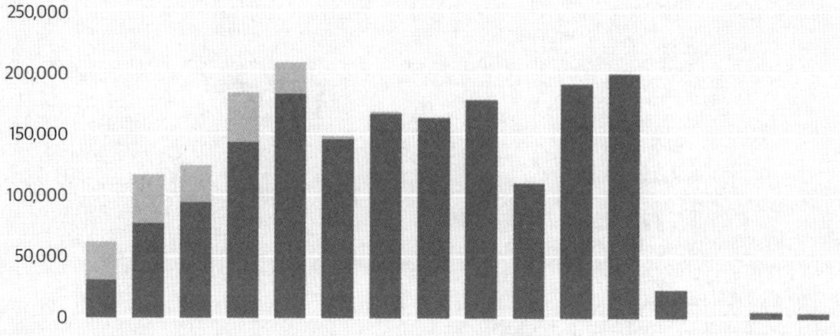

	2004	2005	2006	2007	2008	2009	2010	2011	2012	2013	2014	2015	2016	2017	2018	2019
동해선	31,072	39,565	29,406	40,053	25,077	2,534	2,140	397	16	294	524	548	0	0	820	30
경의선	30,442	77,395	94,506	143,450	183,085	145,802	166,181	162,848	177,211	110,000	190,144	198,999	23,020	0	5,179	4,214

출처: 통계청

공항

북한은 약 56개의 비행장을 보유하고 있는 것으로 알려지며, 2개의 국제비행장과 3개의 민군겸용비행장, 기타 군용비행장으로 구분된다. 이 중 국제민간항공기구(ICAO)의 코드를 부여받은 비행장은 평양(ZKPY), 선덕(함흥, ZKSD), 삼지연(ZKSE), 어랑(ZKHM), 의주(ZKUJ) 등 5곳이며, 국제항공운송협회(IATA)의 코드를 부여받은 비행장은 평양(FNJ), 원산(WOS), 선덕(함흥, DSO), 삼지연(YJS), 어랑(RGO) 등 5곳이다.[12]

12 한국교통연구원, 북한의 항공교통, 2019(p. 2, p. 5)

국제항공코드 부여받은 북한의 공항

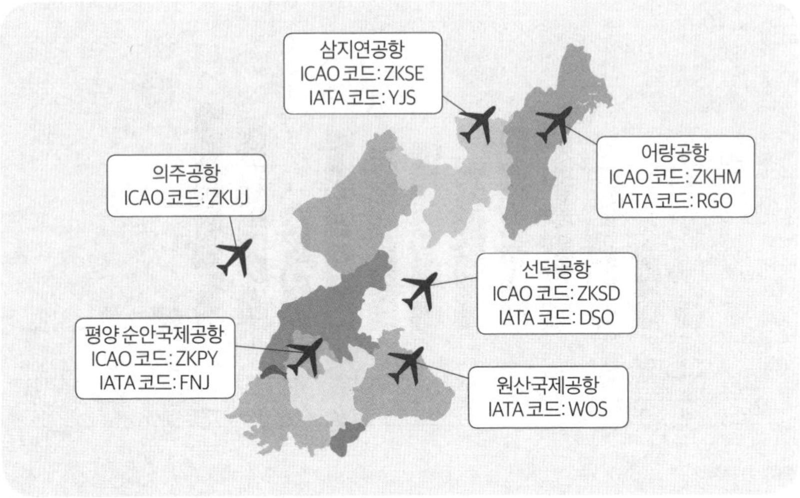

출처: 한국교통연구원

항공부문의 남북한 협력은 1997년 '대구-평양 간 비행정보구역 개설 및 운영에 관한 양해각서'에 가서명이 이루어짐으로써 그 바탕이 마련되었으며, 2000년 서해임시항로가 개설됨으로써 본격적인 운행을 시작했다. 경수로사업의 원활한 지원을 위해 2002년 동해임시직항로가 개설되었고, 그해 7월 20일 대북경수로사업과 관련하여 양양공항과 선덕공항 간 첫 시범비행이 이루어졌다. 그러나 항공운송이 전체 반출입액 중에서 차지하는 비중은 1% 미만으로 지극히 미미한 수준이다.[13] 한편 청와대가 2018년 11월 군수송기편으로 북한에 제주산 귤 200톤을 제주공항에서 평양 순안공항으로 전달하기도 했다. 9월 평양 남북정상회담 당시 북한이 송이버섯 2톤을 선물한 것에 대한 답례였다.

13 남북교류협력지원협회, 남북교역 25년사(p.332), 2016

항만[14]

북한의 항만은 크게 8대 무역항과 기타 항만으로 구분되며, 총하역능력은 4,361만 톤(2018년 기준)으로 추정된다.

북한은 서해안에 137개(평북 55, 평남 27, 황북 1, 황남 54), 동해안에 152개(함북 65, 함남 53, 강원 34)의 항만을 보유하고 있으며, 이 중 국제무역을 담당하는 항만은 대외해상운수항(무역항 기능)으로 8개(홍남, 청진, 라진, 원산, 선봉, 남포, 해주, 송림)가 있다. 연안화물을 주로 처리하는 항만인 지방항은 24개인 것으로 파악되며, 나머지 항만들은 항만시설이라기보다 어항, 포구의 형태를 갖추어 어선들이 주로 이용하고 있다.[15]

남북 간 해상운송은 육로수송이 불가능하던 시기에 큰 역할을 담당했고, 동해와 서해 각각의 정기항로와 부정기항로를 통해 이루어졌다. 정기항로는 컨테이너 정기노선으로 서해의 인천~남포 항로와 동해의 부산~라진 항로가 있었다. 서해 정기항로를 통해서는 임가공품, 의류, 가전제품 및 농산물 등이 주로 반입되었고, 가공용 원부자재 및 지원물품 등이 반출되었다. 부산~라진 항로는 건어물, 냉동어류 등의 수산물을 반입하는 경로로 이용되었고, 부분적으로 한중무역의 중계노선 역할을 수행하기도 했다.[16]

선박 운항은 공해상을 경유하는 해로를 채택하고 있어 운송시간이 많이 소요되고 입출항수속이 복잡하며, 야간에는 입출항이 통제된다는 단점이 있다.

14 한국교통연구원 동북아북한교통연구센터, '동북아북한교통백서: 북한 해운물류'(p. 2), 2014. 통계청, 2019 북한의 주요 통계지표(p. 149), 2019

15 이성우, 한반도 물류 통합과 확장을 위한 북한 항만개발 방향(p. 29), KDI 북한경제리뷰(2018년 9월호)

16 남북교류협력지원협회, 남북교역 25년사(pp. 323~335), 2016

북한의 주요 항만

소재지·도	항구명	위치	주요 역할
라선특별시	라진	라선특별시 라진지구 유현동	라선경제무역지대 중심 항구
	선봉	라선특별시 선봉지구 송평동	라선경제무역지대 유류공급 항구
	웅상	라선특별시 선봉지구 웅상동	라선경제무역지대 목재수송 항구
남포특별시	남포	남포특별시 항구구역 선창동, 해안동 일대	평양의 외항, 주요 무역항
	송관	남포특별시 와우도구역 송관리	남포항 보조 컨테이너항구
함경북도	청진	함경북도 청진시 일대	함북의 중심 항구, 주요 무역항
	김책	함경북도 김책시 해안동 일대	김책 성진제강소 원료 및 제품 수송
함경남도	흥남	함경남도 함흥시 흥남구역 룡성일동 일대	함흥공업지구 원료 및 제품 수송
	단천	함경남도 단천시 항구동 일대	단천지구 지하자원 수출
평안북도	신의주	평안북도 신의주시 압강동 일대	압록강 내륙수운의 거점
	다사도	평안북도 염주군 다사로동지구	신의주항의 기능 보조
평안남도	문덕	평안남도 문덕군 서호로동지구	안주탄광지구 석탄 수송
황해북도	송림	황해북도 송림시 일대	황해제철련합기업소 원료 및 제품 수송
황해남도	해주	황해남도 해주시 룡당동	황남의 중심 항구, 주요 무역항
강원도	원산	강원도 원산시 일대	강원도 중심 항구, 주요 무역항

출처: 한국교통연구원

남북 간 연도별 선박왕래 현황

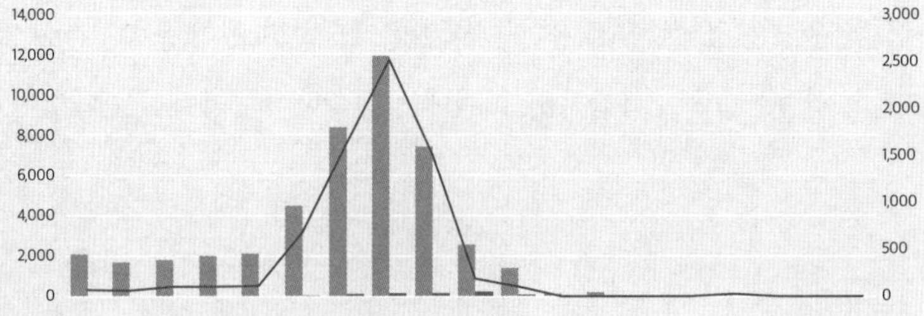

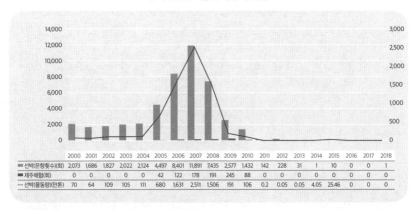

	2000	2001	2002	2003	2004	2005	2006	2007	2008	2009	2010	2011	2012	2013	2014	2015	2016	2017	2018
선박(운항횟수)(회)	2,073	1,686	1,827	2,022	2,124	4,497	8,401	11,891	7,435	2,577	1,432	142	228	31	1	10	0	0	1
제주해협(회)	0	0	0	0	0	42	122	178	191	245	88	0	0	0	0	0	0	0	0
— 선박(물동량)(만톤)	70	64	109	105	111	680	1,631	2,511	1,506	191	106	0.2	0.05	0.05	4.05	25.46	0	0	0

출처: 통계청

전력 인프라[17]

발전설비용량

북한의 발전설비용량은 8,150MW(2018년 기준)로 남한의 11만 9,092MW 대비 약 1/15 수준이다.

북한의 발전설비용량 추이

구분	2010	2011	2012	2013	2014	2015	2016	2017	2018
합계(MW)	6,968	6,920	7,220	7,243	7,253	7,427	7,661	7,721	8,150
수력(MW)	3,958	3,960	4,260	4,283	4,293	4,467	4,701	4,761	4,790
수력 구성비(%)	56.8	57.2	59.0	59.1	59.2	60.1	61.4	61.7	58.8
화력(MW)	3,010	2,960	2,960	2,960	2,960	2,960	2,960	2,960	3,360
화력 구성비(%)	43.2	42.8	41.0	40.9	40.8	39.9	38.6	38.3	41.2

출처: 통계청

발전전력량

북한의 발전전력량은 249억kWh(2018년 기준)로 남한의 5,706억kWh 대비 1/23 수준이다.

북한의 발전전력량

발전전력별		2012		2013		2014		2015		2016		2017		2018	
		전력량 (억kWh)	구성비 (%)	전력량 (억kWh)	구성비 (%)	전력량 (억kWh)	구성비 (%)	전력량 (억kWh)	구성비 (%)	전력량 (억kWh)	구성비 (%)	전력량 (억kWh)	구성비 (%)	전력량 (억kWh)	구성비 (%)
북한	합계	215	100	221	100	216	100	190	100	239	100	235	100	249	100
	수력	135	62.8	139	62.9	130	60.2	100	52.6	128	53.6	119	50.6	128	51.4
	화력	80	37.2	82	37.1	86	39.8	90	47.4	111	46.4	116	49.4	121	48.6

출처: 통계청

17 전력 인프라는 전기의 생산 및 공급과 관련한 사회간접자본을 의미한다.

통신 인프라[18]

휴대전화 가입자수

휴대전화 가입자수의 증가는 북한의 변화를 단적으로 보여주는 지표 중 하나다. 2017년 현재 약 400만 대의 휴대전화가 보급된 것으로 파악되며, 통일부는 2018년 보급된 휴대전화가 600만 대에 달한다고 추정하고 있다.

북한의 휴대전화 가입자 추이

구분	항목	2013	2014	2015	2016	2017
북한	가입자수(만명)	242	280	324	361	381
	인구100명당 가입자수(명)	9.71	11.17	12.87	14.25	14.98

출처: 통계청

18 통신 인프라는 유선, 무선, 위성 등 통신망서비스를 구축하여 서비스할 수 있는 모든 구조와 서비스를 통칭한다.

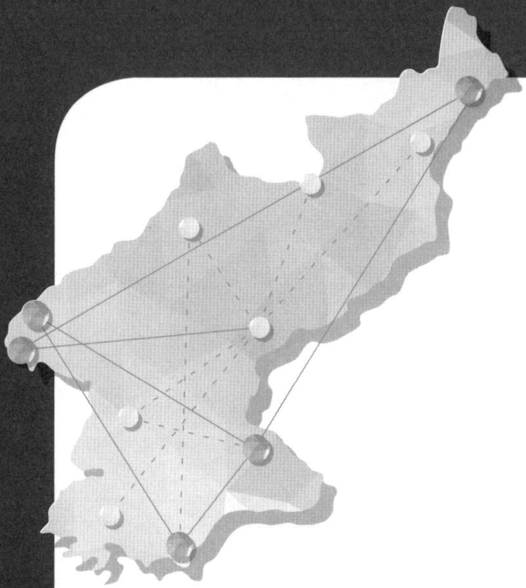

PART 02

투자 준비부터 실제 투자까지

투자에 앞서 준비할 것들

▶▶▶▶▶

투자 관련 법제 검토

북한의 외국인투자 관련 법제

북한은 외국인투자를 위한 법제를 갖추고 있지 않다가 중국이 개혁개방정책을 채택하고 외국인투자를 위한 법제를 마련하는 것을 보고 벤치마킹하여 1984년 합영법을 제정했다. 이후 1985년 합영법의 하위규정과 관련 세법을 제정하여 외국인투자 유치에 본격적으로 착수했으며, 1992년 외국인투자법, 합작법, 외국인기업법을 제정하여 외국인투자 유치 확대를 도모했다. 1995년에는 대외경제계약법을 제정하여 그동안 외국인투자 관련법과 북한 민법 등에 귀속되었던 외국인과의 계약체결 절차와 방법, 계약위반 시 손해배상, 강제이행수단, 분쟁해결의 절차와 방법 등을 새로이 규정했고, 2005년에는 북남경제협력법을 제정했다.

남측 투자가가 북한 투자 시 고려해야 할 법제

북한에 투자하고자 하는 남한의 투자가(이하 '남측 투자가')가 우선적으로 고려해야 하는 법제는 북남경제협력법이며, 그 외에 개성공업지구법[19], 금강산국제관광특구법, 라선무역지대법 및 경제개발구법 등 경제특구 관련 법과 남북 사이에 체결된 4대 경제협력합의서, 외국인투자 관련 법제 등을 함께 검토할 필요가 있다.

북남경제협력법

남한은 1990년 남북교류협력에 관한 법률(이하 '남북교류협력법') 및 남북협력기금법, 각 시행령, 시행규칙, 관련 고시 등을 제정하여 남북교류협력의 법적 근거를 마련했고, 북한에서도 남북경제협력의 법적 근거를 마련하기 위하여 2005년 7월 6일 최고인민회의 상임위원회 정령(제1182호)으로 북남경제협력법을 채택했다.

북남경제협력법은 남한 기업과 북한 사이에 진행되는 경제협력 분야의 전반에 적용되는 일반적인 법률로서, 경제협력의 승인, 출입, 체류, 거주, 재산이용, 보호, 채용, 물자 반·출입, 관세, 세금 및 보험가입, 결제은행 및 결제방식, 제재 및 분쟁해결 등의 내용에 관하여 포괄적으로 규정하고 있다. 다만 상당수의 조항들이 추상적으로 규정되어 있고, 아직까지 구체적인 하위규정들이 마련되지 못했으므로 구체적인 투자 관련 법제는 개성공업지구법 등 경제특구법과 남북합의서 및 외국인투자법 등을 살펴볼 필요가 있다.

---

19 개성공업지구법에 대해서는 '개성공업지구 법제 및 제도 해설'(법무법인 태평양, 2005, 로앤비), 개성공업지구 운영 성과와 과제에 대해서는 '개성공단 운영실태와 발전방안: 개성공단 운영 11년(2005-2015)의 교훈'(임강택·이강우, 2016, 통일연구원), 개성공단 법제의 개선방안에 대해서는 '개성공단 발전적 정상화를 위한 법제도 개선방안'(김광길, 2018, 한국법제연구원) 참조

경제특구 관련법

북한은 남한 기업의 유치를 위해 개성공업지구를 경제특구로 지정했다. 해당 지역에 진출하는 남한 기업은 개성공업지구법 관련 법제를 고려해야 한다. 또한 개성공업지구 외의 경제특구에 투자하고자 하는 경우에는 해당 경제특구법 및 경제개발구법도 고려할 필요가 있다. 이때 북남경제협력법과 경제특구법은 일반법과 특별법의 관계에 있으므로 해당 경제특구법을 우선적으로 고려해야 한다.

외국인투자법

외국인투자법은 북한 전역에 대한 외국인투자에 관해 포괄적으로 규정하고 있는 일반적 법률로서, 외국인투자 관련 기본법이라 할 수 있다. 외국인투자법을 구체화한 개별 법으로는 대외경제계약법, 대외민사관계법, 대외경제중재법, 외국인투자기업재정관리법, 외국투자기업회계법, 외국인투자기업로동법 등(이하 '외국인투자법 등')이 있다.

외국인투자법 제5조에서는 "다른 나라의 법인과 개인은 우리나라에 투자할 수 있다. 해외동포도 이 법에 따라 투자할 수 있다"고 규정하여 '해외동포'에 남한 기업이 포함되는지 여부에 대해 의문이 있을 수 있다. 그러나 북한은 법령상 '다른 나라', '외국인', '남측', '해외동포'라는 용어를 구분하여 사용하고 있는바, 남측 투자가는 외국인투자법 및 관련 하위규정의 적용을 직접적으로 받지 않는다고 볼 수 있다. 다만 남측 투자가가 외국 기업과 합작투자를 하거나 외국 기업의 모기업에 간접투자하는 방식으로 북한에 투자하는 경우에는 외국인투자법 등의 적용을 받고, 북남경제협력법과 그 하위규정들에 구체적으로 규정되지 않은 사항에 관해서도 외국인투자법 등이 사실상 적용되는 경우가 있으므로 이를 고려할 필요가 있다.

남북합의서

그 외에 남측 투자가는 남북 사이에 체결된 '남북 사이의 화해와 불가침 및 교류·협력에 관한 합의서', '남북 사이의 투자보장에 관한 합의서', '남북 사이의 소득에 대한 이중과세방지합의서', '남북 사이의 상사분쟁해결절차에 관한 합의서' 등의 남북합의서도 고려해야 한다. 남북합의서에 대해서는 남북관계 발전에 관한 법률이 규정하고 있는데, 남북합의서는 남한과 북한 사이에 한하여 적용되며(남북관계발전법 제23조 제1항), 국회는 국가나 국민에게 중대한 재정적 부담을 지우는 남북합의서 또는 입법사항에 관한 남북합의서의 체결 및 비준에 대한 동의권을 갖는다(남북관계발전법 제21조 제3항).

남북교류협력법

남측 투자가는 북한의 투자법제 외에 남한에서 제정된 남북교류협력법도 고려해야 한다. 남북교류협력법에서 규정하고 있는 북한 투자 관련 규정을 위반하는 경우 징역 또는 벌금 등 형사처벌과 과태료 등의 행정벌을 받을 수 있다.

외국 투자가가 북한 투자 시 고려해야 할 법제

북한에 투자하고자 하는 외국인(이하 '외국 투자가')이 고려해야 하는 법으로는 외국인투자 관련 기본법이자 일반법인 외국인투자법과 외국투자기업의 설립 및 운영방식 등을 구체화한 하위법인 합영법, 합작법, 외국인기업법이 있으며, 구체적인 영역에서의 외국인투자 관계를 규율하고 있는 외화관리법, 토지임대법, 외국인투자기업 및 외국인세금법, 외국인투자기업파산법, 외국

투자기업노동법, 외국인투자기업재정관리법, 외국투자기업회계법, 외국투자기업등록법, 외국투자은행법 등 외국인투자에 관한 기본 법률 및 시행규정이 있다.

또한 북한의 경제특구에 투자하는 외국 투자가는 해당 특구에 한정하여 적용되는 각 경제특구법 및 경제개발구법을 고려해야 한다.

북한 투자 관련 법제

구분	법률	관련 하위규정
외국 투자가	외국인투자법(2011)	
	합작법(2014)	합작법 시행규정(2004)
	합영법(2014)	합영법 시행규정(2005)
	외국인기업법(2011)	외국인기업법 시행규정(2005)
	외국인투자기업 및 외국인세금법(2015)	
	외화관리법(2004)	
	외국투자기업로동법(2015)	
	외국인투자기업재정관리법(2011)	
	외국투자기업회계법(2011)	
	외국투자기업등록법(2011)	
	외국투자은행법(2011)	
	외국인투자기업파산법(2011)	
남측 투자가	북남경제협력법(2005)	
	남북교류협력법(1990)	남북교류협력법 시행령(2019) 남북교류협력법 시행규칙(2019)
	남북협력기금법(1990)	
	남북합의서(1991)	• 남북 사이의 화해와 불가침 및 교류협력에 관한 합의서(1991) • 남북 사이의 투자보장에 관한 합의서(2000) • 남북 사이의 소득에 대한 이중과세방지합의서(2000) • 남북 사이의 상사분쟁해결절차에 관한 합의서(2000) • 남북 사이의 청산결제에 관한 합의서(2000) • 남북 사이에 거래되는 물품의 원산지확인절차에 관한 합의서(2003) • 남북상사중재위원회 구성 운영에 관한 합의서(2003) • 개성공업지구 통관에 관한 합의서(2002) • 개성공업지구 검역에 관한 합의서(2002)

구분	법률	관련 하위규정	
남측 투자가	남북합의서(1991)	• 개성공업지구와 금강산관광지구 출입 및 체류에 관한 합의서(2004) • 개성공업지구에서의 남북상사중재위원회 구성 운영에 관한 합의서 이행을 위한 부속합의서(2013)	
	지침, 고시	• 남북한 방문 특례 및 북한주민접촉 절차에 대한 고시(2015) • 남북경제협력사업 처리에 관한 규정(2014) • 대북투자 등에 관한 외국환 관리지침(2019) • 반출 반입 승인대상품목 및 승인절차에 관한 고시(2014) • 수입통관사무처리에 관한 고시(2019) • 남북교역물품의 원산지확인에 관한 고시(2014)	
일반법	대외경제계약법(2008)		
	출입국법(2013)		
	토지법(1999)		
	토지임대법(2011)		
	사회주의로동법(2015)		
	로동보호법(2014)		
	로동정량법(2015)		
	사회보장법(2012)		
	세관법(2012)		
	수출입상품검사법(2013)		
	수출품원산지법(2009)		
	무역법(2015)		
	가공무역법(2000)		
	화폐유통법(2009)		
	보험법(2015)		
	회계법(2015)		
	회계검증법(2015)		
	신소청원법(2010)		
	민사소송법(2015)		
	대외경제중재법(2014)		
특수 경제지대법	라선경제무역지대법(2011)	하위규정(14) • 인민보안단속규정 • 도로교통규정 • 관리위원회 운영규정 • 개발규정 • 기업창설운영규정 • 노동규정 • 세금규정 • 환경보호규정	시행세칙(3) • 기업창설운영 • 노동 • 세금

구분	법률	관련 하위규정	
		• 벌금규정 • 부동산규정 • 기업재정관리규정 • 기업회계규정 • 검열규정 • 세금징수관리규정	
	신의주특별행정구기본법(2002)		
	황금평·위화도경제지대법(2011)		
특수 경제지대법	개성공업지구법(2003)	하위규정(16개) • 개발규정 • 기업창설운영규정 • 세금규정 • 노동규정 • 관리기관 설립운영규정 • 출입체류거주규정 • 세관규정 • 외화관리규정 • 광고규정 • 부동산규정 • 보험규정 • 회계규정 • 기업재정규정 • 회계검증규정 • 자동차관리규정 • 환경보호규정	시행세칙(17개) • 출입 • 세금 • 광고 • 자동차 관리 • 노동보호 • 노동보수 • 기업재정 • 화약류 • 소방 • 하천 • 도로 • 노동규정위반 벌칙 • 식품 밑 전염병 • 기업창설 • 환경보호 • 노력자 채용해고 • 노동시간
		사업준칙(51개) • 기업창설 및 부동산 준칙(10개) • 건축준칙(7개) • 안전관리준칙(5개) • 보건위생환경준칙(9개) • 외화관리·광고·자동차 준칙(7개) • 일반관리준칙(13개)	
	금강산국제관광특구법(2011)	하위규정(11개) • 기업창설운영규정 • 세관규정 • 출입·체류· 거주규정 • 보험규정 • 환경보호규정 • 관광규정 • 세금규정 • 부동산규정 • 검역규정 • 공인규정 • 벌금규정	

구분	법률	관련 하위규정
	경제개발구법(2013)	하위규정(8개) • 경제개발구창설규정 • 관리기관운영규정 • 기업창설운영규정 • 개발규정 • 노동규정 • 환경보호규정 • 부동산규정 • 보험규정

출처: 북한의 관계 법령 및 국내의 관계 법령을 토대로 저자(법무법인(유한)태평양, 삼정KPMG) 정리
참고 사이트: 통일법제데이터서비스(http://m.unilaw.go.kr/Index.do)

투자 가능 지역과 분야

투자 가능 지역

북한은 북남경제협력법에서 협력 장소를 북측 또는 남측 지역, 합의에 따른 제3국으로 규정하고 있다(북남경제협력법 제9조). 이에 따르면, 남측 투자가는 북한의 전 지역에 투자할 수 있다. 반면 외국인투자기업 중 외국인기업(외국인투자기업은 합영기업, 합작기업, 외국인기업으로 구분되는데, 외국인기업은 100% 외국인투자기업을 의미한다)은 외국인기업법 제6조에 따라 정해진 지역에서만 설립 및 운영이 가능하다.

외국인투자기업 중 합영기업과 합작기업의 경우에는 과거의 합영법 및 합작법에서 원칙적으로 특수경제지대에 설립해야 하고 필요에 따라 다른 지역에서의 설립이 허용되는 것으로 규정하고 있었으나, 2006년 법률이 개정되어 설립·운영지역의 제한을 폐지함에 따라 법률상 북한 전 지역에 투자가 가능하다.

투자 가능 분야

투자가별로 투자가 가능한 분야를 살펴보면 다음과 같다.

남측 투자가

남측 투자가가 투자할 수 있는 남북경제협력 분야에는 건설, 관광, 기업경영, 임가공, 기술교류와 은행, 보험, 통신, 수송, 봉사업무, 물자교류 같은 것이 속한다(북남경제협력법 제2조). 해당 규정의 후문에서 '같은 것이 속한다'라고 하고 있으므로 사실상 동조에 나열된 분야 외에 전 경제 분야에 걸쳐 투자가 가능한 것으로 해석된다.[20] 다만 남측 투자가는 사회의 안전과 민족경제의 건전한 발전, 주민들의 건강과 환경보호, 민족의 미풍양속을 저해할 수 있는 분야에는 투자가 금지되며(북남경제법 제8조), 금지 분야에 해당하는지의 여부는 북남경제협력에 대한 통일적인 지도권한을 가진 중앙민족경제협력지도기관이 북남경제협력에 대하여 승인을 하는 과정에서 결정한다(북남경제법 제10조).

외국 투자가

외국 투자가는 공업, 농업, 건설, 운수, 통신, 과학기술, 관광, 유통, 금융 같은 여러 부문에 여러 가지 방식으로 투자할 수 있고(외국인투자법 제6조), 특히 첨단기술을 비롯한 현대적 기술과 국제시장에서 경쟁력 높은 제품을 생산하는 부문, 하부구조건설부문, 과학연구 및 기술개발부문에 대한 투자가 특별히 장려된다(외국인투자법 제7조). 다만 나라의 안전과 주민들의 건강, 건전한 사회도덕생활에 저해를 주는 대상, 자원 수출을 목적으로 하는 대상, 환경

20 법무부, 북남경제협력법 분석(p.33), 2006

보호기준에 맞지 않는 대상, 기술적으로 뒤떨어진 대상, 경제적 효과성이 적은 대상에는 투자가 제한되며(외국인투자법 제11조), 제한 분야에 해당하는지의 여부는 해당 중앙기관과 특수경제지대관리기관(외국인투자법 제3조)의 승인과정에서 결정되는 것으로 보인다.

합영기업 및 합작기업

합영기업의 경우 기계공업, 전자공업, 정보산업, 과학기술, 경공업, 농업, 임업, 수산업, 건설건재공업, 교통운수, 금융 같은 여러 부문에서 할 수 있고(합영법 제3조), 합작기업의 경우 생산부문에 창설하는 것을 기본으로 하나(합작법 제2조), 모두 환경보호기준을 초과하는 대상, 자연부원을 수출하는 대상, 경제기술적으로 뒤떨어진 대상, 경제적 실리가 적은 대상, 식당, 상점 같은 봉사업 대상에서는 금지 또는 제한된다(합영법 제4조, 합작법 제4조).

투자유치를 위한 북한의 정책

투자혜택

북한에 투자하는 경우 다음과 같은 투자혜택을 받을 수 있다.

남측 투자가

북남경제협력법은 남측 투자가에게 관세를 부과하지 않는다는 규정 외에 명시적인 투자혜택규정을 두고 있지 않다. 다만 개성공업지구법상 투자혜택규정이 남측 투자가에 한정되어 적용되는 것은 아니지만, 개성공업지구 내에 남측 투자가만 진출해 있어 개성공업지구법상 투자혜택규정이 남측 투자가를 위한 투자혜택으로 작용하고 있다.

개성공업지구법상 투자혜택규정의 구체적 내용은 '특수경제지대 투자 관련 법제'(p.66)에서 살펴볼 수 있다.

외국 투자가

외국 투자가의 경우 외국인투자법제에서 명문으로 투자혜택을 규정하고 있다. 즉, 북한은 첨단기술을 비롯한 현대적 기술과 국제시장에서 경쟁력 높은 제품을 생산하는 부문, 하부구조건설부문, 과학연구 및 기술개발부문 등 투자장려부문에 투자하여 창설한 외국인투자기업에 소득세를 비롯한 여러 가지 세금의 감면, 유리한 토지이용조건의 보장, 은행대부의 우선적 제공 같은 우대를 제공하도록 규정하고 있다(외국인투자법 제7조, 제8조). 또한 북한이 특별히 정한 법규에 따라 투자, 생산, 무역, 봉사와 같은 경제활동에 특혜가 보장되는 지역인 특수경제지대 안에 창설된 외국투자기업에는 물자 구입 및 반출입, 제품판매, 고용, 세금, 토지이용과 같은 여러 분야에서 특혜적인 경영활동조건을 보장할 것을 규정하고 있다(외국인투자법 제9조).

이에 따라 외국인투자기업의 기업소득세율은 원칙적으로 결산이윤의 25%이며, 외국 기업이 북한에서 배당소득, 이자소득, 임대소득, 특허권사용료 같은 기타소득을 얻은 경우 적용되는 소득세율은 20%(외국인투자기업 및 외국인세금법 제10~11조)이다. 다만 특수경제지대에 창설된 외국인투자기업에 대한 기업소득세율은 결산이윤의 14%, 첨단기술부문, 하부구조건설부문, 과학연구부문 같은 장려부문의 기업소득세율은 결산이윤의 10%로 세금혜택을 받을 수 있다(외국인투자기업 및 외국인세금법 제16조). 또한 외국인투자기업이 장려부문에 투자하여 15년 이상 기업을 운영할 경우에는 기업소득세를 이윤이 발생하는 해부터 3년간 면제하고 그다음 2년간 50%의 범위에서 감면할 수 있으며(외국인투자기업 및 외국인세금법 제16조), 철도, 도로, 비행장, 항만 같은 하부구조건설부문의 외국인투자기업에 대해서는 기업소득세를 이윤이 발생하는 해부터 4년간 면제하고 그다음 3년간은 50% 범위에서 감면할 수 있다(외국인투자기업 및 외국인세금법 시행규정 제29조). 나아가 외국 투자가가 기업에서 분배받은 이윤을 재투자하여 등록자본을 늘이거나 새로운 기업을 창설하여 10년 이상 운영할 경우에는 재투자분에 해당하는 기업소득세액의 50%를 반환받을 수 있으며, 장려부문에 재투자했을 경우에는 재투자분에 해당하는 기업소득세액 전부를 받을 수 있다(외국인투자기업 및 외국인세금법 제16조).

합영기업 및 합작기업

합영기업 및 합작기업의 경우에도 북한은 첨단기술의 도입, 과학연구 및 기술개발, 국제시장에서 경쟁력이 높은 제품 생산, 하부구조건설 같은 장려대상의 합영·합작기업, 해외동포와 하는 합영·합작기업에 대하여 세금의 감면, 유리한 토지이용조건의 보장, 은행대부의 우선적 제공 같은 우대를 하도록 하고 있다(합영법 제7조, 합작법 제5조).

투자지역별 투자혜택 비교

투자혜택의 내용은 투자지역(일반 지역, 각 경제특구 및 경제개발구)에 따라 다소 다르므로 투자지역을 선정할 때 해당 지역에 적용되는 투자혜택의 내용을 살펴볼 필요가 있다. 이에 대해서는 '특수경제지대 투자법제 비교'(p.67)의 '투자혜택'을 참고하기 바란다.

투자 관련 보장 내용

북한에 투자하면 다음의 사항이 보장된다.

남측 투자가

남측 투자가의 경우 북남경제협력법에 따라 북남경제협력과 관련한 중앙민족경제협력지도기관[21]의 사업조건을 적극 보장받을 수 있고(북남경제협력법 제24조), 북한에 투자한 재산은 북남투자보호합의서에 따라 보호된다(북남경제협력법 제16조).

북남투자보호합의서는 2000년 12월 16일에 체결된 '남북 사이의 투자보장에 관한 합의서'로, 이 합의서에 따르면 남과 북은 자기 지역 안에서 법령에 따라 상대방 투자가의 투자자산(남과 북의 투자가가 상대방의 법령에 따라 그 지역에 투자한 모든 종류의 자산)을 보호하여야 하고(남북투자보호합의서 제2조 제2항), 남과 북은 법령이 정한 바에 따라 투자를 승인한 경우 투자승인을 거친 계약과 정관에 의한 상대방 투자가의 자유로운 경영활동을 보장한다(남북투자보호합의서 제2조 제3항). 또한 남과 북은 자기 지역 안에서 상대방 투자가와 그의 투자자산, 수익금, 기업활동에 대하여 다른 나라 투자가에게 주는 것과 같거나 더 유리한 대우를 해주어야 하며(남북투자보호합의서 제3조 제1항), 상대방 투자가의 투자와 관련되는 초기 투자자금과 투자기업의 유지·확대에 필요한 추가자금, 이윤·이자·배당금을 비롯한 투자의 결과로 생긴 소득, 대부상환금과 그 이자, 투자자산의 양도나 청산을 통한 소득, 투자와 관련하여 일방 지역의 기업에 채용된 상대방 인원들이 받은 임금과 기타 합

21 조선중앙통신(2005. 6. 22)은 "최고인민회의 상임위원회에서 '조선민주주의인민공화국 민족경제협력위원회'를 발족하였다"고 발표하였는데, 해당 위원회가 북남경제협력법에서 규정하고 있는 '중앙민족경제협력지도기관'으로서의 역할을 하고 있는 것으로 보인다(법무부, 북남경제협력법 분석(p.41))

법적 소득, 수용보상금, 이 밖에 투자와 관련된 자금이 북한지역 안팎으로 자유롭고 지체 없이 이전되는 것을 보장하도록 하고 있다(남북투자보호합의서 제5조 제1항).

외국 투자가

외국인투자법은 외국 투자가의 합법적인 권리와 이익을 보호하고 외국인투자기업과 외국투자은행의 경영활동조건을 보장(외국인투자법 제4조)하는 한편, 국가가 외국 투자가와 외국인투자기업, 외국투자은행의 재산을 국유화하거나 거두어들이지 않는다는 일반적인 원칙을 규정하고 있다. 다만 예외적으로 사회공공의 이익과 관련하여 부득이하게 거두어들이려 할 경우에는 사전에 통지하며 법적 절차를 거쳐 그 가치를 충분히 보상해준다는 수용절차규정을 두고 있다(외국인투자법 제19조). 또한 외국인투자법상 외국 투자가는 기업운영 또는 은행업무에서 얻은 합법적 이윤과 기타소득, 기업 또는 은행을 청산하고 남은 자금을 제한 없이 북한 영역 밖으로 송금할 수 있고(외국인투자법 제20조), 외국인투자기업과 외국투자은행의 경영활동과 관련한 비밀을 법적으로 보장받을 수 있다(외국인투자법 21조).

합영기업 및 합작기업

합영기업과 합작기업의 경우에도 외국 투자가는 분배받은 이윤과 기타소득, 기업을 청산하고 받은 자금을 제한 없이 국외로 송금할 수 있다(합영법 제42조, 합작법 제16조).

투자보장 관련 고려사항

상기와 같은 투자보장이 법정화되어 있음에도 불구하고 국외송금에 적용되는 환율에 대한 규정이 없어 실제 송금에서는 어려움이 발생할 수 있다. 즉, 북한 정부의 공식환율과 '장마당환율'이라 부르는 비공식환율 간의 괴리가 매우 커서 실제 환율로 환산하여 송금하는 경우에 현실적 제약이 발생할 수 있다.

또한 남측 투자가의 경우 북남투자보호합의서에서 투자재산이 보호된다고 했음에도 불구하고 남북관계의 특성상 이를 위반하는 일이 발생하기도 한다. 금강산관광지구 및 개성공업지구의 남측 투자가 재산에 대한 몰수·동결조치가 이루어진 점에 비추어볼 때 남북관계의 특수성에 따라 투자보장이 제대로 실현되지 않을 수 있는 위험을 항상 유념할 필요가 있다.

남북관계의 특수성에 따른 남한의 북한 투자유치제도

남북협력기금 대출제도

남한은 북한과의 교역 및 경제협력사업을 촉진하기 위하여 남북협력기금법에 따라 보증 및 자금의 융자, 그 밖에 필요한 지원 등을 하고 있다(남북협력기금법 제8조).

북한에 투자하고자 하는 남측 투자가는 통일부장관에게 반출·반입자금대출, 경제협력사업대출을 신청하고 한국수출입은행을 통하여 남북협력기금을 대출받을 수 있다. 이때 대출신청과 대출집행은 사업계약 체결 이후에 할 수 있다.

이에 따라 반출·반입계약 이행에 필요한 반출·반입자금대출의 경우 계약금액의 80% 범위 내에서 대출을 받을 수 있고, 일정 기간의 교역실적을 기준으로 행해지는 실적한도대출의 경우에는 10억 원 범위(일정한 경우 30억 원까지 가능) 내에서 대출을 받을 수 있다. 그리고 경제협력사업대출 중 투자자금(법인 설립, 시설투자 등에 필요한 자금)대출의 경우에는 소요자금의 80% 범위 내(우선지원대상은 90% 범위 내)의 금액, 운전자금(북한 내 법인의 1회전 소요운전자금[22])대출의 경우에는 소요자금의 80% 범위 내, 산업용지분양자금(분양권 구입에 필요한 자금)대출의 경우에는 소요자금의 70% 범위 내, 사회간접자본시설자금(북한 내 사회간접시설의 신설, 증설, 운영 등 경협사업 시행소요자금)대출의 경우에는 총사업비용의 80% 범위 내의 금액을 대출받을 수 있다.

경협·교역보험제도

남한은 남측 투자가가 계약당사자의 책임 있는 사유가 아닌 비상위험으로 인한 사유로 경제적 손실을 입은 경우 그 손실의 일부를 남북협력기금에서 보조해주는 '남북경협·교역보험제도'를 운영하고 있다.

경협·교역보험에는 경제협력사업보험과 교역보험이 있다. 이 중 경제협력사업보험은 경제협력사업 승인을 받은 남측 투자가(최근 3년 이상 연속 결손발생기업, 약정해지 후 1년 미경과 또는 2회 이상 보험계약을 해지한 자 제외 등)가 북한에 투자한 후 북한 당국의 수용, 송금제한, 당국 간 합의파기 등으로 사업 중단, 권리침해 등의 피해를 입어 경제적 손실이 발생한 경우 그 손실을 보상해주는 제도다. 교역보험은 북한 기업과 교역(반출·입거래)하는 직접 계약당사자인 남한 기업(최근 3년 이상 연속 결손발생기업, 신청일 현재 자기

22 기업이 임금이나 이자의 지불 또는 원재료의 매입 등 경상적인 활동에 필요한 자금이다(1회전 소요운전자금 = (연간추정매출액 - 추정감가상각비)×1회전기간/365)

자본 완전잠식기업 제외 등)이 당사자 간에 책임을 지울 수 없는 비상위험으로 경제적 손실을 입은 경우 그 손실의 일부를 보조해주는 제도다.

경협보험계약의 체결한도는 기업당 70억 원이고(남북교류협력추진협의회 의결을 거쳐 증액 가능), 보험금액은 보험가액에 부보율을 곱한 금액인데, 여기에서 부보율이란 보험사고 발생 시 손실액 대비 기금이 보조하는 비율로, 특수경제지대는 90%, 기타 일반 지역은 70%다. 교역보험계약의 체결한도는 기업당 10억 원이고, 부보율은 70%다.

남북협력기금 대출제도 및 보험에 관한 보다 자세한 사항은 통일부 홈페이지의 남북협력기금 지원자금 및 경협·교역보험 안내(https://www.unikorea.go.kr/unikorea/business/interkoreanfund/apply/fund/)와 한국수출입은행 남북협력기금 안내(https://www.koreaexim.go.kr/site/homepage/menu/viewMenu?menuid=006003002), 남북교류협력시스템 경협교역지원제도(http://www.tongtong.go.kr)에서 확인할 수 있다.

실제 투자는 어떻게?

투자가별로 북한에서 설립 가능한 기업 형태는 다음과 같다.

남측 투자가

남측 투자가의 경우 북남경제협력법상 북남경제협력은 당국 사이의 합의와 해당 법규, 그에 따르는 북남 당사자 사이의 계약에 기초하여 직접거래의 방법으로 한다(북남경제협력법 제7조). 외국인투자법제에서는 합작, 합영 등 북한에서 설립 가능한 기업 형태와 외국인의 출자비율, 운영방식, 이윤분배 등에 관하여 상세하게 규정하고 있는 데 비해 북남경제협력법에는 이와 같은 상세 규정이 없다. 따라서 법문만으로 보면 남측 당사자는 북한측 투자가와의 계약에 기초한 다양한 형태의 기업을 설립할 수 있다.

개성공업지구법은 투자가가 단독 또는 다른 투자가와 공동으로 투자하여 여러 형태의 기업을 창설할 수 있고(개성공업지구법 기업창설운영규정 제4조), 기업이 주식이나 채권을 발행할 수 있다(개성공업지구법 기업창설운영규정 제17조)고 규정하고 있다. 이에 따라 개성공업지구에서 북한 최초로 주식회사 형태의 기업이 설립되었다. 금강산국제관광특구법에도 남측 및 해외동포가 국제관광특구에 투자할 수 있고(금강산국제관광특구법 제4조), 투자가는 국제관광특구개발을 위한 하부구조건설부문과 여행업, 숙박업, 식당업, 카지노업, 골프장업, 오락 및 편의시설업과 같은 관광업에 단독 또는 공동으로 투자하여 여러 형태의 기업을 창설할 수 있다(금강산국제관광특구법 제24조)고 규정하고 있으므로 다양한 형태의 기업 설립이 가능하다고 볼 수 있다.

외국 투자가

외국 투자가의 경우에는 단독투자와 공동투자가 모두 가능하다. 외국 투자가만이 단독으로 투자하고 운영하는 투자유형으로는 외국인기업이 있는데(외국인투자법 제2조 제7호), 외국인기업은 특정 지역에서만 설립할 수 있다(외국인기업법 제6조).

외국 투자가가 북한측 투자가(기관, 기업소, 단체)와 공동투자하는 유형으로는 합작기업과 합영기업이 있다. 합작기업이란 북한측 투자가와 외국 투자가가 공동으로 투자하되 북한측 투자가가 운영하고 계약에 따라 수익을 배분하는 투자유형이고(외국인투자법 제2조 제5호), 합영기업이란 북한측 투자가와 외국 투자가가 공동으로 투자하고, 공동으로 운영하며, 출자지분에 따라 수익을 배분하는 투자유형이다(외국인투자법 제2조 제6호).

외국 투자가는 북한에서 외국인투자기업과 외국투자은행을 설립, 운영할 수 있고(외국인투자법 제3조), 외국 기업을 등록하고 사업활동을 할 수 있다(외국인투자법 제2조 제8호). 이와 관련하여 외국인투자기업과 합영은행, 외국인은행은 북한에서 법인격을 보유하지만, 외국 기업의 지사, 사무소, 대리점 및 외국 은행지점은 북한에서 법인격을 보유할 수 없다(외국인투자법 제14조). 외국인투자기업과 합영은행, 외국인은행은 북한 또는 외국에 지사, 사무소, 대리점, 자회사를 설립할 수 있고 외국 회사들과 연합할 수 있다(외국인투자법 제13조).

어떤 방식에 의한 투자든 외국 투자가는 현금, 현물재산, 공업소유권 같은 재산과 재산권으로 투자할 수 있고, 이 경우에 투자하는 재산과 재산권의 가치는 해당 시기의 국제시장가격에 기초하여 당사자들 사이의 합의에 따라 평가한다(외국인투자법 제12조).

투자에 따르는 규제사항

북한에 투자하고자 할 경우에는 투자에 대한 규제사항을 확인해야 한다.

교역제한품목

교역이 제한되는 대표적인 품목은 전략물자다. 전략물자는 무기류와 무기류의 제조·개발·이전 등에 이용이 가능한 물품 및 기술을 말하는데, 국제평화와 안전을 위하여 자유로운 거래가 제한된다.

제2차 세계대전 이후 공산주의국가에 대한 전략적 물자 및 기술 이전을 방지할 목적으로 대공산권 수출통제위원회인 COCOM(Coordinating Committee for Multilateral Export Controls)이 설립되어 전략물자에 대한 수출통제를 시작했고, 현재는 4대 국제수출통제체제(바세나르체제, 핵공급국그룹, 미사일기술통제체제, 호주그룹)가 작동되고 있다. 특히 미국의 9·11테러 이후 전략물자 수출통제는 국제적 무역규범으로 정착하게 되었다. 이에 따라 북한으로 물품을 반출하려면 해당 물품이 전략물자에 해당하는지 여부를 확인해야 하는데, 남측 투자가의 경우 전략물자관리원이 운영하는 전략물자관리시스템(www.yestrade.go.kr)에서 자가판정 및 사전판정을 할 수 있다.

유엔안전보장이사회 등에 의한 대북제재조치로 사치품 역시 교역이 제한된다. 따라서 북한으로 물품을 반출하려는 자는 해당 물품이 전략물자에 해당하는지 여부를 확인한 후 전략물자가 아니면 사치품에 해당하는지 여부를 다시 한 번 확인해야 한다.

한도물량제도

농림수산업 관련 사업에 투자하는 남측 투자가의 경우 남한의 농림수산물 수급상황 및 생산자 보호 등을 목적으로 북한산 농림수산물의 연간반입물량이 제한되는 한도물량제도가 적용된다. 이에 따라 일괄배정품목이 아닌 기타 한도물량품목에 대해서는 소진 시까지 반입신청을 하여 물량을 배정받아야 한다.

국내법의 규제

남한 국내법의 규제 여부도 확인해야 한다. 예를 들어 먹는 샘물은 먹는 샘물 수입·판매업을 등록해야 하고, 식품류은 수입식품판매업으로 신고해야 한다. 주류는 주류수입(중개업)면허를 소지해야 하고, 독극물(삼산화비소 등)의 경우에는 독극물수출입업으로 등록해야 하며, 한약재는 의약품수입자확인증을 소지해야 한다.

국제적 대북제재

UN은 2020년 현재, 금수품(석탄 등 북한의 수출금지품, 원유·철강 등 대북수출금지품. 라진항을 통한 외국산 석탄 수출은 예외) 확대, 경협사업 금지(신규·기존의 합작·합영사업 금지. 북러 라진-핫산 물류사업·북중 수력발전사업 등 일부 특정 사업과 비상업적 공공인프라사업은 예외), 금융지원 금지(대북무역을 위한 공적·사적 금융지원 금지. 남북경협보험, 대출 등), 금융거래 금지, 금융·자산·재원 제공 금지 등의 대북제재를 행하고 있다. 미국은 독자적으로 북한과의 달러거래 금지, 정상적 대북거래 관련 제3국 인도 제재, 최혜국대우 등 무역특혜 금지 등의 제재를 가하고 있다.

2020년 현재 기준에서 대북제재가 해제되기 전까지는 사실상 본격적인 북한 투자를 추진하기가 어려운 상황이다. 다만 일부 비상업적 공공인프라사업이나 인도적 대북지원사업의 경우에는 UN대북제재위원회의 승인을 받아 추진되고 있다.

특수경제지대에 투자하려면

▶▶▶▶▶

특수경제지대의 현재 상태

경제특구 및 경제개발구 지정 현황

북한은 1991년 12월 북중러 3국의 접경지대라는 지리적 이점을 지닌 라진-선봉 지역에 최초로 경제특구를 지정했다. 이후 2002년 남한 접경지역에 개성공업지구 및 금강산관광지구를 설치했고 신의주특별행정구법을 제정했다. 2010년에는 황금평·위화도경제무역지대를 지정했고, 2011년에는 금강산관광지구를 폐지하고 금강산국제관광특구를 신설했으며, 2013~2017년에 걸쳐 총 22개의 경제개발구를 신규로 발표했다.

북한은 각 지방이 보유하고 있는 비교우위 요소를 특화시켜 경제개발구를 지정했으며, 현재까지 중앙급 경제특구 5개, 지방급 경제개발구 22개 등 총 27개의 경제특구와 경제개발구를 지정한 상태다.

경제특구 및 경제개발구 지정 현황

구분	종류	위치
경제특구	라선경제무역지대	
	개성공업지구	
	금강산국제관광특구	
	신의주특별행정구(신의주국제경제지대)	
	황금평·위화도경제지대	
경제개발구	경제개발구(6개)	청진, 혜산, 만포, 압록강, 경원, 강남
	공업개발구(4개)	위원, 현동, 흥남, 청남
	관광개발구(4개)	신평, 온성섬, 청수, 무봉
	수출가공구(3개)	송림, 와우도, 진도
	농업개발구(3개)	북청, 어랑, 숙천
	첨단기술(1개)	은정
	국제녹색시범(1개)	강령

출처: 통일부 자료를 참고하여 저자 작성

중앙에서 관리하는 5대 경제특구는 라선경제무역지대(1991년), 개성공업지구(2002년), 신의주특별행정구(2002년), 황금평·위화도경제지대(2010년), 금강산국제관광특구(2011년) 등이 있다.

5대 경제특구

구분	라선경제 무역지대	개성 공업지구	금강산 국제관광특구	신의주 국제경제지대	황금평·위화도 경제지대
위치	함경북도 라선시	황해북도 개성시	강원도 고성군, 금강군 등	평안북도 신의주시	평안북도 신도군 등
면적	470㎢	162㎢	66㎢	132㎢	23.7㎢
지정일 (재지정일)	1991. 12. (2010. 1.)	2002. 11.	2002. 11. (2011. 4.)	2002. 9. (2014. 7)	2010. 2.
유형	경제무역지대	공업지구	국제관광특구	국제경제지대	경제무역지대
관련법	라선경제 무역지대법	개성공업지구법	금강산 국제관광특구법	신의주 특별행정구기본법	황금평·위화도 경제지대법
주력 산업	국제 중계수송, 무역, 투자, 금융, 관광, 봉사	공업, 무역, 상업, 금융, 관광	국제관광	금융, 무역, 상업, 공업, 첨단과학, 오락, 관광	정보, 관광문화, 현대농업, 경공업

자치권	행정	없음 (독자적 지도관리)	없음 (독자적 지도관리)	입법, 행정, 사법	행정
비자 여부	무비자 (출입증명서)	무비자 (출입증명서)	무비자 (출입증명서)	비자발급	무비자 (출입증명서)

출처: 건설산업연구원

22개의 지방급 경제개발구는 경제개발구, 공업개발구, 관광개발구, 수출가공구, 농업개발구 등으로 구분하여 지정했다.[23]

22개 경제개발구

개발구		지정 시기	지역	면적(㎢)	주력 산업
경제개발구	청진	2013. 11.	함북 청진시 송평구역	5.4	금속가공, 기계제작
	혜산	2013. 11.	양강 혜산시	1.0	수출가공, 현대농업
	만포	2013. 11.	자강 만포시	3.9	현대농업, 관광휴양
	압록강	2013. 11.	평북 의주군	6.3	현대농업, 관광휴양
	경원	2015. 10.	함북 경원군	1.91	전자제품, 수산물가공, 식료가공
	강남	2017. 12.	평양 강남군	3.0	첨단제품가공 및 임가공
공업개발구	위원	2013. 11.	자강 위원군	2.3	광물자원, 목재가공
	현동	2013. 11.	강원 원산시	2.0	보세가공, 광물자원
	흥남	2013. 11.	함남 함흥시 흥남구역	2.2	보세가공, 기계설비
	청남	2014. 7.	평남 청남구	2.0	광업공구, 석탄공업
관광개발구	신평	2013. 11.	황북 신평군	8.1	체육, 문화, 오락
	온성섬	2013. 11.	함북 온성군	1.7	골프장, 경마장
	청수	2014. 7.	평북 삭주군	20.0	관광, 수산물가공
	무봉	2015. 1.	양강 삼지연군	20.0	국제관광
수출가공구	송림	2013. 11.	황북 송림시	2.0	창고, 운송, 물류
	와우도	2013. 11.	형남 남포시 와우도구역, 항구구역	1.5	보상무역, 주문가공
	진도	2014. 7.	평남 남포시 와우도구역, 항구구역	1.37	경공업, 화학제품 보세가공무역

23 진도, 은정, 강령은 중앙급 개발구로 발표되었으나, 여타 지방급 개발구와 유사하여 여기에서는 지방급 개발구에 포함시킴

개발구		지정 시기	지역	면적 (㎢)	주력 산업
농업개발구	북청	2013. 11.	함남 북청군	3.5	과일종합가공, 축산
	어랑	2013. 11.	함북 어랑군	5.1	농축산기지, 농업과학
	숙천	2014. 7.	평남 숙천군	3.0	현대농업, 관광, 휴양
첨단기술	은정	2014. 7.	평양 은정구역	2.0	정보, 나노기술, 신소재
국제녹색시범	강령	2014. 7.	황남 강령군	3.5	녹색산업연구개발, 유기농산물 및 수산물 가공

출처: 북한 자료(조선민주주의인민공화국 주요 경제지대들, 2018)

투자 현황

라선경제무역지대는 1991년 12월 정무원 결정 제74호에 따라 설정된 후에 외국 투자유치에 힘썼으나 미비한 인프라, 북핵문제에 따른 국제사회의 제재 및 경제난 등 대내외적인 사정으로 특별한 성과를 거두지 못했다.

금강산관광지구는 1998년부터 사업주체들 간 합의로 추진해오던 금강산관광사업이 2002년 법제화되고 관광특구로 지정되면서 활성화되는 모습을 보였으나, 2008년 7월 남한 관광객 총격사건이 발생하면서 전면 중단되었다. 이후 북한은 다른 방식으로 금강산관광사업을 재개하고자 2011년 5월 31일 금강산국제관광특구법을 제정했다. 이에 따르면 과거 현대아산에 부여했던 금강산관광구에 대한 독점사업권은 폐지되고 운영주체도 개발업자 주도에서 북한 당국으로 변경되었다.

신의주특수경제지대는 2002년 초대 행정장관에 네덜란드 국적의 화교인 양빈을 임명했다가 탈세 혐의로 중국 당국에 체포되면서 추진이 무산되었으나, 북한이 다시 투자유치에 의욕적으로 나서고 있다. 2017년 북한의 대외선전용 웹사이트 '류경'에 따르면, "관광, 무역, 첨단기술산업, 보세가공, 금융업 등을 결합한 세계적인 특수경제지대, 국제도시를 목표로 하고 있다"고 한다.

황금평·위화도경제무역지대는 2017년 중국과 대만 기업이 합작하여 과학기술단지를 설립한 것으로 알려졌으나, 뚜렷한 성과는 없는 것으로 보인다.

지방급 경제개발구 역시 아직까지 눈에 띄는 성과가 없어 보이나, 북한이 지방개발구에 대한 개발 의지를 갖고 있으므로 관심을 기울일 필요가 있다.

특수경제지대 투자 관련 법제

북한의 경제특구 및 경제개발구에 투자하고자 하는 남측 투자가 및 외국 투자가는 각 경제특구 및 경제개발구에 적용되는 투자법제를 고려해야 한다.

북한의 특수경제지대 관련 법제에는 크게 라선경제무역지대법제(라선경제무역지대법, 14개 하위규정, 3개 시행세칙), 개성공업지구법제(개성공업지구법, 16개 하위규정, 17개 시행세칙[24], 51개 사업준칙), 금강산국제관광특구법제(금강산국제관광특구법, 11개 하위규정), 신의주특별행정구기본법, 황금평·위화도경제지대법, 경제개발구법(8개 하위규정 포함)이 있다.

이 중에서 신의주특별행정구기본법은 해당 법규 외에 하위규정이 마련되어 있지 않는 등 특구 내에 적용할 제반 규정이 미비한 것으로 보인다. 황금평·위화도경제지대법은 라선경제무역지대법과 거의 동일하다. 차이가 있는 부분은 황금평지구의 경우 정보산업, 경공업, 농업, 상업, 관광업을 개발하는 것이 기본적인 제정 목적이고, 위화도지구의 경우 위화도개발계획이 별도로 정한 바에 따른다는 점(황금평·위화도경제지대법 제3조)이다. 또 황금평지구

24 개성공업지구법상 시행세칙은 공업지구 하위규정의 시행을 위하여 중앙공업지구지도기관이 작성하는 권한을 가지고 있는바(동법 제22조 제3호), 이 중 자동차세칙은 시행되었으나 나머지 세칙에 대하여는 남한이 이견을 제출하여 시행되지 못했다(김광길, 개성공단 발전적 정상화를 위한 법제도 개선방안(p.24), 한국법제연구원, 2018)

의 경우 개발기업이 전체 면적의 토지를 임대받아 종합적으로 개발 및 경영하는 방식으로 진행하고, 위화도지구의 경우 개발당사자들 간에 합의한 방식으로 개발한다는 점(황금평·위화도경제지대법 제13조)이다. 따라서 특수경제지대의 투자 관련 법제 비교에서 신의주특별행정구기본법과 황금평·위화도경제지대법은 생략하기로 한다.

경제개발구법은 경제개발구의 지정, 개발 및 운영에 관한 기본법적인 성격을 가지고 있으나, 라선경제무역지대, 개성공업지구, 금강산국제관광특구 등 경제특구에서는 각 경제특구법이 특별법으로 우선 적용된다.

특수경제지대 투자법제 비교

구분	라선경제무역지대법	개성공업지구법	금강산 국제관광특구법	경제개발구법
투자 당사자	• 세계 여러 나라의 법인, 개인, 경제조직, 해외거주 북한 동포(4조)	• 남측 및 해외동포, 다른 나라의 법인, 개인, 경제조직(3조)	• 다른 나라 법인, 개인, 경제조직, 남측 및 해외동포, 공화국의 해당 기관, 단체(4조)	• 다른 나라의 법인, 개인과 경제조직, 해외동포(5조)
투자 장려	• 하부구조건설, 첨단과학기술, 국제시장에서 경쟁력 높은 상품 생산부문(6조)	• 하부구조건설, 경공업, 첨단과학기술부문(4조)	• 국제관광특구에 대한 투자 적극 장려(4조) • 하부구조건설부문(27조)	• 하부구조건설, 첨단과학기술, 국제시장에서 경쟁력 높은 상품 생산부문(6조)
투자 금지, 제한	• 나라의 안전, 주민 건강, 건전한 사회도덕생활 저해 대상, 환경보호와 동식물의 생장에 해를 줄 수 있는 대상, 경제기술적으로 낙후된 대상의 투자(6조)	• 사회의 안전과 민족경제의 건전한 발전, 주민들의 건강과 환경보호에 저해를 주거나 경제기술적으로 뒤떨어진 부문의 투자와 영업활동(4조)	• 자연생태환경을 파괴하거나 변화시킬 수 있는 대상에 대한 투자(기업창설운영규정 5조)	• 나라의 안전, 주민 건강, 건전한 사회도덕생활, 환경보호에 저해를 주거나 경제기술적으로 뒤떨어진 대상의 투자와 경제활동(6조)
투자 보장	• 회사, 지사, 사무소 설립 및 경제활동의 자유(5조) • 투자가의 재산과 합법적 소득, 그에게 부여된 권리 법적 보호	• 기업창설 및 지사, 영업소, 사무소 설치 및 경제활동의 자유(3조) • 투자가의 권리와 이익 보호, 투자재산에 대한 상속권 보장	• 지사, 대리점, 출장소 등 설립 가능(국제관광특구관리위원회의 승인 필요)(28조) • 투자가가 투자한 자본과 합법적 소득, 그에게 부여된 권리 법적 보호(5조)	• 기업, 지사, 사무소 같은 것 설립, 경제활동의 자유(5조) • 투자가에게 부여된 권리, 투자재산과 합법적인 소득 법적 보호

구분	라선경제무역지대법	개성공업지구법	금강산 국제관광특구법	경제개발구법
투자 보장	• 사회공공이익과 관련하여 부득이한 경우가 아닌 이상 재산의 국유화 수용 제한 및 보상(7조)	• 사회공공이익과 관련하여 부득이한 경우가 아닌 이상 재산의 국유화 제한 및 보상(7조)		• 사회공공이익과 관련하여 부득이한 경우가 아닌 이상 재산의 수용 및 일시 이용 제한 및 보상(7조)
투자 혜택	• 토지이용, 고용, 세금 납부, 시장진출 같은 분야에서 특혜적인 경제활동조건 보장(5조) • 기업용 토지는 실지 수요에 따라 먼저 제공, 토지의 사용 분야와 용도에 따라 임대기간, 임대료, 납부 방법에서 서로 다른 특혜 제공(69조) • 개발기업은 관광업, 호텔업 같은 대상의 경영권 취득에서 우선권(70조) • 경제무역지대에서 10년이상 운영하는 정해진 기업에 대해 소득세 면제 또는 감면(68조) • 개발기업의 재산, 하부구조시설, 공공시설 운영에 세금 면제(70조) • 이윤을 재투자하여 등록자본을 늘이거나 새로운 기업을 창설하여 5년 이상 운영 시 재투자분 기업소득세 50% 환급(71조) • 하부구조건설부문재투자 시 재투자분 해당 기업소득세액 전부환급(71조)	• 토지이용, 고용, 세금 납부 같은 분야에서 특혜적인 경제활동조건 보장(3조)	• 특혜적인 경제활동조건 보장(4조) • 특별장려부문 기업 세금 면제 또는 감면(36조)	• 토지이용, 고용, 세금 납부 같은 분야에서 특혜적인 경제활동조건 보장(5조) • 기업용토지는 실지수요에 따라 먼저 제공, 토지의 사용 분야와 용도에 따라 임대기간, 임대료, 납부 방법에서 서로 다른 특혜 제공(52조) • 개발기업은 관광업, 호텔업 같은 대상의 경영권 취득에서 우선권(55조) • 하부구조시설, 공공시설, 장려부문 투자기업에 대해서는 토지위치 선택 우선권, 정해진 기간에 해당한 토지사용료 면제 가능(52조) • 경제개발구에서 10년이상 운영기업에 대해 기업소득세 감경 또는 면제(53조) • 개발기업의 재산, 하부구조시설, 공공시설운영에 세금 면제(55조) • 이윤을 재투자하여 등록자본을 늘이거나 새로운 기업을 창설하여 5년 이상 운영 시 재투자분 해당 기업소득세 50% 환급(54조)

구분	라선경제무역지대법	개성공업지구법	금강산 국제관광특구법	경제개발구법
투자 혜택				• 하부구조건설부문 재투자 시 재투자분 해당 기업소득세액 전부 환급(54조)
관리 운영	• 중앙특수경제지대지도기관 및 라선시인민위원회의 지도와 방조 아래 관리위원회 담당(8조)	• 중앙공업지구지도기관이 공업지구관리기관을 통하여 사업지도(5조)	• 중앙금강산국제관광특구지도기관의 통일적인 지도하에 금강산국제관광특구관리위원회(6조)	• 중앙특수경제지대지도기관(4조)과 해당 도(직할시)인민위원회의 지도와 방조 아래 경제개발구관리기관 담당(31조)
개발 방식	• 일정한 면적의 토지를 기업이 종합적으로 개발 및 경영하는 방식, 기업에 하부구조 및 공공시설의 건설과 관리·경영권을 특별히 허가해주어 개발하는 방식, 개발당사자들 사이에 합의한 방식 같은 여러 가지 방식(13조)	• 지구의 토지를 개발업자가 임대받아 부지 정리와 하부구조 건설을 하고 투자를 유치하는 방법(2조)	• 개발총계획에 따라 개발(25조)	• 외국 투자가는 승인을 받아 경제개발구를 단독 또는 공동 개발 가능(20조) • 해당 경제개발구의 특성과 개발조건에 맞으며 나라의 경제발전에 이바지할 수 있는 합리적인 방식(23조)
개발 승인	• 중앙특수경제지대지도기관이 관리위원회 또는 라선시인민위원회를 통하여 개발기업에 개발사업권승인증서 발급(14조)		• 하부구조건설의 경우 국제관광특구지도기관의 승인(27조)	• 중앙특수경제지대지도기관이 개발기업을 등록하고 개발사업권승인증서 발급(21조)
토지, 건물 양도, 임대	• 토지종합개발 경영방식으로 경영하는 경우, 개발기업은 국토관리 기관과 토지임대차계약 체결(임대기간, 면적, 구획, 용도, 임대료 지불기간과 지불방식, 그 밖의 필요한 사항)(15조) • 국토관리기관은 토지임대료 지불한 개발기업에 토지이용증 발급(15조)	• 개발업자가 중앙공업지구지도기관과 토지임대차계약 체결(11조) • 중앙공업지구지도기관은 개발업자에게 토지이용증 발급(11조) • 임대기간: 토지이용증발급일~50년(갱신가능)(12조)		• 개발기업은 해당 국토관리기관과 토지임대차계약(임대기간, 면적, 구획, 용도, 임대료 지불기관과 지불방식, 그 밖의 필요한 사항 포함) 체결(24조) • 해당 국토관리기관은 토지임대료를 지불한 기업에 토지이용증 발급(24조)

구분	라선경제무역지대법	개성공업지구법	금강산 국제관광특구법	경제개발구법
토지, 건물 양도, 임대	• 임대기간: 토지이용증 발급일~50년(갱신가능)(16조) • 토지이용권, 건물소유권 취득 가능. 이 경우 해당 기관이 토지이용증 또는 건물소유권등록증 발급(17조) • 개발기업이 토지와 건물에 대한 양도, 임대권 보유, 양도 임대가격 결정권 보유(18조) • 유효기간 안에 토지이용권, 건물소유권 양도(매매, 교환, 증여, 상속의 방법), 임대, 저당 가능. 이 경우 토지이용권, 건물소유권의 변경등록을 하고 토지이용증 또는 건물소유권등록증 재발급(19조)	• 개발업자는 하부구조대상건설에 따른 공업지구 토지이용권과 건물을 기업에 양도나 재임대 가능(18조)		• 임대기간: 토지이용증 발급일~50년(갱신가능)(25조) • 토지이용권, 건물소유권 취득 시 관리기관에 등록하고 해당 증서 발급(30조) • 기업은 토지이용권과 건물소유권을 매매, 재임대, 증여, 상속, 저당 가능, 개발기업 매매 및 재임대가격 결정권 보유(29조) • 토지이용권, 건물소유권 변경 시 변경등록 및 증서재발급(30조)
기업 창설, 기업 권리 등	• 기업 설립절차: 투자가의 기업창설 신청, 관리위원회 또는 라선시인민위원회의 승인, 기업등록·세관등록·세무등록(36조~38조) • 기업의 권리: 경영 및 관리질서와 생산계획, 판매계획, 재정계획 수립 권리, 근로자 채용 및 노임 기준과 지불형식, 생산물의 가격, 이윤분배방안 결정권 보유, 비법적 간섭 및 비용 징수 금지(40조) • 기업의 업종: 승인받은 업종 범위 내 경영(41조)	• 기업 설립절차: 투자가의 기업창설 신청, 공업지구관리기관의 승인, 정해진 출자 이행, 공업지구관리기관에 기업등록, 기업등록 20일 안에 해당 기관에 세관등록, 세무등록(35조~36조) • 기업의 업종: 승인받은 업종 범위 내 경영(38조)	• 기업 설립절차: 국제관광특구관리위원회의 기업창설승인, 기업등록, 세무등록, 세관등록(26조) • 국제관광특구개발을 위한 하부구조건설 부문과 여행업, 숙박업, 식당업, 카지노업, 골프장업, 오락 및 편의시설업 같은 관광업에 단독 또는 공동으로 투자하여 여러 가지 형식의 기업창설 가능(24조)	• 기업 설립절차: 투자가의 기업창설 신청, 관리기관 승인, 창설등록, 주소등록, 세관등록, 세무등록(38조~40조)

구분	라선경제무역지대법	개성공업지구법	금강산 국제관광특구법	경제개발구법
노동제도	• 북한근로자우선채용 • 필요에 따라 다른 나라 근로자 채용 시 라선시인민위원회 또는 관리위원회에 통지(49조) • 월최저임금: 라선시인민위원회와 관리위원회가 협의하여 결정(50조) • 외국투자기업노동규정 및 시행세칙 • 노력보장기관: 라선시인민위원회 • 직업동맹 존재 • 노동계약(직업동맹), 노력채용계약(개별 노동자) • 해고절차: 직업동맹과 토의, 라선시 인민위원회에 통지 • 1년 미만자 퇴직보조금지급 • 최저임금: 라선시인민위원회가 관리위원회와 협의, 75.2 유로 이상 • 노동보수 지불 방법: 화폐불	• 북한근로자채용 • 관리인원과 특수한 직종의 기술자, 기능공은 공업지구관리기관에 알리고 남측 또는 외국 근로자 채용 가능(37조) • 노동규정 • 노력보장기관: 노력알선기업 • 노력알선계약(노력알선기업), 노동규칙(종업원대표), 노력채용계약(개별 노동자) • 해고절차: 노력알선기업에 통지 • 1년 이상자만 퇴직보조금 지급 • 최저임금: 월최저임금은 총국과 관리위원회 협의, 73.87달러(2015년 6월말 기준) • 노동보수 지불 방법: 직접불, 화폐불 • 제재: 벌금, 영업중지	• 북한 근로자 및 외국 또는 남측 및 해외동포 근로자 채용 가능(33조)	• 북한근로자우선채용 • 해당 노동행정기관에 채용신청문건 제출 및 노력 보장(41조) • 필요에 따라 다른 나라근로자 채용 시 관리기관과 합의(41조) • 노동규정 • 노력보장기관: 해당 도인민위원회 • 직업동맹 존재 • 노동계약(직업동맹), 노력채용계약(개별 노동자) • 해고절차: 직업동맹과 토의, 관리기관에 통지 • 1년 미만자 퇴직보조금 지급 • 최저임금: 중앙특수경제지대지도기관이 인민위원회와 관리기관과 협의하여 결정 • 노동보수 지불 방법: 화폐불
회계	• 국제적으로 통용되는 회계기준 적용 가능(52조)	• 회계업무를 정확하게 하여야함(43조)		• 경제개발구에 적용하는 재정회계 관련 법규. 여기에서 정하지 않는 사항은 국제적으로 인정되는 회계관습에 따름(44조)

구분	라선경제무역지대법	개성공업지구법	금강산 국제관광특구법	경제개발구법
세금	• 기업소득세율: 14%, 장려부문: 10%(67조) • 경제무역지대에서 10년이상 운영한 정해진 기업에 대해 소득세 면제 또는 감면(68조) • 개발기업의 재산, 하부구조시설, 공공시설 운영에 세금 면제(70조) • 이윤을 재투자하여 등록자본을 늘이거나 새로운 기업을 창설하여 5년 이상 운영 시 재투자분 기업소득세 50% 환급(71조) • 하부구조건설부문재투자 시 재투자분 해당 기업소득세액 전부환급(71조)	• 기업소득세, 거래세, 영업세, 지방세 같은 세금 제때 납부(43조) • 기업소득세율: 결산이윤 14%, 장려부문: 10%(43조)	• 해당 법규에 정해진 세금 부담(36조) • 비행장, 철도, 도로, 항만, 발전소 건설 등 특별장려부문기업의 경우 세금 면제 또는 감면(36조) • 지정된 비행장 통하여 국제관광특구 출입 시 비행장통과세 면제(39조)	• 세금 종류와 세율에 관한 세금규정 미발표 • 기업소득세율: 결산이윤의 14%, 장려부문: 10%(45조) • 경제개발구에서 10년 이상 운영한 기업에 대해 기업소득세 감면 또는 면제(53조) • 개발기업의 재산, 하부구조시설, 공공시설운영에 세금 면제(55조) • 이윤 재투자하여 등록자본을 늘이거나 새로운 기업을 창설하여 5년 이상 운영 시 재투자분 기업소득세 50% 환급(54조) • 하부구조건설부문재투자 시 재투자분 해당 기업소득세액 전부환급(54조)
물자 반출입 무역	• 관세면제대상 물자반출입신고제(57조) • 경제무역지대 밖의 북한 영역에서 경영활동에 필요한 원료, 자재, 물자 구입 및 생산제품 판매 가능(43조) • 가공무역, 중계무역, 보상무역 같은 여러 가지 형식의 무역활동가능(45조) • 수출입장려(66조)	• 물자반출입신고제(32조) • 공업지구 밖의 북한 영역에서 경영활동에 필요한 물자 구입 및 생산제품 판매 가능(39조) • 필요에 따라 북한 기관, 기업소, 단체에 원료, 자재, 부분품의 가공위탁 가능(39조)	• 금지품 제외하고 경영활동 관련 물자 자유로운 반출입 가능(37조)	• 물자의 반출입신고제(57조)

구분	라선경제무역지대법	개성공업지구법	금강산 국제관광특구법	경제개발구법
관세	• 특혜관세제도 실시(53조) • 관세면제대상: 경제무역지대 개발에 필요한 물자, 기업의 생산과 경영에 필요한 수입물자와 생산한 수출상품, 무역 목적의 물자, 투자가가 사용하는 사무용품 및 생활용품, 통과하는 외국화물, 다른 나라 정부의 기증 물자 등(54조) • 관세부과대상: 과세면제대상으로 들여온 물자를 경제무역지대 안에서 판매할 경우(55조). 생산한 상품을 북한 내수용으로 판매 시 그 상품 생산에 쓰인 수입원료, 자재와 부분품에 대하여 관세 부과(56조)	• 관세면제대상: 공업지구에 들여오거나 공업지구에서 남측 또는 외국에 반출하는 물자, 공화국의 기관이나 기업소, 단체에 위탁가공하는 물자(33조)	• 특혜관세제도 실시(38조) • 관세면제대상: 국제관광특구의 개발과 기업 경영에 필요한 물자, 투자가 사용 사무용품, 생활용품(38조) • 관세부과대상: 관세면제대상물자를 국제관광특구 외에서 판매하거나 국가에서 제한하는 물자를 국제관광특구안에 반입한 경우(38조)	• 특혜관세제도 실시(56조) • 관세면제대상: 경제개발구건설용물자, 가공·중계·보상무역 목적의 물자, 기업의 생산 또는 경영용물자, 생산한 수출상품, 투자가가 사용하는 생활물품, 그 밖에 국가가 정한 물자(56조)
통화, 금융	• 유통화폐, 결제화폐: 조선원 또는 정해진 화폐(59조) • 환율: 지대외화관리기관의 결정에 따름(59조) • 북한은행이나 외국금융기관으로부터 경제무역활동에 필요한 자금 대부 가능, 대부받은 금원은 중앙은행이 지정한 은행에 예금하여 사용(62조) • 외국인투자기업과 외국인 유가증권 거래 가능(64조)	• 유통화폐: 전환성외화, 신용카드사용가능 • 유통화폐의 종류, 기준화폐는 공업지구 관리기관이 중앙공업지도기관과 합의하여 결정(41조)	• 유통화폐: 전환성외화 • 유통화폐의 종류, 기준화폐는 국제관광특구지도기관이 해당 기관과 합의하여 결정(34조) • 기업과 개인은 국제관광특구 내 정해진 장소에서 외화유가증권 거래 가능(30조)	• 유통화폐, 결제화폐: 조선원 또는 정해진 화폐(46조) • 외국인투자기업과 외국인 유가증권 거래 가능(51조)

구분	라선경제무역지대법	개성공업지구법	금강산 국제관광특구법	경제개발구법
계좌	• 경제무역지대에 설립된 북한의 은행이나 외국투자은행에 계좌 개설. 북한 영역 밖의 외국 은행에 계좌 개설 시 지대외화관리기관 또는 관리위원회의 승인 필요(61조)	• 공업지구에 설립된 은행에 계좌 개설. 공업지구관리기관에 알리고 남측 또는 외국 은행에 계좌 개설 가능(42조)	• 기업과 개인은 국제관광특구에 설립된 공화국의 은행 또는 외국 은행에 계좌 개설 및 이용 가능(29조)	• 계좌 관련 규정 없음
소득 송금	• 합법적 이윤과 이자, 이익 배당금, 임대료, 봉사료, 재산 판매 수입금 같은 소득을 제한 없이 국외 송금 가능(65조)	• 이윤과 그 밖의 소득금을 남측 또는 외국에 세금 없이 송금 및 반출 가능(44조) • 외화의 자유로운 반출입 가능(44조)	• 합법적 이윤과 소득금 송금 가능(35조) • 외화의 자유로운 반출입 가능(35조) • 국제관광특구에 들여왔던 재산과 합법적으로 취득한 재산을 경영기간 종료 시 북한 밖으로 반출 가능(35조)	• 합법적인 이윤과 기타소득을 제한 없이 경제개발구 밖으로 송금 가능(47조) • 외화의 자유로운 반출입 가능 • 경제개발구에 들여왔던 재산과 합법적으로 취득한 재산을 경제개발구 밖으로 반출 가능(47조)
보험 회사 설립과 보험 가입	• 투자가는 보험회사, 외국 보험회사는 지사와 사무소 설립, 운영 가능 • 경제무역지대에서 기업과 개인은 북한 영역 안에 있는 보험회사의 보험에 가입하여야 하고, 의무보험은 정해진 보험회사에 보험가입하여야 함(63조)	• 공업지구의 보험회사는 중앙공업지구지도기관이 결정(보험규정 3조, 5조)하며, 기업 및 개인은 공업지구 보험회사에 보험가입(보험규정) → 북한 국영보험사인 KNIC를 유일 보험사로 지정	• 국제관광특구 내 설립된 공화국 또는 외국 보험회사에 보험가입(31조)	
지적 재산권	• 기업과 개인의 지적재산권 법적 보호(72조)			• 지적재산권 법적 보호(48조) • 지적소유권 등록, 이용, 보호와 관련한 질서는 해당 법규에 따름(48조)

구분	라선경제무역지대법	개성공업지구법	금강산 국제관광특구법	경제개발구법
광고	• 규정에 따라 광고 가능. 야외 광고물 설치의 경우 해당 기관의 승인 필요(51조)	• 공업지구 내 광고는 장소, 종류, 내용, 방법, 기간 등 제한 없이 가능. 야외 광고물 설치의 경우에는 공업지구관리기관의 승인 필요(31조)		
편의 보장	• 우편, 전화, 팩스 등 통신수단자유롭게 이용 • 거주자 및 체류자에게 교육, 문화, 의료, 체육 분야 편의 제공(75조)	• 우편, 전화, 팩스 등 통신수단자유롭게 이용 • 남측 및 해외동포, 외국인은 문화, 보건, 체육, 교육 분야의 생활상 편의 보장(29조) • 남측지역에서 공업지구로 출입하는 남측 및 해외동포, 외국인, 수송수단은 공업지구관리기관이 발급한 출입증명서를 가지고 지정된 통로로 사증 없이 출입 가능(28조)	• 우편, 전화, 팩스, 인터넷 등 통신수단 자유롭게 이용(17조) • 국제관광특구 개발, 기업활동에 지장이 없도록 인원, 운수수단의 출입과 물자의 반출입조건 원만히 보장(39조) • 무사증제 실시. 북한 외에서 국제관광특구로 출입하는 인원과 수송수단은 여권 내지 출입증명서를 가지고 지정된 통로로 사증 없이 출입 가능(14조)	• 우편, 전화, 팩스 등 통신수단 이용편의 제공(58조)
신변 안전	• 공민의 신변안전과 인권 법적 보호(9조) • 법에 근거하지 않고는 구속, 체포, 거주장소 수색 금지(9조) • 북중 간 합의서 없음 • 인민보안기관의 단속과 처벌(인민보안단속규정)	• 법에 근거하지 않고는 남측 및 해외동포, 외국인을 구속, 체포, 몸과 집 수색 금지(8조) • 남북 간 출입체류 합의서: 조사 후 추방		• 북한법에 따라 보호(8조) • 법에 근거하지 않고는구속, 체포, 거주장소 수색 금지(8조) • 신변안전 조약 우선 적용(8조)
분쟁 해결 제도	• 신소(80조), 조정(81조), 중재(82조), 재판(83조)	• 협의 우선. 협의로 해결불가 시 북남 사이에 합의한 상사분쟁 해결절차, 중재, 재판(46조)	• 협의 우선. 협의로 해결불가 시 당사자들이 합의한 중재절차, 재판(41조)	• 신소(59조), 조정(60조), 국제중재(61조), 재판(62조)

구분	라선경제무역지대법	개성공업지구법	금강산 국제관광특구법	경제개발구법
제재	• 기업 위법행위 제재: 벌금, 몰수, 영업활동 중지 및 회수(인민보안단속규정)	• 기업 제재규정 없음 • 로동규정 등 하위규정에 벌금, 영업중지 등 제재규정 있음	• 위법하게 국제관광특구의 관리운영, 관광사업에 지장을 주거나 개인, 기업에 피해를 준 자에게는 원상복구 또는 손해보상, 벌금 부과(40조)	• 관련 규정 없음

출처: 북한의 관계 법령을 토대로 저자 정리
참고 사이트: 통일법제데이터서비스(http://m.unilaw.go.kr/Index.do)

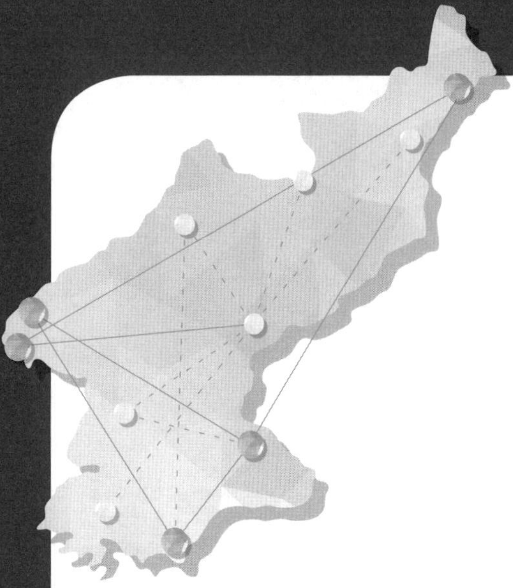

PART 03

어떤 회사를 어떻게 설립할 수 있는가

어떤 회사를 설립할 수 있는가

설립 가능한 기업 형태

남측 투자가

북남경제협력법은 당국 사이의 합의와 해당 법규, 그에 따르는 북남 당사자 사이의 계약에 기초하여 직접거래의 방법으로 한다(북남경제협력법 제7조)는 규정만 있을 뿐, 남측이 북측지역에서 설립 가능한 기업의 형태 등에 관한 상세 규정은 두고 있지 않다. 따라서 개성공업지구 및 금강산국제관광특구 외의 북측지역에서 남측 투자가가 어떤 형태의 기업을 어떤 절차로 설립할 수 있는지는 명확하지 않다.

개성공업지구 및 금강산국제관광특구의 경우에는 해당 경제특구법에서 남측도 투자가로 명시하고, 명시적으로 단독 또는 공동으로 투자하여 여러 가지 형식의 기업을 창설할 수 있다(금강산국제관광특구법 제24조, 금강산국제관광특구법 기업창설운영규정 제6조, 개성공업지구 기업창설 운영규정 제4조)고 규정하고 있으므로 단독투자기업, 합작기업, 합영기업의 형태가 모두 가능한 것으로 해석된다.

외국 투자가

외국 투자가의 경우에는 외국 투자가가 단독으로 투자하고 운영하는 외국인기업, 공동으로 투자하는 합작기업, 합영기업의 형태가 가능하다(외국인투자법 제2~3조).

기업 형태별 특성과 차이

합작기업

합작기업은 북한측 투자가와 외국측 투자가가 공동으로 투자하되 북한측 투자가가 운영하고 계약에 따라 출자몫을 상환받거나 이윤을 분배받는 기업 형태다(외국인투자법 제2조 제5호). 1992년 제정되어 여러 차례 개정된 합작법의 적용을 받는다.

합작기업은 북한측 기관, 기업소, 단체가 투자관리기관의 승인을 받고, 다른 나라의 법인 또는 개인과 함께 설립할 수 있다(합작법 제2조). 합작기업은 생산부문에 창설하는 것을 기본으로 하고(합작법 제2조), 첨단기술이나 현대적인 설비를 도입하는 대상, 국제시장에서 경쟁력이 높은 제품을 생산하는 부문에서 장려되나(합작법 제3조), 환경보호기준을 초과하는 대상, 자연부원을 수출하는 대상, 경제기술적으로 뒤떨어진 대상, 경제적 실리가 적은 대상, 식당, 상점 같은 봉사업 대상의 합작은 금지 또는 제한된다(합작법 제4조).

합영기업

합영기업은 북한측 투자가와 외국측 투자가가 공동으로 투자하고, 공동으로 운영하며, 투자비율에 따라 이윤을 분배받는 기업 형태다(외국인투자법 제2조 제6호). 1984년 제정되어 여러 차례 개정된 합영법의 적용을 받는다.

합영기업은 북한측 기관, 기업소, 단체가 투자관리기관의 승인을 받고, 다른 나라의 법인 또는 개인과 함께 설립할 수 있다(합영법 제2조). 생산부문에 창설하는 것을 기본으로 하고(합영법 제2조), 기계공업, 전자공업, 정보산업, 과학기술, 경공업, 농업, 임업, 수산업, 건설건재공업, 교통운수, 금융 등 다양한 부문에서 할 수 있다(합영법 제3조). 첨단기술의 도입, 과학연구 및 기술개발, 국제시장에서 경쟁력이 높은 제품 생산, 하부구조건설 같은 대상에서 장려되나(합영법 제3조), 환경보호기준을 초과하는 대상, 자연부원을 수출하는 대상, 경제기술적으로 뒤떨어진 대상, 경제적 실리가 적은 대상, 식당, 상점 같은 봉사업 대상에서는 금지 또는 제한된다(합영법 제4조).

외국인기업

외국인기업은 외국 투자가가 단독으로 투자하고 운영하는 기업 형태다(외국인투자법 제2조, 제7호, 외국인기업법 제2조). 1992년 제정되어 여러 차례 개정된 외국인기업법의 적용을 받는다.

합작기업과 합영기업의 경우 합작법 및 합영법에서 지역적 제한을 두고 있지 않으므로 북한 내 어디서든 설립할 수 있다고 해석되는 것과 달리, 외국인기업의 경우에는 정해진 지역에 한하여 설립할 수 있다(외국인기업법 제6조). 정해진 지역은 외국인투자법상 국가가 특별히 정한 법규에 따라 투자, 생산, 무역, 봉사와 같은 경제활동에 특혜가 보장되는 지역인 특수경제지대로 해석된다(외국인투자법 제2조 제10호).

외국 투자가는 전자공업, 자동화공업, 기계제작공업, 식료가공공업, 피복가공공업, 일용품공업과 운수 및 봉사를 비롯한 여러 부문에서 외국인기업을 설립할 수 있으나, 나라의 안전에 지장을 주거나 기술적으로 뒤떨어진 기업은 설립할 수 없다(외국인기업법 제3조).

기업 형태별 비교

합작기업, 합영기업, 외국인기업의 특성을 비교하면 다음과 같다.

기업 형태별 비교

구분	합작기업	합영기업	외국인기업
적용 법률	합작법	합영법	외국인기업법
투자 형태	공동투자	공동투자	외국 투자가 단독투자
경영 형태	북한측 단독경영	공동경영	외국 투자가 단독경영
지사 등 설립	합작법에 규정 부존재	투자관리기관 승인 후 북한 또는 외국에 지사, 사무소, 대리점 등 설립 가능	투자관리기관 승인 후 북한 또는 외국에 지사, 사무소, 대리점 등 설립 가능
투자 가능지역	북한 전 지역	북한 전 지역	정해진 지역(특수경제지대)
창설부문	생산부문	생산부문, 기계공업, 전자공업, 정보산업, 과학기술, 경공업, 농업, 임업, 수산업, 건설건재공업, 교통운수, 금융 등 여러 부문	전자공업, 자동화공업, 기계제작공업, 식료, 가공공업, 피복가공공업, 일용품공업, 운수 및 봉사 등 여러 부문
장려부문	첨단기술, 현대적 설비 도입 대상, 분야에서 경쟁력 높은 제품을 생산하는 부문	첨단기술의 도입, 과학연구 및 기술개발, 국제시장에서 경쟁력 높은 제품 생산, 하부구조건설	외국인기업법에 규정 부존재
금지, 제한 부문	환경보호기준 초과대상, 자연부원 수출대상, 경제기술적으로 뒤떨어진 대상, 경제실리 적은 대상, 식당이나 상점 같은 봉사업	환경보호기준 초과 대상, 자연부원 수출 대상, 경제기술적으로 뒤떨어진 대상, 경제실리 적은 대상, 식당이나 상점 같은 봉사업	나라의 안전에 지장을 주거나 기술적으로 뒤떨어진 기업 등
투자 보호	합작법에 규정 부존재	합영기업의 합법적 권리와 이익 법적 보호	외국 투자가의 기업운영소득 법적 보호

구분	합작기업	합영기업	외국인기업
투자 우대	장려부문 합작기업, 해외동포 합작기업에 대해 세금 감면, 유리한 토지이용조건 보장, 은행대부의 우선적 제공 등 우대	장려부문 합영기업, 해외동포 합영기업에 대해 세금 감면, 유리한 토지이용조건 보장, 은행대부의 우선적 제공 등 우대	
법인격	있음	있음	있음
출자지분	외국 투자가가 합작기업 등록자본의 30% 이상		
소유	합작법에 규정 부존재	합영기업이 투자가의 출자재산 및 재산권에 대해 소유권 보유	외국인기업법에 규정 부존재
경영활동, 채무귀속	합작법에 규정 부존재	• 합영기업이 독자적 경영활동 • 기업 채무에 대해 등록자본으로 책임	
출자비율	당사자 간 협의	당사자 간 협의	외국 투자가 단독
감자	합작법에 규정 부존재	불가	불가
경영조직 및 의사결정	비상설 공동협의기구	이사회	외국인기업법에 규정 부존재
손익 분배	외국 투자가에 대한 투자상환은 기업 생산품으로 하는 것을 기본으로 함. 이윤은 계약에 따라 분배	출자비율에 따라 분배	외국인기업법에 규정 부존재
경영물자 구입 및 제품 판매	합작법에 규정 부존재	투자관리기관에 계획을 제출한 후 북한 내 물자 구입 및 제품 판매 가능	투자관리기관을 통하여 북한 내 물자 구입 및 제품 판매 가능
행정편의	편의성 높음	편의성 높음	편의성 낮음

출처: 북한 합작법, 합영법, 외국인기업법을 토대로 저자 작성

어떻게 회사를 설립할 수 있는가

▶▶▶▶▶

회사 설립의 기본 절차

북한에 기업을 설립하고자 하는 경우 외국투자기업은 투자관리기관으로부터 기업창설승인을 받고(합작법 제6조, 합영법 제9조, 외국인기업법 제7조, 제8조), 창설등록, 주소등록, 세무등록, 세관등록을 하여야 하며, 등록을 하지 않으면 기업을 운영할 수 없다(외국투자기업등록법 제4조). 등록된 외국투자기업의 합법적 권리와 이익은 법적 보호를 받는다(외국투자기업등록법 제5조).

창설등록

외국투자기업은 창설승인을 받은 후 투자관리기관에 창설등록을 하여야 하고, 이때 투자관리기관은 외국투자기업을 형태별, 부문별, 업종별로 정확하게 등록하여야 한다(외국투자기업등록법 제9조). 투자관리기관은 외국투자기업의 창설을 등록한 경우 외국투자기업에는 기업창설등록증을, 지사·사무소·대리점에는 설립허가증을 발급하여야 한다(외국투자기업등록법 제10조). 외국투자기업은 투자관리기관에 창설등록을 한 날부터 법인격을 부여받으나, 지사·사무소·대리점은 법인격을 지니지 않는다(외국투자기업등록법 제11조).

주소등록

창설등록증 또는 설립허가증을 받은 이후 30일 내에 기업소재지의 도(직할시)인민위원회에 주소등록신청서(기업의 명칭, 등록하려는 주소, 업종, 존속기간, 종업원수 등 기재. 창설등록증사본 첨부)를 제출하여 주소등록을 하여야 한다(외국투자기업등록법 제15조, 제16조). 주소등록신청이 승인되면 주소등록증을 발급받을 수 있으며(외국인투자기업등록법 제17조), 주소등록증의 유효기간은 3년이다(외국투자기업등록법 제21조). 주소등록을 하지 않은 외국투자기업은 물, 전기, 통신 등 경영활동에 필요한 조건들을 보장받을 수 없다(외국투자기업등록법 제18조).

세무등록

외국투자기업은 주소등록을 한 날로부터 20일 내에 해당 재정기관에 세무등록신청서(명칭, 주소, 총투자액, 등록자본, 업종, 존속기간, 종업원수 기재. 창설등록증 및 주소등록증사본 첨부)를 제출하여 세무등록신청을 하여야 한다(외국투자기업등록법 제23조). 세무등록신청이 승인되면 외국투자기업의 명칭, 주소, 존속기간, 업종, 세무등록날짜와 번호가 기재된 세무등록증을 발급받는다(외국투자기업등록법 제24조, 제25조).

세관등록

외국투자기업은 주소등록을 한 날로부터 20일 내에 해당 세관에 세관등록신청서(명칭, 주소, 존속기간, 업종, 거래은행, 계좌번호 등 기재. 창설등록증 및 주소등록증사본, 은행의 재정담보서, 그 밖에 세관이 요구하는 문건 첨부)를 제출하여 세관등록신청을 하여야 한다(외국투자기업등록법 제29조). 세관등록신청이 승인되면 세관등록대장에 등록된다(외국투자기업등록법 제30조).

다음의 표는 이상의 회사 설립절차를 보기 쉽게 정리한 것이다.

회사 설립절차

번호	설립절차 일반	내용
1	설립서류 작성	합작계약·합영계약 체결(합작기업, 합영기업의 경우), 규약 등 설립서류 작성
2	기업창설 신청	투자관리기관에 기업창설신청서 제출
2-1	기업창설신청의 승인	투자관리기간은 접수일로부터 30일 내 심의 및 승인 여부 결정 • 승인 시 기업창설승인서 발급 • 부결 시 그 이유 명시한 부결통지서 교부
3	창설등록 신청	기업창설승인서 발급일로부터 30일 이내 기업소재지의 도(직할시)인민위원회 또는 특수경제지대관리기관에 창설등록신청
3-1	창설등록증 발급	창설등록증 발급
4	주소등록 신청	창설등록증 발급일로부터 30일 이내 기업소재지의 도(직할시)인민위원회에 주소등록신청서 제출. • 주소등록신청서에 기업의 명칭, 주소, 업종, 존속기간, 종업원수 기재, 창설등록증사본 첨부
4-1	주소등록신청의 승인	해당 도(직할시)인민위원회는 제때에 검토 및 승인 여부 결정 • 승인 시 주소등록증 발급 • 부결 시 그 이유 명시한 부결통지서 교부
5	세무등록 신청	주소등록일로부터 20일 이내에 해당 재정기관에 세무등록신청서 제출 • 세무등록신청서에 기업의 명칭과 주소, 총투자액과 등록자본, 업종, 존속기간, 종업원수 기재, 창설등록증 및 주소등록증사본 첨부
5-1	세무등록신청의 승인	재정기관은 접수일로부터 10일 이내 검토 및 승인 여부 결정 • 승인 시 세무등록증 발급 • 부결 시 그 이유 명시한 부결통지서 교부
6	세관등록 신청	주소등록일로부터 20일 이내 해당 세관에 세관등록신청서 제출 • 세관등록신청서에 기업의 명칭과 주소, 존속기간, 업종, 거래은행, 계좌번호 기재, 창설등록증 및 주소등록증사본, 은행의 재정담보서, 기타 세관이 요구하는 서류 첨부

6-1	세관등록	세관은 접수일로부터 5일 이내 검토 및 승인 여부 결정 • 승인 시 세관등록대장에 등록 • 부결 시 그 이유 명시한 부결통지서 교부
7	영업허가	

출처: 북한 외국인투자기업등록법을 토대로 저자 작성

기업 형태별 설립절차

합작기업의 설립절차

합작기업 설립신청 및 투자관리기관의 승인

합작기업을 설립하려는 자는 합작계약을 체결하고, 투자관리기관에 합작계약서사본, 합작기업의 규약사본, 경제기술타산서 등을 첨부한 합작기업창설신청문건을 제출하여야 한다(합작법 제6조).

2004년 12월 28일 개정된 합작법 시행규정에 따르면, 합작기업창설신청문건에는 기업의 명칭 및 소재지, 합작당사자명 및 소재지, 창설 목적과 유익성, 총투자액, 투자단계와 기간, 등록자본, 출자몫과 출자액, 출자기간, 계약일자, 기업의 존속기간, 조업예정일자, 업종과 경영범위, 계좌개설은행, 생산능력과 생산물의 수출비율, 부지면적과 위치, 연간예정이윤, 출자몫의 상환 또는 이윤분배, 관리기구정원 및 종업원수 등을 기재하여야 한다(합작법 시행규정 제23조).

합작계약서, 규약, 경제기술타산서에 포함되어야 하는 내용은 다음과 같다(합작법 시행규정 제16~18조).

합작기업창설신청문건의 필요사항

합작계약	규약	경제기술타산서
1. 기업의 명칭, 소재지 2. 계약당사자명, 소재지 3. 기업의 창설 목적, 업종, 규모, 존속기간 4. 총투자액, 등록자본, 출자몫, 출자액, 출자몫의 양도 5. 계약당사자의 권리와 의무 6. 경영관리기구와 노력관리 7. 기술이전 8. 기금의 조성 및 이용, 결산과 분배 9. 출자몫의 상환 또는 이윤분배 10. 계약위반에 대한 책임과 면제조건, 분쟁해결 11. 계약 내용의 수정, 보충, 취소, 보험, 계약의 효력 12. 해산 및 청산 13. 이 밖에 필요한 사항	1. 기업의 명칭, 소재지 2. 출자자명, 소재지 3. 기업의 창설 목적, 업종 및 경영활동 범위와 규모, 존속기간 4. 총투자액, 투자단계와 기간, 등록자본, 출자몫, 출자액, 출자명세, 출자기간, 출자몫의 양도 5. 공동협의기구의 구성과 그 임무, 운영 방법 6. 기업의 기구 및 관리성원과 그 임무, 기업의 책임자, 종업원수와 그 구성 7. 계획 및 생산(영업 포함)조직, 생산물 처리, 설비, 원료, 자재 구입 8. 회계와 노력관리 9. 결산, 출자몫의 상환, 이윤분배, 기금의 조성과 이용 10. 해산 및 청산 11. 규약의 수정, 보충 12. 이 밖에 필요한 내용	1. 투자관계 2. 건설과 관련한 정보 3. 생산 및 생산물 처리와 관련한 자료 4. 노력, 원료, 자재, 자금, 동력, 용수의 소요량과 그 보장대책 5. 단계별 수익성 타산자료 6. 기술적 분석자료 7. 환경보호, 노동안전 및 위생과 관련한 자료 8. 이 밖의 필요한 자료

출처: 북한 합작법을 토대로 저자 작성

투자관리기관은 합작기업창설신청문건을 접수한 날로부터 30일 안에 심의하고, 승인하였을 경우에는 신청자에게 합작기업창설승인서를 발급하고, 부결하였을 경우에는 신청자에게 그 이유를 밝힌 부결통지서를 송부하여야 한다(합작법 제6조). 합작법 시행규정에 따르면, 합작기업창설승인서에는 합작기업의 명칭과 소재지, 합작당사자명, 총투자액과 등록자본, 당사자들의 출자몫과 출자액, 출자기간, 기업의 존속기간, 조업예정날짜, 업종과 경영범위, 계좌개설은행, 관리기구와 종업원수, 경영방식 등을 기재하여야 한다(합작법 시행규정 제25조).

창설등록, 주소등록, 세무등록, 세관등록

북한측 투자가는 합작기업창설승인서를 받은 날로부터 30일 안에 기업소재지의 도(직할시)인민위원회 또는 특수경제지대관리기관에 기업을 등록하고, 창설등록증을 발급받아야 한다(합작법 제7조, 외국인투자기업등록법 제10조). 합작기업은 창설등록을 한 날부터 법인격을 갖는다(외국투자기업등록법 제11조).

합작기업은 창설등록증을 받은 날로부터 30일 안에 기업소재지의 도(직할시)인민위원회에 주소등록신청서를 제출하여 주소등록을 하고, 주소등록증을 발급받아야 한다(외국투자기업등록법 제15조, 제17조).

합작기업은 주소등록을 한 날로부터 20일 안에 해당 재정기관에 세무등록신청문건을 제출하여 세무등록을 하고 세무등록증을 발급받아야 하고, 동일기간 안에 해당 세관에 세관등록신청문건을 제출하여 세관등록을 하여야 한다(합작법 제7조, 외국투자기업등록법 제23~24조, 제29~30조).

출자

합작기업의 출자기간, 출자몫, 출자재산, 등록자본의 구성과 규모에 대해서는 합작법 시행규정 제36~55조에 규정되어 있다.

외국인투자기업재정관리법은 합작기업, 합영기업, 외국인기업법 등에 적용되는데, 동법에 의하면 합작당사자는 기업창설승인문건에서 정한 기간 안에 출자하여야 한다(외국인투자기업재정관리법 제12조). 또한 합작당사자는 합작계약에 따라 화폐재산, 현물재산과 토지이용권, 자원개발권, 기술비결 같은 재산권으로 투자할 수 있다(외국인투자기업재정관리법 제13조). 출자재산의 구성비율은 합작계약에서 정하나, 지적재산권의 출자비율은 등록자본의

20%를 넘을 수 없다(외국인투자기업재정관리법 제13조).

합작당사자는 자기의 출자몫을 제3자에게 양도할 수 있고, 이 경우 합작상대방의 동의와 투자관리기관의 승인을 받아야 한다(합작법 제10조).

영업허가 및 영업

합작기업은 합작기업창설승인서에 정해진 조업예정날짜 안에 영업허가를 받아야 하고, 투자관리기관이 발급한 영업허가증을 받은 날을 합작기업의 조업일로 한다(합작법 제8조).

합작기업은 승인된 업종에 따라 경영활동을 하여야 하며, 업종을 바꾸거나 늘리려 할 경우에는 투자관리기관의 승인을 받아야 한다(합작법 제9조).

경영기구

합작기업은 북한측 투자가가 운영하는 기업 형태이므로 합작법에는 이사회, 대표자 등 경영기구에 관한 규정이 없다. 다만 합작법은 합작기업이 비상설로 공동협의기구를 조직할 수 있고, 공동협의기구에서는 새 기술 도입과 제품의 질 제고, 재투자 등 기업의 경영활동에서 제기되는 중요 문제들을 협의한다(합작법 제17조)는 규정을 둠으로써 외국투자가가 비상설 공동협의기구를 통해 제한적으로나마 합작기업의 경영에 관여할 수 있는 길을 열어두었다.

합영기업의 설립절차

합영기업 설립신청 및 투자관리기관의 승인

합영기업을 설립하려는 당사자들은 합영계약을 체결하고, 투자관리기관에 합영계약서사본, 합영기업의 규약사본, 경제기술타산서 등을 첨부한 합영기업창설신청문건을 제출하여야 한다(합영법 제9조).

2005년 1월 17일 개정된 합영법 시행규정에 따르면 합영기업창설신청문건에는 기업의 명칭 및 소재지, 합영당사자명 및 소재지, 창설 목적과 유익성, 총투자액, 투자단계와 기간, 등록자본, 출자몫과 출자액, 출자기간, 계약일자, 기업의 존속기간, 조업예정일자, 업종과 경영활동범위, 계좌개설은행, 생산능력과 생산제품의 수출비율, 부지면적과 위치, 연간예정이윤과 분배, 관리기구 및 종업원수(그중 외국인수) 등을 기재해야 한다(합영법 시행규정 제21조).

합영계약서, 규약, 경제기술타산서에 포함되어야 하는 내용은 아래와 같다(합영법 시행규정 제14~16조).

합영기업창설신청문건의 필요사항

합영계약	규약	경제기술타산서
1. 기업의 명칭, 소재지 2. 계약당사자명, 소재지 3. 기업의 조직 목적과 업종, 존속기간 4. 총투자액, 등록자본, 출자몫, 출자액, 출자몫의 양도 5. 계약당사자의 권리와 의무 6. 경영관리기구와 노력관리 7. 기술이전 8. 기금의 조성 및 이용, 결산과 분배 9. 계약위반에 대한 책임과 면제조건, 분쟁해결 10. 계약 내용의 수정, 보충 및 취소, 보험, 준거법 11. 해산 및 청산 12. 계약의 효력 13. 이 밖에 필요한 사항	1. 기업의 명칭, 소재지 2. 출자자명, 소재지 3. 기업의 조직 목적, 업종, 경영활동범위, 규모, 존속기간 4. 총투자액, 투자단계와 기간, 등록자본, 출자몫, 출자명세, 출자기간, 출자몫의 양도 5. 이사회의 구성과 임무, 이사회 운영방식, 통지 방법, 기업의 최고결의기관 대표자 6. 경영관리기구 및 관리성원과 그 임무, 기업의 책임자, 종업원수(그중 외국인수) 7. 계획 및 생산(영업 포함)조직, 생산물처리, 설비, 원료, 자재의 구입 8. 직업동맹조직의 활동조건 9. 재정회계, 노력관리 10. 결산과 분배, 기금의 조성과 이용 11. 해산 및 청산 12. 규약의 수정 보충 13. 이 밖에 필요한 내용	1. 투자관계 2. 건설과 관련한 자료 3. 생산 및 생산물 처리와 관련한 자료 4. 노력, 원료, 자재, 자금, 동력, 용수의 소요량과 그 보장대책 5. 단계별 수익성 타산자료 6. 기술적 분석자료 7. 환경보호, 노동안전 및 위생과 관련한 자료 8. 이 밖의 필요한 자료

출처: 북한 합영법을 토대로 저자 작성

투자관리기관은 합영기업창설신청문건을 접수한 날로부터 30일 안에 심의하고, 승인하였을 경우에는 신청자에게 합영기업창설승인서를 발급하고, 부결하였을 경우에는 그 이유를 밝힌 부결통지서를 신청자에게 송부하여야 한다(합영법 제9조).

합영기업의 창설등록, 주소등록, 세무등록, 세관등록

합영기업창설승인서를 발급받은 당사자는 30일 안에 기업소재지의 도(직할시)인민위원회 또는 특수경제지대관리기관에 창설등록을 하고, 창설등록증을 발급받아야 한다(합영법 제10조, 외국투자기업등록법 제9조, 제10조). 합영기업은 투자관리기관에 창설등록을 한 날부터 법인격을 부여받는다(합영법 제6조, 외국투자기업등록법 제11조).

합영기업은 창설등록증을 받은 날로부터 30일 안에 기업소재지의 도(직할시)인민위원회에 주소등록신청을 하고, 주소등록증을 발급받아야 한다(외국투자기업등록법 제15조, 제17조).

합영기업은 주소등록일부터 20일 안에 해당 재정기관에 세무등록을 하고 세무등록증을 발급받아야 하며, 동일 기간 안에 해당 세관에 세관등록을 하여야 한다(합영법 제10조, 외국투자기업등록법 제23~24조, 제29~30조).

출자

합영당사자는 기업창설승인서에서 정한 기간 안에 출자하여야 한다(합영법 제14조). 합영기업에 출자하는 몫은 합영당사자들이 합의하여 정하며, 출자는 화폐재산, 현물재산과 공업소유권, 토지이용권, 자원개발권 같은 재산권으로 할 수 있고, 이 경우 출자한 재산 또는 재산권의 값은 해당 시기의 국제시장가격에 준하여 당사자들이 합의하여 정한다(합영법 제11조). 특허권, 상표권, 공업도안권 같은 지적재산권의 출자는 등록자본의 20%를 초과할 수 없다(합영법 제14조). 합영기업의 등록자본은 총투자액의 30~50% 이상 되어야 하며, 등록자본은 줄일 수 없다(합영법 제15조). 합영당사자는 자신의 출자몫을 제3자에게 양도할 수 있고, 이 경우 합영상대방의 동의와 투자관리기관의 승인을 받아야 한다(합영법 제12조).

영업허가 및 영업

합영기업은 기업창설승인서에 정해진 조업예정일 안에 영업허가를 받아야 하며, 투자관리기관이 발급한 영업허가증을 받은 날을 합영기업의 조업일로 한다(합영법 제22조). 또한 합영기업은 기업창설승인서에 지정된 기간 안에 영업을 시작하여야 한다. 해당 기간 안에 영업을 할 수 없는 경우 투자관리기관의 승인을 받아 조업기일을 연장할 수 있으나 조업기일을 연장한 기업은 정해진 연체료를 부담하여야 한다(합영법 제21조). 합영기업은 승인된 업종에 따라 경영활동을 하여야 하며, 업종을 바꾸거나 늘리려 할 경우에는 투자관리기관의 승인을 받아야 한다(합영법 제25조). 한편 합영기업은 투자관리기관의 승인을 받고 북한 또는 외국에 지사, 사무소, 대리점 등을 설립할 수 있다(합영법 제13조).

경영기구

합영기업은 북한측 투자가와 외국측 투자가가 공동으로 운영하는 회사이므로 합영법은 북한측 투자가 또는 외국측 투자가가 단독으로 운영하는 합작기업에 관한 합작법 또는 외국인기업에 관한 외국인기업법과는 달리 합영기업의 경영기구에 관한 상세 규정을 두고 있다.

합영기업은 최고결의기관으로서 이사회를 두고(합영법 제16조), 규약 및 이사회의 결정에 따라 관리운영된다(합영법 제20조). 이사회는 규약의 수정 보충, 기업의 발전대책, 등록자본의 증가, 경영계획, 결산과 분배, 책임자, 부책임자, 재정검열원의 임명 및 해임, 기업의 해산과 같은 문제들을 토의 결정한다(합영법 제17조).

외국인기업의 설립절차

외국인기업 설립신청 및 투자관리기관의 승인

외국 투자가가 외국인기업을 설립하려는 경우 투자관리기관에 기업창설신청서, 규약사본, 경제기술타산서, 투자가의 자본신용확인서를 제출하여야 한다(외국인기업법 제7조). 기업창설신청서에는 기업의 명칭과 주소, 총투자액과 등록자본, 업종, 종업원수, 존속기간 등이 기재되어야 한다(외국인기업법 제7조).

2005년 8월 1일 개정된 외국인기업법 시행규정에 따르면, 규약에는 기업의 명칭, 소재지, 기업의 창설 목적, 경영범위, 생산규모, 총투자액, 등록자본, 투자방식과 기간, 기업의 기구 및 그 직능, 이사장·사장·회계책임자·재정검열원의 임무와 권한, 경영기간, 해산 및 청산, 규약의 수정절차, 이 밖에 필요한 내용을 포함하여야 한다(외국인기업법 시행규정 제15조). 또한 외국인기업의 경제기술타산서에는 기업의 명칭, 총투자액과 등록자본, 투자계획, 생산계획과 관련한 자료, 주요 생산공정설비의 기술 및 유익성 분석자료, 건축공사와 관련한 자료, 주요 원자재의 품종과 소요량, 생산제품의 판매와 관련한 자료,

종업원의 채용 및 기술인원 양성계획, 단계별 수익성 타산자료, 이 밖에 필요한 자료가 포함되어야 한다(외국인기업법 시행규정 제16조).

투자관리기관은 외국인기업창설신청문건을 접수한 날로부터 30일 안에 심의하여 기업창설을 승인하거나 부결하여야 하며, 기업창설을 승인하였을 경우에는 외국인기업창설승인서를 발급하고, 부결하였을 경우에는 그 이유를 밝힌 부결통지서를 신청자에게 송부한다(외국인기업법 제8조).

외국인기업의 창설등록, 주소등록, 세무등록, 세관등록

외국 투자가는 외국인기업창설승인서를 받은 날로부터 30일 안에 해당 도(직할시)인민위원회 또는 특수경제지대관리기관에 기업을 등록하고, 창설등록증을 발급받아야 한다(외국인기업법 제9조, 외국투자기업등록법 제10조). 외국인기업은 투자관리기관에 창설등록을 한 날부터 법인격을 부여받는다(외국투자기업등록법 제11조).

외국인기업은 창설등록증을 받은 날로부터 30일 안에 기업소재지의 도(직할시)인민위원회 또는 특수경제지대관리기관에 주소등록신청서를 내고 주소등록증을 발급받아야 한다(외국투자기업등록법 제15조, 제17조).

외국인기업은 주소등록을 한 날로부터 20일 안에 해당 재정기관에 세무등록신청서를 내고 세무등록증을 발급받아야 하며, 동일 기간 안에 해당 세관에 세관등록신청서를 내야 한다(외국투자기업등록법 제23~24조, 제29~30조).

출자

외국 투자가는 외국인기업창설승인서에 지정된 기간 안에 투자(출자)하여야 하며, 부득이한 사정이 있을 경우에는 투자관리기관의 승인을 받아 투자

(출자)기간을 연장할 수 있다(외국인기업법 제12조). 정해진 투자(출자)기간 안에 정당한 이유 없이 투자하지 않았을 경우 투자관리기관은 외국인기업창설승인을 취소할 수 있다(외국인기업법 제13조).

외국인기업법에는 투자재산, 등록자본의 구성과 규모에 관한 규정이 없다. 외국인투자기업재정관리법에 의하면, 외국 투자가는 계약에 따라 화폐재산, 현물재산과 토지이용권, 자원개발권, 기술비결 같은 재산권으로 투자할 수 있다(외국인투자기업재정관리법 제13조). 출자재산의 구성비율은 외국 투자가가 정하나, 지적재산권의 출자비율은 등록자본의 20%를 넘을 수 없다(외국인투자기업재정관리법 제13조). 외국인기업은 등록자본을 증가시킬 수는 있으나 존속기간 안에 등록자본을 감소시킬 수는 없다(외국인기업법 제25조).

영업허가 및 영업

2005년 8월 1일 개정된 외국인기업법 시행규정에 의하면, 외국인기업은 영업허가를 받아야 경영활동을 할 수 있고, 영업허가는 기업창설승인문건에서 정한 조업예정일 안에 받아야 한다(외국인기업법 시행규정 제39조).

외국인기업은 승인된 업종에 따라 경영활동을 하여야 하며, 업종을 바꾸거나 늘리려 할 경우에는 투자관리기관의 승인을 받아야 한다(외국인기업법 제14조). 외국인기업은 투자관리기관에 연·분기 생산 및 수출입계획을 제출하여야 한다(외국인기업법 제15조).

외국인기업은 투자관리기관의 승인을 받고 북한 또는 외국에 지사, 사무소, 대리점 등을 설립할 수 있다(외국인기업법 제10조).

경영기구

외국인기업은 외국측 투자가가 단독으로 운영하는 기업이므로 외국인기업법은 외국인기업의 경영기구에 관한 규정을 두고 있지 않다.

특수경제지대 내 회사 설립절차

일반적인 회사 설립절차

기업창설 신청 및 공업지구관리기관의 승인, 기업등록

경제특구 및 경제개발구 내에 기업을 설립하려는 투자가는 해당 특구의 관리기관에 기업창설신청서를 제출하여야 한다. 관리기관이 기업창설승인을 하면, 기업은 승인받은 업종범위 안에서 경영활동을 수행하여야 하고, 업종을 변경하는 경우에는 다시 관리기관의 승인을 받아야 한다(개성공업지구 기업창설운영규정 제8조, 제16조, 금강산국제관광특구법 제26조, 경제개발구법 제38조). 기업창설승인을 받은 투자가는 정해진 기일 안에 출자를 하고, 관리기관에 기업등록을 한 다음 정해진 기일 안에 세관등록, 세무등록을 하여야 한다. 특수경제지대 내에서 기업등록을 한 기업은 법인격을 갖는다.

지사, 사무소의 설립절차

북한지사는 북한의 고정된 장소에서 영리를 목적으로 영업활동을 영위하고자 설치하는 북한지점과, 북한에서 영업활동을 영위하지 아니하고 업무연락, 시장조사, 연구개발활동 등의 비영업적 기능만을 수행하는 북한사무소로 구분된다(대북투자 등에 관한 외국환거래지침 제14조).

특수경제지대 내에 지사 또는 사무소를 설립하려면 정해진 바에 따라 관리기관에 설치신청을 하고 승인을 받은 후 해당 등록을 해야 한다. 지사, 사무소 등에는 법인격이 부여되지 않는다.

개성공업지구 내 회사 설립절차

회사 설립절차

개성공업지구에서 투자가는 단독 또는 다른 투자가와 공동으로 투자하여 여러 형식의 기업을 창설할 수 있다(개성공업지구 기업창설운영규정 제4조).

기업은 규약을 가지고 있어야 하며, 규약에는 기업의 명칭 및 주소, 창설 목적, 업종 및 규모, 총투자액과 등록자본, 기업 책임자, 재정검열원의 임무와 권한, 주식·채권의 발행사항, 이윤분배, 해산 및 청산, 수정보충 등의 내용이 포함되어 있어야 한다(개성공업지구 기업창설운영규정 제5조). 등록자본은 총투자액의 10% 이상 되어야 한다(개성공업지구 기업창설운영규정 제6조).

개성공업지구 내에 기업을 설립하고자 하는 자는 기업의 명칭, 투자가의 이름과 주소, 기업 책임자의 이름, 총투자액과 등록자본, 업종 및 규모, 투자기간, 연간수입액과 이윤액, 관리기구, 종업원 수 등의 내용을 포함한 기업창설신청서를 공업지구관리기관에 제출하여야 한다. 이때 기업의 규약과 자본신용확인서, 경제기술타산서 등을 첨부하여야 한다(개성공업지구 기업창설운영규정 제8조). 남측 투자가의 경우에는 통일부로부터 협력사업승인을 받은 후 기업창설신청서, 토지분양계약서(또는 임대계약서)사본, 기업규약, 투자가총회 및 이사회의사록, 취임승낙서(인감증명서 첨부), 사업계획서, 남북협력사업승인서사본, 법인등기부등본(개인은 주민등록등본), 법인인감등록부, 대표자 주민등록등본 및 대표자 인감등록을 첨부하여 공업지구관리기관(개성공업지구관리위원회)에 제출하여야 한다.[25]

공업지구관리기관은 기업창설신청서를 접수한 날로부터 10일 내에 신청 내용을 검토하고 해당 신청을 승인하는 경우에는 기업창설승인서를, 부결하는 경우에는 부결통지서를 신청자에게 송부한다(개성공업지구 기업창설운영규정 제9조).

기업창설승인을 받은 투자가는 기업창설승인서에 정해진 기간 안에 화폐재산, 현물재산, 재산권 등으로 투자를 하여야 하며, 등록자본은 총투자액의 10% 이상이 되어야 한다(개성공업지구 기업창설운영규정 제10~11조, 제6조). 투자가는 등록자본 또는 그 이상을 투자한 후 공업지구관리기관에 기업등록을 신청한다(개성공업지구 기업창설운영규정 제12조). 기업등록신청서에는 기업창설승인서사본, 토지이용권등록증사본, 투자실적확인서(토지이용권 및 건축물보존등록증, 공업지구 은행입금확인서 등)를 첨부하여야 한다(개성공업지구 기업창설운영규정 제13조).

공업지구관리기관은 해당 신청일로부터 7일 이내에 승인 내지 부결 여부를 결정하고 승인을 하는 경우 기업등록증을 발급하여주어야 한다(개성공업지구 기업창설운영규정 제14조). 이때 기업등록증을 발급받은 날을 기업창설일로 하며, 기업은 기업등록증을 발급받은 날로부터 20일 이내에 공업지구세관에 세관등록을, 공업지구세무서에 세무등록을 하여야 한다(개성공업지구 기업창설운영규정 제15조).

25 개성공업지구지원재단, 개성공업지구관리위원회의 기업창설등록절차 소개 참조

지사, 영업점 등 설치절차

개성공업지구에 지사, 영업소, 사무소 등을 설치하려고 하는 경우에는 공업지구관리기관에 해당 신청을 하고 승인을 받아야 하며, 지사, 영업소는 공업지구관리기관에 등록을 하여야 영업활동을 할 수 있다(개성공업지구법 제45조, 개성공업지구 기업창설운영규정 제32조).

개성공업지구 내 지사, 영업점 등을 설치하고자 하는 남측 투자가는 통일부로부터 협력사업승인을 받은 후 설치신청서, 사업계획서, 본사 기업규약(정관), 협력사업신고수리서사본, 토지분양계약서(또는 임대계약서)사본, 본사 법인등기부등본 및 법인인감증명서 또는 사업자등록증사본, 인감등록, 대표자 주민등록등본 및 인감등록을 개성공업지구관리위원회에 제출하여야 하고, 지사·영업점 등의 설치승인을 받은 후 영업등록신청을 할 때에는 등록신청서, 설치승인서사본, 토지이용권등록증(또는 임대차계약서)사본을 공업지구관리기관에에 제출하여야 한다.[26]

북한 내 지사, 영업점 등의 설치승인을 받은 남측 투자가는 지정거래 외국환은행장에게 북한지사설치(변경)신고서와 통일부장관의 협력사업승인서사본을 제출하여 북한지사 설치신고를 하여야 한다. 또한 북한사무소를 설치하고자 하는 남측 투자가는 국내 기업 및 경제단체의 북한지역사무소 설치에 관한 지침에 따른 사무소설치인증을 얻은 후 지정거래 외국환은행장에게 신고하여야 한다(대북투자 등에 관한 외국환거래지침 제15조).

지사, 영업점 등에의 설치비 등 지급절차

북한지점을 설치한 자가 협력사업승인을 받은 바에 따라 북한지점에 영업

26 개성공업지구지원재단, 개성공업지구관리위원회의 지사, 영업소 영업등록절차 소개 참조

기금(북한지점의 설치비, 유지운영비, 영업활동을 위한 운전자금 포함. 현지 금융차입에 의한 자금 제외)을 지급하고자 하는 경우에는 물론 북한사무소 설치에 따라 설치비 및 유지활동비를 지급하고자 하는 경우에도 북한지점(사무소) 경비지급신고서 및 통일부장관의 협력사업승인서원본을 첨부하여 지정거래 외국환은행장에게 신고를 하여야 한다(대북투자 등에 관한 외국환거래지침 제16~17조).

북한사무소의 설치비는 북한사무소의 설치 또는 확장에 따른 ① 사무실 및 주재원의 주거용 부동산 등 북한에서의 활동에 필요한 부동산의 구입비 또는 임차료(장기임대계약에 의해 일시에 지불하는 자본적 지출에 해당되는 비용), ② 동산집기류(자동차 포함) 구입비 및 임차보증금, ③ 영선비(비독립채산제 지점의 수리비 또는 원상복구비 포함), ④ 전화, 텔렉스 등 통신관계 설치비, ⑤ 기타 지정거래 외국환은행장이 필요하다고 인정하는 자본적 지출비용 등의 경비를 말한다. 북한사무소의 유지활동비는 북한사무소의 활동 및 유지운영에 필요한 제경비를 말하며, 기본경비(전기료, 가스료, 수도료, 전신전화료, 동산임차료, 부동산사용료, 주택수당을 받지 않는 주재원의 주거용 주택임차료, 제세공과금, 현지 인력의 고용에 따른 보수, 기타 북한 비독립채산제 지점의 운영에 정기적 혹은 필수적으로 소요된다고 지정거래 외국환은행장이 인정하는 경비)는 전액 지급하되 지정거래 외국환은행장의 사후관리를 필요로 한다. 기본경비 외에 기타경비의 지급한도는 사무소당 월 미화 2만 달러, 주재원 1인당 월 미화 1만 달러로 하며, 경비용도에 관한 확인 및 사후관리는 받지 않는다. 다만 지급한도를 초과하여 기타경비를 지급하는 경우에는 지정거래 외국환은행장에게 신고수리를 받아야 하며, 지급신고일로부터 180일 이내에 당해 지급을 증명하는 증빙서류 등을 지정거래 외국환은행장에게 제출하여 정산하여야 한다. 단, 정산신청대상은 기타경비 전체로 한다(대북투자 등에 관한 외국환거래지침 제18조).

금강산국제관광특구 내 회사 설립절차

회사 설립절차

금강산국제관광특구에서도 투자가는 단독 또는 공동으로 투자하여 여러 형식의 기업을 창설할 수 있다(금강산국제관광특구법 제24조, 금강산국제관광특구 기업창설운영규정 제6조).

기업은 규약을 가지고 있어야 하며, 규약에는 기업의 명칭 및 주소, 창설 목적, 업종 및 규모, 총투자액과 등록자본, 기업 책임자, 재정검열원의 임무와 권한, 주식·채권의 발행사항, 이윤분배, 해산 및 청산, 규약의 수정보충절차 등이 규정되어 있어야 한다(금강산국제관광특구 기업창설운영규정 제7조). 등록자본은 총투자액의 30% 이상 되어야 한다(금강산국제관광특구 기업창설운영규정 제8조).

국제관광특구에 기업을 설립하려는 투자가는 기업창설신청서(기업의 명칭, 투자가의 이름과 주소, 총투자액과 등록자본, 업종 및 규모, 투자기간, 존속기간, 관리기구, 종업원수 기재)에 규약, 자본신용확인서, 경제기술타산서를 첨부하여 국제관광특구관리위원회에 제출하여야 하고(금강산국제관광특구 기업창설운영규정 제10조), 위원회는 기업창설신청서를 접수한 날로부터 15일 내에 해당 신청을 승인하는 경우에는 기업창설승인서를, 부결하는 경우에는 부결통지서를 신청자에게 송부한다(금강산국제관광특구 기업창설운영규정 제11조).

기업창설승인을 받은 투자가는 승인일로부터 30일 이내에 국제관광특구관리위원회에 기업등록신청서를 제출하여야 하고, 국제관광특구관리위원회는 해당 신청일로부터 15일 이내에 승인 내지 부결 여부를 결정하여 승인을 하는 경우 기업등록증을 발급하여주어야 한다(금강산국제관광특구 기업창설운영규정 제12~13조). 기업은 기업등록증을 발급받은 날로부터 15일 이내에 국제관광특구 세관 및 세무소에 세관등록 및 세무등록을 하여야 한다(금강산국제관광특구 기업창설운영규정 제14조). 기업은 기업창설승인서에 정해진 기간 안에 투자를 하여야 한다(금강산국제관광특구 기업창설운영규정 제16조).

영업을 하려는 기업은 국제관광특구관리위원회에 신청하여 영업허가를 받아야 하고, 영업허가증을 발급받은 날을 기업의 조업일로 한다(금강산국제관광특구 기업창설운영규정 제17조). 기업은 허가받은 업종의 범위에서 영업활동을 하여야 하며, 업종을 늘리거나 변경하려는 경우 국제관광특구관리위원회의 승인을 받아야 한다(금강산국제관광특구 기업창설운영규정 제18조).

지사, 대리점 등 설치절차

국제관광특구에는 지사, 대리점, 출장소 등을 설립할 수 있다. 이 경우 국제관광특구관리위원회의 승인을 받아야 한다(금강산국제관광특구법 제28조).

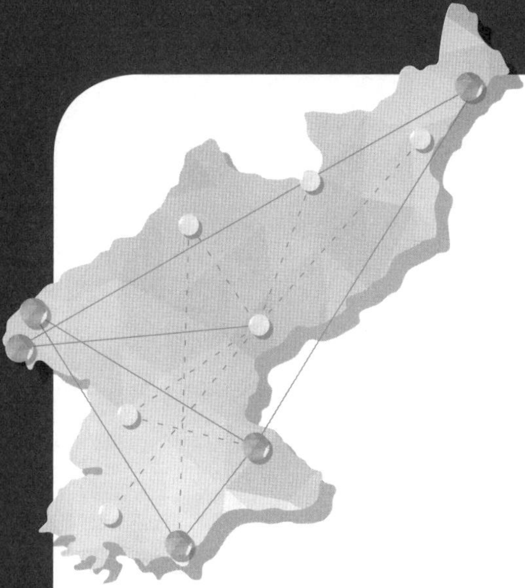

PART 04

어떻게 경영할 것인가

부동산관리

토지이용권은 필수

토지이용권 개요

북한에서 토지는 원칙적으로 국가, 협동단체만 소유할 수 있으며 개인은 토지를 소유할 수 없다(헌법 제20조·제22조, 토지법 제9조, 민법 제44조·제54조). 그런데 1992년 제정된 외국인투자법에서는 토지임대기간을 최고 50년까지로 하여 외국 투자가와 외국인투자기업, 외국투자은행을 창설하는 데 필요한 토지를 임대하여 주도록 했고(외국인투자법 제15조), 이에 맞추어 1993년 10월 27일 최고인민회의 상설회의 결정 제40호로 토지임대법을 제정하여 외국 투자가와 외국투자기업이 필요한 토지를 임대하고 임차한 토지를 이용할 수 있도록 하는 법체계를 갖추었다.

이에 따라 특수경제지대 외의 지역에 투자하는 외국 투자가는 토지임대법에 따라 토지를 임대받아 이용할 수 있다(토지임대법 제2조). 북한의 기관, 기업소, 단체는 해당 토지를 관리하는 도(직할시)인민위원회의 승인을 받아 합영·합작기업에 토지이용권을 출자할 수 있다(토지임대법 제5조).

토지임차자는 임대한 토지의 이용권을 가지고 토지이용권은 임차자의 재산권으로 되며, 토지임차자는 토지 관련 법규와 토지임대차계약에 따라 토지를 이용할 수 있으나(토지임대법 제7~8조), 임대한 토지에 있는 천연자원과 매장물은 토지이용권의 대상에 속하지 않는다(토지임대법 제3조). 천연자원이나 매장물은 국가의 소유이기 때문이다(헌법 제21조). 토지는 임대차계약에서 정한 용도에 맞게 이용하여야 하며 용도를 변경하려는 경우에는 토지를 임대한 기관과 용도를 변경하는 보충계약을 체결하여야 한다(토지임대법 제14조).

토지이용증 없이 토지를 이용하였거나, 승인 없이 토지용도를 변경하였거나, 토지이용권을 양도·저당한 경우에는 벌금이 부과되고, 토지에 건설한 시설물을 회수당하거나, 토지가 원상복구되거나, 양도 및 저당계약이 취소되는 제재를 당할 수 있다(토지임대법 제39조).

한편 북남경제협력법에서는 북한지역에서 남측 투자가의 부동산이용은 해당 법규에 따른다고 하면서 북남당국 사이의 합의가 있을 경우에는 그에 따른다고 정하고 있다(북남경제협력법 제20조). 그러나 아직 남측 투자가의 부동산이용에 관한 북남당국 사이의 합의는 체결되지 않았다.

토지임대 방법 및 절차

토지임대는 중앙국토환경보호지도기관의 승인을 받아야 하고, 토지임대차계약은 해당 도(직할시)인민위원회 국토환경보호부서가 체결한다(토지임대법 제4조).

토지의 임대는 협상의 방법으로 하며, 특수경제지대에서는 입찰과 경매의 방법으로도 토지를 임대할 수 있다(토지임대법 제9조). 다만 아직까지 입찰 및 경매를 적용한 사례는 확인되지 않았다. 북한의 민법상 부동산거래의 경우에는 서면계약과 공증이 요구되나(민법 제94조), 토지임대법상 토지임대계약은 이러한 요식성을 요구하지 않고 있다.

협상의 방법에 의한 토지임대

특수경제지대에서는 주로 협상에 의해 토지임대가 이루지고 있다. 토지를 임대하는 기관은 토지임차 희망자에게 토지의 위치와 면적, 지형도, 토지의 용도, 건축면적, 토지개발과 관련한 계획, 건설시간, 투자의 최저한계액, 환경보호, 위생방역, 소방과 관련한 요구, 토지임대기간, 토지개발상태 등의 자료를 제공하고, 임차 희망자는 제공된 토지자료를 검토한 다음 기업창설승인문건 사본을 첨부한 토지이용신청문건을 토지를 임대하는 기관에 제출한다.

토지를 임대하는 기관은 토지이용신청문건의 수령일로부터 20일 안에 신청자에게 승인 여부를 통지하고, 토지를 임대하는 기관과 신청자는 토지의 면적, 용도, 임대 목적과 기간(토지임대기간은 50년 안에서 계약당사자들이 합의하여 정함), 총투자액과 건설기간, 임대료와 그 밖의 필요사항을 내용으로 하는 토지임대차계약을 체결한다.

토지를 임대하는 기관은 토지임대차계약에 따라 토지이용료를 지급받은 후 토지이용증을 발급하고 등록한다(토지임대법 제6조, 제10~11조).

입찰의 방법에 의한 토지임대

규모가 크거나 주요한 개발대상의 토지임대는 입찰의 방법으로 이루어지는데, 입찰을 통한 토지임대절차는 다음과 같다(토지임대법 제12조).

입찰을 통한 토지임대절차

토지임대기관이 토지의 자료와 입찰장소, 입찰 및 개찰날짜, 입찰절차를 비롯한 입찰에 필요한 사항을 공시 혹은 지정대상자에게 입찰안내서 송부 ➡ 토지임대기관이 응찰대상자에게 입찰문건 양도 ➡ 토지임대기관의 입찰 관련 상담 ➡ 입찰자의 입찰보증금 납부 및 봉인된 입찰서 제출 ➡ 토지임대기관의 입찰심사위원회 조직 ➡ 입찰심사위원회의 입찰서 심사, 평가 및 낙찰자 결정 ➡ 토지임대기관이 낙찰자에게 낙찰통지서 발급 ➡ 낙찰자와 토지임대기관의 토지임대차계약 체결 ➡ 낙찰자의 토지이용권 대가 지급 ➡ 토지이용증 발급 및 등록

출처: 북한 토지임대법을 토대로 저자 작성

낙찰되지 못한 응찰자는 낙찰이 결정된 날로부터 5일 안에 해당 사유를 통지받고 입찰보증금을 반환받으며, 이 경우 입찰보증금에 대한 이자는 지급받지 못한다. 낙찰자가 낙찰통지서를 받은 날로부터 30일(사정에 의하여 계약체결을 연기하려 하는 경우에는 해당 기간이 끝나기 10일 전에 토지임대기관에 신청하여 30일 연장 가능) 안에 토지임대차계약을 체결하지 않은 경우에는 낙찰이 무효로 되며 입찰보증금을 반환받을 수 없다(토지임대법 제12조).

경매의 방법에 의한 토지임대

특수경제지대에서 부동산개발용지, 금융, 상업, 관광 및 오락용지와 같은 경쟁이 심한 토지임대의 경우에는 경매의 방법에 의하는데, 경매를 통한 토지임대절차는 다음과 같다(토지임대법 제13조).

경매를 통한 토지임대절차

토지임대기관이 토지자료, 토지경매 날짜·장소·절차, 토지의 기준값 등 경매의 필요사항 공시 ➡ 경매 시행 ➡ 낙찰자(최고가 제시자) 선정 ➡ 낙찰자와 토지임대기관의 토지임대차계약 체결 ➡ 토지이용증 발급 및 등록

출처: 북한 토지임대법을 토대로 저자 작성

토지임대료

토지임차자는 정해진 바에 따라 토지임대료를 토지임대기관에 지급하여야 하며, 이때 토지임대료에는 토지개발비(토지정리와 도로건설 및 상하수도, 전기, 통신, 난방시설건설 지출비용 등)가 포함될 수 있다(토지임대법 제28~29조).

협상, 경매를 통하여 토지를 임차한 자는 토지임대차계약 체결일로부터 15일 안에 토지임대료의 10%에 해당하는 이행보증금을 지급하여야 하고(토지임대법 제31조), 토지임차자 모두는 토지임대차계약의 체결일부터 90일 내에 토지임대료 전액을 지급하여야 하며, 토지종합개발대상같이 많은 면적의 토지를 임차하였을 경우에는 토지임대기관이 승인한 기간 안에 토지임대료를 나누어 지급할 수 있다(토지임대법 제30조).

토지임대기관은 임차자가 토지임대료를 정해진 기간 안에 납부하지 않은 경우 그 기간의 경과일부터 매일 미납금의 0.05%에 해당하는 연체료를 부과할 수 있고, 연체료를 연속 50일간 물지 않는 경우 토지임대차계약 자체를 취소할 수 있다(토지임대법 제32조).

토지임대료 외에 외국투자기업과 외국투자은행은 매해 해당 재정기관에 토지사용료를 지급하여야 하나, 장려대상에 대해서는 토지사용료를 10년까지 낮추어주거나 면제하여줄 수 있다(토지임대법 제33조).

토지이용권의 양도, 저당

토지이용권 양도 등의 요건

토지임차자는 토지를 임대한 기관의 승인을 받아 임차한 토지의 전부 또는 일부에 해당하는 이용권을 제3자에게 양도(판매, 재임대, 증여, 상속)하거나 저당할 수 있다. 이때 토지이용권을 양도하거나 저당하는 기간은 토지임대차계약에 정해진 기간 안에서 남은 이용기간을 초과할 수 없다(토지임대법 제15조).

토지임차자는 임대차계약에서 정한 토지이용권을 양도비용 전액을 지불하고 계약에서 정한 투자금액을 투자하여야 임차한 토지의 이용권을 판매, 재임대, 증여 또는 저당할 수 있다(토지임대법 제16조).

토지이용권 양도

토지임차자가 토지이용권을 양도하는 경우 토지를 임대한 기관이 우선적으로 구매할 수 있는 권리를 가진다(토지임대법 제19조). 그리고 토지이용권을 양도하는 경우 토지이용과 관련한 권리와 의무, 토지에 있는 건축물 및 기타 부착물도 함께 이전된다(토지임대법 제17조).

토지이용권 양도절차

토지이용권 양도자와 양수인 간 계약체결 및 공증기관의 공증
➡ 토지이용권 양도자가 계약서사본을 첨부한 토지이용권판매신청문건을 토지임대기관에 제출 및 판매승인 얻음 ➡ 토지이용권 명의변경 등록

출처: 북한 토지임대법(제18조)을 토대로 저자 작성

토지이용권 재임대

토지임차자는 임차한 토지를 재임대할 수 있다. 이 경우 토지임대차계약서 사본을 첨부한 재임대신청서를 토지를 임대한 기관에 제출하여 재임대승인을 받아야 한다(토지임대법 제20조).

토지이용권 저당

토지임차자는 은행 또는 기타 금융기관으로부터 대부를 받기 위하여 토지이용권을 저당할 수 있다. 이 경우 토지에 있는 건축물과 기타 부착물도 함께 저당된다(토지임대법 제21조).

토지이용권을 저당하는 경우 저당하는 자와 저당받는 자는 토지임대차계약의 내용에 맞게 저당계약을 체결하여야 하고, 이 경우 저당받는 자는 저당하는 자에게 토지의 임대차계약서 또는 양도계약서사본, 토지이용증사본, 토지의 실태자료를 요구할 수 있다(토지임대법 제22조). 토지이용권을 저당받은 자와 저당한 자는 저당계약 체결일로부터 10일 안에 토지를 임대한 기관에 토지이용권저당등록을 하여야 한다(토지임대법 제23조).

토지이용권을 저당한 자는 저당계약기간 안에 저당받은 자의 승인 없이 저당한 토지이용권을 다시 저당하거나 양도할 수 없으며(토지임대법 제26조), 채무상환이나 기타 원인으로 토지저당계약이 소멸되는 경우 저당받은 자와 저당한 자는 10일 안으로 토지이용권저당등록을 취소하는 절차를 밟아야 한다(토지임대법 제27조).

토지이용권의 취소 및 반환

토지이용권 취소

토지이용권은 임대기간 안에는 취소되지 않으며, 부득이한 사정으로 임대기간 내에 토지이용권을 취소하려는 경우 토지임대기관은 6개월 전에 토지임차자와 합의하고 같은 조건의 토지로 교환해주거나 해당한 보상을 하여야 한다(토지임대법 제38조). 다만 임차자가 토지임대차계약에서 정한 기간 안에 총투자액의 50% 이상을 투자하지 않았거나 계약대로 토지를 개발하지 않았을 경우에는 토지이용권을 취소할 수 있다(토지임대법 제40조).

토지이용권 반환

토지임대차계약에서 정한 임대기간이 끝나면 토지임대기관에 자동적으로 반환되며, 이 경우 해당 토지에 있는 건축물과 부착물도 무상으로 반환된다. 그리고 토지임대기간이 40년 이상인 경우 그 기간이 끝나기 10년 안에 준공한 건축물에 대해서는 해당한 잔존가치를 보상하여줄 수 있다(토지임대법 제34조).

토지임차자는 임대기간이 끝나면 토지이용증을 해당 발급기관에 반환하고 토지이용권등록 취소절차를 밟아야 한다(토지임대법 제35조).

토지임대기간을 연장하려는 토지임차자는 그 기간이 끝나기 6개월 전에 토지를 임대한 기관에 토지이용연기신청서를 제출하여 승인을 받아야 하며, 이 경우 토지임대차계약을 다시 체결하고 관련 절차를 밟아 토지이용증을 재발급받아야 한다(토지임대법 제36조).

토지임차자는 임대기간이 끝난 경우 토지를 임대한 기관의 요구에 따라 건축물의 설비, 부대시설물을 자기 비용으로 철거하고 토지를 정리하여야 한다(토지임대법 제37조).

토지이용권의 한계

전술한 바와 같이 토지임차자는 토지 관련 법규에 따라 토지를 이용할 권리를 가진다(토지임대법 제8조). 북한에서도 다음과 같은 토지이용 관련 법규 및 환경 관련 법규가 제정, 시행되고 있으며, 각 개별 법령의 규제에 따라 토지이용이 제약되거나 토지이용권의 한계가 설정된다.

- 조선민주주의인민공화국 국토계획법
- 조선민주주의인민공화국 도시계획법
- 조선민주주의인민공화국 부동산관리법
- 조선민주주의인민공화국 환경보호법
- 조선민주주의인민공화국 환경영향평가법
- 조선민주주의인민공화국 국토환경보호단속법
- 조선민주주의인민공화국 바다오염방지법
- 조선민주주의인민공화국 대동강오염방지법
- 조선민주주의인민공화국 페기페설물취급법[27]

개성공업지구에서의 개발 및 공장 설립

개성공업지구에서 회사를 설립한 후 공장을 건축하려는 자는 해당 토지의 이용권이나 등록임차권을 가지고 있어야 하며, 등록임차권을 가진 자는 토지이용권자의 서면동의를 받아야 한다(개성공업지구 부동산규정 제21조).

협력사업승인 및 기업창설승인을 받은 자는 건축사전심의를 받은 후 개성공업지구관리위원회에 건축허가신청을 하고, 관리위원회는 건축허가를 하는 경우 건축허가신청서 접수일부터 14일 이내에 건축허가서를 교부한다. 건축

27 북한 문화어에서는 '폐'를 '페'로 읽고 쓴다. 화페, 페기물, 페설물 등이 그 예다.

허가를 받은 자는 개성공업지구관리위원회에 건축착공신고서를 제출하여야 하며, 개성공업지구관리위원회는 이로부터 14일 이내에 착공신고필증을 교부한다. 그 후 전기·소방·가스검사·배수설비 준공검사, 환경오염물질 배출시설 설치신고를 하여 각 검사필증과 신고필증을 교부받고, 건축준공심사를 신청하면 개성공업지구관리위원회가 신청 접수일로부터 14일 이내에 건축준공검사를 하고 건축준공검사필증을 교부한다. 건축준공검사필증을 교부받은 자는 준공검사일로부터 14일 이내에 준공검사증, 토지이용권등록증 또는 임차권등록증을 첨부하여 개성공업지구관리위원회에 건물소유권등록신청서를 제출하여야 하고(개성공업지구 부동산규정 제22조), 관리위원회는 7일 안으로 건물소유권등록증을 발급하여야 한다. 이때 건축기준은 토지계획 및 이용에 관한 준칙 제5조(건폐율) 내지 제6조(용적률)의 기준을 충족하여야 한다.

일반적으로 남한에서 공장을 설립하는 경우 건축허가와 별도로 공장설립허가를 받아야 하는 것과 달리 개성공업지구에서는 건축허가로 공장 설립허가를 갈음하고 준공 후 공장등록을 하면 공장 설립이 완료된다. 건축물을 안전하게 사용하기 위한 최소한의 요건인 준공검사를 받기 위해서는 전기·소방·가스 안전검사 및 배수시설 완성검사를 먼저 받아야 하고, 사전검사가 완료된 후 관리위원회에 준공검사신청을 하면 관리위원회에서 준공검사필증을 발급한다. 만약 건물이 완전하게 완성되지 않은 상태에서 건물을 사용하려면 반드시 임시사용에 대한 승인을 받아야 하고, 임시사용승인을 위해서도 전기·소방·가스 안전검사는 완료하여야 한다.[28]

28 통일부, '주요 사업, 공장건설 기준 및 절차 설명' 참조

특수경제지대의 부동산 관련 법률

경제특구에서의 부동산이용과 관련해서는 각 경제특구법과 그 하위규정으로서 토지임대규정, 부동산규정, 특구개발규정, 준칙 등이 적용된다. 이와 관련하여 라선경제무역지대와 개성공업지구, 금강산국제관광특구의 경우에는 별도로 부동산규정이 제정되어 있으나, 황금평·위화도경제지대에는 별도의 부동산규정이 제정되어 있지 않다. 경제개발구의 경우에도 별도의 부동산규정이 제정되어 있지 않은 것으로 보인다.

이들 법령의 효력 또는 적용의 순위가 문제될 수 있는데, 토지임대법은 토지이용권 설정과 관련한 일반법의 성질을 가지므로 특별법인 특수경제지대법이 우선 적용되고 토지임대법이 보충적으로 적용되는 것으로 이해된다.

황금평·위화도경제지대법상 부동산 관련 규정은 라선경제무역지대법과 거의 동일하며, 라선경제무역지대법에서 해당 기관과 계약체결 후 농업, 산림, 수역토지의 개발이용이 가능하다는 내용의 규정을 두고 있는 점에서만 차이가 있다. 금강산국제관광특구법에서는 별도의 부동산 관련 규정을 두고 있지 않고 하위규정인 부동산규정에서만 관련 규정을 두고 있다.

특수경제지대 부동산 관련 법률 비교

구분	라선경제 무역지대법	개성공업지구법	금강산국제관광 특구법(부동산규정)	경제개발구법
개발 원칙	①경제(무역)지대와그 주변의 자연지리적 조건, 자원, 생산요소의비교우세보장 ②토지, 자원의 절약과 합리적이용 ③경제무역지대와 그 주변의생태환경보호			①계획에 따라 단계별로개발 ②투지유치를다각화 ③경제개발구, 그 주변 자연생태환경 보호 ④토지와 자원 합리적 이용

구분	라선경제 무역지대법	개성공업지구법	금강산국제관광 특구법(부동산규정)	경제개발구법
개발 원칙	④생산과 봉사의 국제 경쟁력 제고 ⑤무역, 투자 같은 경제 활동의 편의 보장 ⑥사회공공이익 보장 ⑦지속적이고 균형적인 경제발전 보장(11조)			⑤생산과 봉사의 국제 경쟁력 제고 ⑥경제활동의 편의와 사회공공이익 보장 ⑦해당 경제개발구의 지속적이고 균형적인 발전 보장(19조)
개발 방식	• 일정한 면적의 토지를 기업이 종합적으로 개발, 경영하는 방식, 기업에 하부구조 및 공공시설의 건설, 관리 경영권을 특별히 허가하여 개발하는 방식, 개발당사자들 사이에 합의한 방식 등 여러 가지 방식(13조)			• 해당 경제개발구 특성과 개발조건에 맞으며 북한 경제발전에 이바지할 수 있는 합리적 방식(23조)
부동산 취득	• 경제무역지대 내 기업은 규정에 따라 토지이용권, 건물소유권 취득 가능(토지이용증, 건물소유권등록증 발급)(17조)	• 공업지구에서 기업, 개인은 토지이용권(천연자원, 매장물 제외), 건물소유권 취득 가능(부동산규정 4조) • 건물소유조건: 그 부지에 해당한 토지이용권 내지 등록임차권을 가진 경우에만 소유 가능(부동산규정 19조) • 건물소유 방법: 신축, 분양, 양도를 통하여 소유(부동산규정 20조) • 건물 신축 시 준공검사일부터, 건물 분양 또는 양도 시 계약체결일 또는 계약에서 정한 날로부터 14일 내에 건물소유권등록신청, 신청일부터 7일 이내 건물소유권등록증 발급(부동산규정 22조)	• 관광특구에서 기업, 개인은 토지이용권, 건물소유권 취득 가능(부동산규정 4조) • 건물소유 방법: 신축, 양도를 통하여 소유(부동산규정 13조) • 건물 신축 시 준공검사일부터 15일 안으로 건물소유권등록신청, 신청일부터 10일 이내 건물소유권등록증 발급(부동산규정 14조)	• 토지이용권, 건물소유권 취득 시 관리기관에 등록 및 해당 증서발급(30조)

구분	라선경제 무역지대법	개성공업지구법	금강산국제관광 특구법(부동산규정)	경제개발구법
토지 임대차 계약	• 토지종합개발 경영방식으로 개발하는 경우 개발기업과 국토관리기관 간 토지임대차계약체결 필요 • 계약사항: 임대기간, 면적, 구획, 용도, 임대료, 지급기간 및 방법, 그 밖의 필요한 사항(15조)	• 개발업자가 중앙공업지구지도기관과 토지임대차계약 체결 필요(부동산규정 6조)	• 관리위원회와 토지 임대차계약 체결 필요(부동산규정 6조) • 계약사항: 토지, 면적, 용도, 임대기간, 총투자액, 건설기간, 토지 임대료 등(부동산규정 6조)	• 해당 국토관리기관과 토지임대차계약 체결 필요 • 계약사항: 임대기간, 면적, 구획, 용도, 임대료, 지급기간 및 방법 등(24조)
토지 이용증 발급	• 국토관리기관이 토지임대료를 지급하고 개발하는 기업에 발급(15조)	• 중앙공업지구지도기관이 개발업자에게 토지이용증 발급. 임대차계약 체결일로부터 14일 이내에 발급(부동산규정 7조)	• 임대료 지불일로부터 15일 이내에 발급(부동산규정 7조)	• 해당 국토관리기관이 토지임대료를 지급하고 개발하는 기업에 발급(24조)
토지 임대 기간	• 토지이용증발급일~50년, 연장 가능(16조)	• 토지이용증발급일~50년, 연장 가능(12조)		• 토지이용증발급일~50년, 연장 가능(25조)
부동산 양도, 임대, 저당	• 개발기업: 개발 토지 및 건물 양도, 임대권리 보유(18조) • 경제무역지대 내 기업: 유효기간 내 토지 이용권, 건물소유권 양도, 임대, 저당 가능(토지이용권, 건물소유권 변경등록, 토지이용증 및 건물소유권등록증 재발급)(19조)	• 개발업자가 토지이용권 및 건물을 기업에 양도, 재임대 가능(18조) • 공업지구관리기관에 토지이용권, 건물소유권 등록한 자는 그 전부 또는 일부를 이용기간 안에 제한 없이 양도, 임대, 저당 가능, 등록임차권 저당 가능(부동산규정 23조) • 양도, 임대, 저당 시 등록 필요(부동산규정 25조)	• 토지이용권자, 건물 소유자는 양도, 저당 가능(부동산규정 15조)	• 토지이용권, 건물소유권 양도, 재임대, 증여, 상속, 저당 가능(29조) • 토지이용권, 건물소유권 취득 시 관리기관에 등록 및 해당 증서발급 • 토지이용권, 건물소유권 변경 시 관리기관에 변경등록 및 해당증서 재발급(30조)
토지 이용 목적	• 해당 기관과 계약 체결 후 도급생산방식으로 농업, 산림, 수역 토지 개발 이용 가능(22조)	• 토지를 용도에 맞게 이용, 적극 보호(부동산규정 14조)	• 임대차계약에서 정한 데 맞게 이용(부동산규정 9조)	

구분	라선경제 무역지대법	개성공업지구법	금강산국제관광 특구법(부동산규정)	경제개발구법
토지 사용료		• 토지이용권을 소유한 자에게 중앙공업지구지도기관과 개발업자가 해당 토지에 대한 임대차계약을 체결한 날부터 10년이 지난 다음 해부터 토지사용료 부과(개발업자에게는 부과하지 않음)(부동산규정 15조)	• 해마다 관리위원회에 납부 • 장려부문과 투자 규모, 경제적 효과성에 따라 토지사용료 10년까지 낮추거나 면제 가능(부동산규정 32조)	
제재		• 건물등록을 하지 않고 양도, 임대, 저당 시 벌금 부과 가능(부동산규정 58조)	• 토지용도 변경, 정해진 토지면적 초과 이용, 토지보호 위반, 토지이용증 없이 토지이용, 양도, 저당 시 벌금 부과(부동산규정 35조)	

출처: 북한의 관련 법률을 토대로 저자 작성

노무관리

▶▶▶▶▶

고용의 원칙과 절차

북한 근로자 우선고용원칙

북한에서 기업을 경영하는 남측 투자가 및 외국 투자가 모두 북한 근로자를 우선적으로 고용하는 것이 원칙이다(북남경제협력법 제17조, 외국인투자법 제16조, 합작법 제11조, 합영법 26조, 외국인기업법 제19조).

이에 따라 북한에서 기업을 경영하는 투자가가 북한 근로자 외의 근로자를 채용하고자 하는 경우에는 관계 법령에 따른 승인 등을 받아야 한다.

북한 주민 외 인력 채용

대상자	가능한 경우	요건	관계 법령
남측 투자가	남측 또는 제3국의 인력을 채용하려고 하는 경우	중앙민족경제협력지도기관의 승인	북남경제협력법 제17조
외국 투자가	일부 관리인원과 특수한 직종의 기술자, 기능공	투자관리기관과 합의	외국인투자법 제16조
합작 투자가	특수한 직종의 기술자, 기능공	투자관리기관에 통지	합작법 제11조
합영 투자가	일부 관리인원과 특수한 직종의 기술자, 기능공	투자관리기관에 통지	합영법 제26조

출처: 북한의 관계 법령을 토대로 저자 작성

북한 근로자 채용절차

외국인투자기업의 북한 근로자 채용절차

합작기업, 합영기업, 외국인기업과 같은 외국인투자기업과 북한 근로자를 채용하고자 하는 외국투자은행과 외국 기업의 경우에 2009년에 제정된 외국인투자기업노동법이 우선적으로 적용되고, 해당 법에서 규정하고 있지 않은 사항에 대해서는 북한 노동법이 보충적으로 적용된다.

외국인투자기업노동법에 따르면, 외국인투자기업은 기업소재지의 노동행정기관을 통하여서만 필요한 근로자를 채용할 수 있다(외국인투자기업노동법 제9조). 이에 따라 북한 근로자를 채용하고자 하는 외국인투자기업은 노력보장신청서를 기업소재지의 노동행정기관에 제출하여야 하고, 해당 신청서에는 채용할 근로자수, 성별, 연령, 업종, 기술기능급수, 채용기간, 임금 등을 구체적으로 적시하여야 한다(외국인투자기업노동법 제10조). 노력보장신청을 받은 노동행정기관은 30일 안에 기업이 요구하는 인력을 충원하고 다른 지역에서 충원하려고 하는 경우에는 해당 지역의 노동행정기관과 합의한다(외국인투자기업노동법 제11조).

특히 외국인기업이 북한 근로자를 채용하고자 하는 경우에는 기업소재지의 노력알선기관과 노력채용계약을 체결하여야 하고, 다른 나라의 사람을 채용하려고 할 경우에는 노력알선기관을 통하여 중앙경제협조관리기관의 승인을 받아야 한다(외국인기업법 시행규정 제61조). 외국인투자기업은 해당 노동행정기관이 충원한 근로자를 종업원으로 채용하여야 하나, 채용기준에 맞지 않는 대상은 채용하지 않을 수 있다(외국인투자기업노동법 제12조). 만약 북한 근로자 외의 근로자를 채용하고자 하는 경우에는 투자관리기관에 외국인노력채용문건을 제출하여야 하고, 해당 문건에는 이름, 성별, 연령, 국적, 거주지, 지식 정도, 기술자격, 직종 등의 사항을 정확히 기재하여야 한다(외국인투자기업노동법 제13조). 근로자는 자연재해 같은 부득이한 사유를 제외하고 기업의 생산경영활동과 관련이 없는 다른 사업에 동원되지 않는다(외국인투자기업노동법 제6조).

노동계약 체결

외국인투자기업은 기업의 직업동맹조직[29]과 노동계약(근로계약)을 체결하고 이행하여야 한다. 해당 계약에는 노동시간, 휴식, 노동조건, 생활조건, 노동보호, 임금, 상벌 등의 내용이 포함되어야 한다(외국인투자기업노동법 제14조).

노동계약(근로계약)은 체결일부터 효력이 발생하며, 외국인투자기업은 노동계약서(근로계약서)를 기업소재지의 노동행정기관에 제출하여야 한다(외국인투자기업노동법 제15조). 노동계약은 당사자들의 합의하에 변경할 수 있고, 이 경우 기업소재지의 노동행정기관에 변경사항을 알려야 한다(외국인투자기업노동법 제16조).

남한 및 외국인 근로자 채용절차

합작법과 합영법에서는 북한 근로자 외의 근로자를 채용하고자 하는 경우에 대해 별도의 규정을 두고 있다.

29 외국인기업법 제20조(직업동맹조직): 외국인기업에서 일하는 종업원들은 직업동맹조직을 내올 수 있다. 직업동맹조직은 종업원들의 권리와 이익을 보호하며 외국인기업과 노동조건보장과 관련한 계약을 맺고 그 이행을 감독한다. 외국인기업은 직업동맹조직 활동조건을 보장하여야 한다.
합영법 제32조(직업동맹조직의 활동조건보장): 합영기업의 종업원들은 직업동맹조직을 내올 수 있다. 합영기업은 직업동맹조직의 활동조건을 보장하여야 한다.

합작기업

합작기업의 경우 외국합작당사자의 기술자(기능공)나 제3국의 기술자(기능공)를 채용하여 쓸 수 있는데, 이때에는 외국인노력채용신청문건을 중앙경제협조관리기관에 제출하여 합의하여야 하고, 외국인노력채용신청문건에는 채용할 기술자(기능공)의 이름, 성별, 생년월일, 국적, 민족별, 경력, 채용근거, 채용기간, 거주지, 기술이전 내용, 기술이전기간, 노임기준, 생활보장조건과 같은 내용을 기재하여야 한다(합작법 시행규정 제79조).

합영기업

합영기업의 경우 합영계약에서 정한 관리인원과 특수한 직종의 기술자, 기능공을 외국 근로자로 채용하는 경우 외국인노력채용신청문건을 중앙경제협조관리기관에 제출하여 합의하여야 한다. 외국인노력채용신청문건에는 채용할 관리인원과 특수직종의 기술자, 기능공의 이름, 성별, 생년월일, 국적, 민족별, 경력, 채용근거, 채용기간, 거주지, 기술이전 내용, 기술이전기간, 노임기준 및 생활보장조건과 같은 내용을 밝혀야 한다(합영법 시행규정 제87조).

근로조건은?

근로시간

기준근로시간

근로시간은 1일 8시간, 1주 6일 근무, 1주 48시간을 원칙으로 하되 노동강도와 특수한 조건에 따라 단축할 수 있다. 계절적 영향을 받는 부문의 외국인투자기업은 연간근로시간의 범위에서 실정에 맞게 근로시간을 다르게 정할 수 있다(외국인투자기업노동법 제17조).

연장근로

외국인투자기업은 정해진 근로시간을 준수하여야 한다. 다만 부득이한 사유로 근로시간을 연장하는 경우에는 직업동맹조직과 합의하여야 한다(외국인투자기업노동법 제18조).

휴일 및 휴가

명절일과 일요일은 원칙적으로 휴무다. 부득이한 사정으로 명절일과 일요일에 근로하게 하였을 때에는 1주일 안에 대휴를 지급하여야 한다(외국인투자기업노동법 제19조).

외국인투자기업은 근로자에게 매해 14일의 정기휴가를 주어야 하며, 중노동 및 유해노동을 하는 근로자에게는 7~21일간의 보충휴가를 주어야 한다. 또한 임신한 여성 근로자에게는 정기 및 보충휴가 외에 산전 60일, 산후 180일의 산전산후휴가를 주어야 한다(외국인투자기업노동법 제20~21조).

임금

원칙

외국인투자기업은 근로자에게 임금을 정확하게 지불하며 임금을 체계적으로 증가시켜야 한다. 근로자는 성별, 연령에 관계 없이 동일한 노동에 대하여 동일한 보수를 받는다(외국인투자기업노동법 제4조).

임금에는 노임, 가급금, 장려금, 상금이 포함되고, 외국인투자기업은 미리 정한 기준에 따라 정확하게 임금을 지급하여야 한다(외국인투자기업노동법 제22조). 이와 관련하여 외국인투자기업은 기업의 생산수준과 근로자의 기술기능숙련 정도와 노동생산능률의 향상에 맞추어 임금기준을 점차 높여야 한다(외국인투자기업노동법 제24조).

임금은 정해진 날짜에 전액 현금으로 지급하여야 하고, 임금 지급일 전에 사직하였거나 근로가 종료된 근로자에게는 해당 수속이 종료된 후 임금을 지급하여야 한다(외국인투자기업노동법 제30조).

월최저임금

중앙노동행정지도기관 또는 투자관리기관은 근로자가 근로과정에 소모한 육체적 및 정신적 노력을 보상하고 생활을 원만하게 보장할 수 있도록 근로자의 월최저임금을 정한다(외국인투자기업노동법 제23조).

휴가비

정기휴가, 보충휴가, 산전산후휴가를 받은 근로자에게는 휴가일수에 따르는 휴가비를 지급하여야 한다. 이때 정기 및 보충휴가비는 휴가 전 3개월 간 임금을 실가동일수에 따라 평균한 하루임금액에 휴가일수를 적용하여 계산하고, 산전산후휴가비의 지불 규모와 방법은 중앙노동행정지도기관이 내각의 승인을 받아 결정한다(외국인투자기업노동법 제25조).

생활보조금

외국인투자기업은 종업원이 기업의 책임으로 또는 양성기간에 일하지 못하였을 경우 일하지 못한 날 또는 시간에 한하여 일당 또는 시간당 임금액의 60% 이상에 해당하는 보조금을 지급하여야 한다(외국인투자기업노동법 제26조).

연장근로수당

부득이한 사정으로 명절일과 일요일에 근로를 시키고 대휴를 주지 못한 경우 일한 날 또는 시간에 한하여 일당 또는 시간당 임금액의 100%에 해당하는 가급금을 지급하여야 한다(외국인투자기업노동법 제27조). 또한 근로자가 정해진 근로시간 외에 연장근로를 한 경우에는 일한 날 또는 시간에 한하여 일당 또는 시간당 임금액의 50%에 해당하는 가급금을 주어야 한다. 근로시간 외 야간·연장근로를 한 경우에는 일당 또는 시간당 임금액의 100%에 해당하는 가급금을 지급하여야 한다(외국인투자기업노동법 제28조).

상금

외국인투자기업은 결산이윤의 일부를 상금기금으로 조성하고, 성과가 좋은 근로자에게 상금을 줄 수 있다(외국인투자기업노동법 제29조).

근로환경

외국인투자기업은 근로자에게 안전하고 문화위생적인 근로환경을 보장하며, 근로자들의 생명과 건강을 보호하여야 한다(외국인투자기업노동법 제3조).

외국인투자기업은 노동안전시설과 고열, 가스, 먼지 등을 막고 채광, 조명, 통풍 등을 보장하는 산업위생조건을 갖추고 계속해서 개선, 완비하여 노동재해와 직업성질환을 방지하며, 근로자가 안전하고 문화위생적인 장소에서 일할 수 있게 하여야 한다. 또한 근로자에게 노동안전기술교육을 한 다음 일을 하게 하여야 하고, 해당 교육의 기간과 내용은 업종 및 직종에 맞게 자체적으로 정한다. 생산 및 작업조직에 앞서 노동안전 상태를 구체적으로 살펴 근로자의 생명과 건강을 해칠 수 있는 위험요소들을 적시에 제거하여야 하고, 생산과정에서 사고 위험이 발생한 경우 즉시 생산을 멈추고 위험요소를 정비한 다음 생산을 계속하여야 한다. 또한 생산과정에 가스, 먼지, 고열, 습도, 방사선, 소음, 진동, 전자파 등 유해요소들이 허용기준을 초과하지 않도록 하여야 하며, 위험요소가 있는 작업현장에는 안전주의 표식을 하고 노동재해 발생에 대비할 수 있는 보호수단을 마련하여야 한다(외국인투자기업노동법 제31~34조).

외국인투자기업은 여성 근로자를 위하여 보호시설을 충분히 갖추어야 하고 임신하였거나 젖먹이 어린이를 키우는 여성 근로자에게는 연장근로, 야간근로를 시킬 수 없으며, 외국인투자기업은 실정에 맞게 근로자의 자녀를 위하여 탁아소, 유치원을 설립 및 운영할 수 있다(외국인투자기업노동법 제35~36조).

외국인투자기업은 근로자에게 노동보호용구와 작업필수품, 영양식료품, 보호약제, 해독제약, 피부보호제, 세척제 등 노동보호물자를 제때에 충분히 공급하여야 하고, 작업과정에서 근로자가 사망하였거나 부상, 중독 같은 사고가 발생한 경우 적시에 적정한 치료대책을 세우고 기업소재지의 노동행정기관에 알려야 하며, 해당 기관과 사고심의를 하여 사고 원인을 밝히고 필요한 대책을 세워야 한다(외국인투자기업노동법 제37~38조).

사회보험 및 사회보장

외국인투자기업은 북한 근로자가 사회보험 및 사회보장에 의한 혜택을 받도록 하여야 한다(외국인투자기업노동법 제5조). 이에 따라 외국인투자기업에서 근무하는 북한 근로자가 병, 부상 등의 원인으로 노동능력을 상실하였거나 정년을 경과한 경우에는 보조금 및 연금의 지급과 정양, 휴양, 견학 등의 사회보험 및 사회보장의 혜택을 받는다. 사회보험 및 사회보장에 의한 보조금, 연금은 해당 법규에 따라 계산한다(외국인투자기업노동법 제39~40조).

외국인투자기업과 근로자는 매월 해당 재정기관에 사회보험료를 납부하여야 하며(납부비율은 중앙재정지도기관이 정함), 납부된 사회보험료로 조성된 사회보험기금에 의하여 사회보험 및 사회보장의 혜택을 받는다(외국인투자기업노동법 제41~42조).

한편 외국인투자기업은 결산이윤의 일부로 근로자를 위한 문화후생기금을 조성하여 사용할 수 있는데, 문화후생기금은 근로자의 기술문화수준의 향상과 군중문화체육사업, 후생시설운영 등에 사용된다(외국인투자기업노동법 제43조).

직업동맹조직

합작법에는 직업동맹조직에 관하여 별도의 규정을 두고 있지 않으나, 합영법과 외국인기업법에는 직업동맹조직에 관한 별도의 규정이 마련되어 있다.

합영기업

합영기업의 근로자들은 직업동맹조직을 내올 수 있고 합영기업은 직업동맹조직의 활동조건을 보장하여야 한다(합영법 제32조).

직업동맹조직은 노동규율 준수 및 경제과업 수행을 위한 근로자 교양, 근로자들에 대한 과학지식보급사업 및 체육 문예 활동 관련 사업, 근로자들의 권리와 이익 보호 및 근로자를 대표하여 기업과 노동단체계약(근로자들이 수행하여야 할 임무, 생산량과 질지표, 근로시간과 휴식, 임금, 보험후생, 노동보호, 근로조건, 노동규율, 상벌, 사직조건 포함)·집행감독, 종업원들의 권리와 이익과 관련되는 문제토의에 참가하여 조언 및 권고안 제기의 임무를 수행하며, 합영기업은 근로자들의 권리와 이익에 관계되는 문제를 직업동맹조직과 합의하여 처리하여야 한다(합영법 시행규정 제90~91조). 합영기업은 직업동맹조직에 활동자금과 활동조건을 보장해주어야 한다(합영법 시행규정 제92조).

외국인기업

외국인기업에서 일하는 근로자들도 직업동맹조직을 내올 수 있는데, 직업동맹조직은 근로자들의 권리와 이익을 보호하며 외국인기업과 근로조건 보장과 관련한 계약을 체결하고 그 이행을 감독하며, 외국인기업은 직업동맹조직의 활동조건을 보장하여야 한다(외국인기업법 제20조).

해고와 사직의 경우

해고불가의 원칙

외국인투자기업은 근로기간 만료 전이나 정년 전에는 정당한 이유 없이 근로자를 해고할 수 없다(외국인투자기업노동법 제44조). 병, 부상으로 치료받고 있는 기간이 1년이 되지 못한 경우, 산전산후휴가, 수유기에 있는 경우에도 근로자를 해고할 수 없다(외국인투자기업노동법 제47조).

근로자를 해고할 수 있는 경우는 질병, 부상으로 자기의 현 직종이나 다른 직종에서 일할 수 없게 된 경우, 기업의 경영이나 기술조건의 변동으로 인력이 남는 경우, 노동규율을 위반하여 엄중한 사고를 일으킨 경우, 기술기능수준 부족으로 자기 직종에서 일할 수 없는 경우, 기업의 재산에 막대한 손실을 준 경우다(외국인투자기업노동법 제45조).

근로자를 해고하려고 하는 경우 직업동맹조직과 합의한 다음 사전에 당사자와 기업소재지의 노동행정기관에 통지하여야 한다(외국인투자기업노동법 제46조). 외국인기업의 경우에는 계약 이행기간이 종료하기 전에 해고하고자 하는 경우에는 직업동맹조직, 노력알선기관과 합의하여야 한다(외국인기업법 시행규정 제62조).

근로자의 사직

근로자는 병이 생겼거나 가정적인 사정으로 일할 수 없게 된 경우, 기술기능이 부족하여 맡은 일을 수행할 수 없게 된 경우, 대학·전문학교·기능공학교에 입학한 경우에는 사직할 수 있다(외국인투자기업노동법 제48조).

퇴직금

외국인투자기업이 근로자를 해고하는 경우 근무연한에 따라 보조금을 지급하여야 하는데, 근무연한이 1년 미만인 경우에는 최근 1개월분의 노임을, 1년 이상인 경우에는 최근 3개월 평균 월노임액에 일한 연수를 적용하여 계산한 금액을 지급하여야 하는 것으로 보인다.[30]

제재 및 분쟁해결 방법

노동분쟁은 당사자들 사이의 협의의 방법으로 해결하며, 협의로 해결할 수 없는 경우에는 조정, 중재, 재판의 방법에 의한다.

외국인투자기업노동법을 위배하여 엄중한 결과를 일으킨 기업에는 벌금을 부과하거나 기업활동을 중지시킬 수 있고, 의견이 있는 경우 해당 기관에 신소할 수 있으며, 신소를 접수한 기관은 30일 안으로 처리하여야 한다(외국인투자기업노동법 제49~51조). 신소(伸訴)는 권리와 이익의 침해를 예방 또는 회복시켜줄 것을 요구하는 것을 말한다.

특수경제지대의 노무 관련 규정

개성공업지구 노무 관련 규정

개성공업지구법은 하위규정으로 개성공업지구 노동규정을 두고 있으며, 해

30 중국 상무부 대외투자협력국별(지역) 지침(2017. 9) 참조

당 규정은 공업지구 내 기업뿐 아니라 지사, 영업소, 사무소에 모두 적용된다.

고용

북한 근로자를 채용하고자 하는 기업은 노력알선기업에 필요한 근로자를 신청하고, 기업과 노력알선기업은 채용할 근로자수, 성별, 연령, 업종, 기능, 채용기간, 임금수준 등을 적시한 노력알선계약을 체결하여 이를 이행하여야 하는데, 이 경우 기업은 기능시험, 면접 등을 통하여 필요한 근로자를 선발할 수 있다(개성공업지구법 노동규정 제8~9조). 노력알선기업은 공업지구관리기관과 협의하여 정한 노력알선료를 기업으로부터 받을 수 있다(개성공업지구법 노동규정 제11조).

남측 및 해외동포, 외국인을 채용하는 기업은 공업지구관리기관에 이름, 성별, 생년월일, 거주지, 지식 정도, 기술자격, 직종 등을 밝힌 노력채용문건을 제출하여야 하고, 공업지구관리기관은 이들 서류의 사본을 중앙공업지구지도기관에 제출하여야 한다(개성공업지구법 노동규정 제12조).

기업은 선발된 근로자와 월급여액, 채용기간, 근로시간 등을 확정한 후 근로계약을 체결하고(개성공업지구법 노동규정 제10조), 기업은 근로자대표와 협의하여 모든 근로자에게 적용되는 노동규칙을 작성하고 실시할 수 있다. 노동규칙에는 근로시간, 휴식시간, 노동보호기준, 생활질서, 상벌기준 등이 포함된다(개성공업지구법 노동규정 제13조).

근로조건

근로시간은 주 48시간이나 노동강도와 특수한 조건에 따라 단축할 수 있고, 명절이나 공휴일에 근로한 경우에는 15일 안에 대휴를 주거나 해당 보수를 지급하여야 한다(개성공업지구법 노동규정 제20~22조). 또한 기업은 근로자에게 매해 14일의 정기휴가를 주어야 하고, 중노동이나 유해노동을 하는 근로자에게는 2~7일간의 보충휴가를 주어야 하며, 임신한 여성 근로자에게는 60일간의 산전, 90일간의 산후휴가를 주어야 한다(개성공업지구법 노동규정 제23조).

임금에는 가급금, 장려금, 상여금이 포함되는데, 기업의 월최저임금은 50달러이고, 월최저임금은 전년도 월최저임금의 5%를 초과하여 상향할 수 없으며, 월최저임금을 높이는 것은 공업지구관리기관이 중앙공업지구지도기관과 합의하여 한다(개성공업지구법 노동규정 제24~25조). 월임금은 월최저임금보다 낮게 정할 수 없으나, 조업준비기간에 있는 기업의 근로자, 견습공, 무기능공의 임금은 월최저임금의 70%의 범위에서 정할 수 있다(개성공업지구법 노동규정 제26조). 임금은 현금으로 근로자에게 직접 지급하여야 하며, 임금지급일 전에 사직하였거나 해고한 자에게는 그 수속이 끝난 후 임금을 주어야 한다(개성공업지구법 노동규정 제32조).

휴가비는 정기 및 보충휴가를 받은 근로자에게 휴가일수에 따라 지급하여야 하는데, 산전산후휴가를 받은 여성 근로자에게는 60일에 해당하는 휴가비를 지급하여야 하고, 휴가비의 계산은 휴가받기 전 3개월간의 임금을 실가동일수에 따라 평균한 하루임금에 휴가일수를 적용하여 한다(개성공업지구법 노동규정 제27~28조).

기업은 자기의 책임으로 또는 양성기간에 일하지 못한 데 대하여 근로자에게 일당 또는 시간당 임금의 60% 이상에 해당한 생활보조금을 주어야 하는데, 생활보조금을 지급하는 기간은 3개월을 초과할 수 없으며, 생활보조금에는 사회보험료, 도시경영세를 부과하지 않는다(개성공업지구법 노동규정 제

29조).

연장 또는 야간근로수당으로 일당 또는 시간당 임금액의 50%에 해당하는 금액을 가급금으로 지급하여야 하고, 명절이나 공휴일에 근로를 시키고 대휴를 주지 않았거나 노동시간 밖에 야간근로(22시부터 다음 날 6시까지)를 하게 한 경우에는 임금액의 100%에 해당하는 가급금을 지급하여야 한다(개성공업지구법 노동규정 제30조). 기업은 세금을 납부하기 전에 이윤의 일부로 상금기금을 조성하고 성과가 좋은 근로자에게 상금 또는 상품을 지급할 수 있다(개성공업지구법 노동규정 제31조).

사회문화시책

공업지구의 기업에서 근무하는 근로자와 그 가족은 무료교육, 무상치료, 사회보험, 사회보장 등의 사회문화시책의 혜택을 받는데, 기업으로부터 받는 사회보험료와 근로자로부터 받는 사회문화시책금으로 조성된 사회문화시책기금으로 충당한다(개성공업지구법 노동규정 제40~41조). 이와 관련하여 기업은 근로자에게 지급하는 월임금총액의 15%를 사회보험료로 하여 익월 10일 안에 중앙공업지구지도기관이 지정하는 은행에 납부하여야 하고, 근로자는 월임금액의 일정한 몫을 사회문화시책금으로 하여 익월 10일 안에 중앙공업지구지도기관이 지정하는 은행에 납부하여야 한다(개성공업지구법 노동규정 제42~43조). 사회문화시책기금의 이용은 중앙공업지구지도기관이 해당 기관과 협의하여 정한다(개성공업지구법 노동규정 제44조).

한편 기업은 세전이윤의 일부로 종업원의 기술문화수준의 향상과 체육사업, 후생시설운영에 소요되는 문화후생기금을 조성하고 사용할 수 있다(개성공업지구법 노동규정 제45조).

해고, 사직

채용기간 만료 전에는 일정의 경우에 해당하지 않는 한 근로자를 해고할 수 없고, 근로자를 해고하는 경우에는 그 사실을 30일 전까지 당사자에게 통지하고, 해고 근로자의 명단을 노력알선기업에 제출하여야 한다(개성공업지구법 노동규정 제14~16조). 다만 근로자의 개인적인 사정으로 사직하는 것은 허용되는데, 사직하고자 하는 근로자는 7일 전까지 기업에 사직서를 제출하여야 하고, 기업은 사직서를 접수한 날로부터 30일 안에서 사직의 연기를 요구할 수 있으며, 이 경우 근로자는 특별한 사정이 없는 한 기업의 요구에 응하여야 한다(개성공업지구법 노동규정 제18조).

기업의 사정으로 1년 이상 일한 근로자를 해고하는 경우에는 보조금을 주며, 보조금의 계산은 3개월 평균월임금에 일한 해수를 적용하여 한다(개성공업지구법 노동규정 19조).

제재 및 분쟁해결

노동분쟁은 당사자들의 협의로 해결하며, 협의로 해결할 수 없는 경우 노동중재절차에 따른다(개성공업지구법 노동규정 제48조).

노동규정을 어기고 엄중한 결과를 일으킨 기업에는 100~2,000달러의 벌금을 부과하거나 영업을 중지시킬 수 있고, 벌금 및 영업중지는 사전경고에도 불구하고 시정하지 않은 경우에 적용한다(개성공업지구법 노동규정 제46조). 또한 사회보험료를 제때 납부하지 않은 경우에는 납부기일 경과일부터 매일 0.05%에 해당하는 연체료를 부과하며 연체료는 미납액의 15%를 넘을 수 없다(개성공업지구법 노동규정 제47조).

위 제재에 대하여 의견이 있는 기업과 근로자는 공업지구관리기관에 의견을 제기하거나 중앙공업지구지도기관에 신소할 수 있고, 이들 기관은 의견 또는 신소 접수일부터 30일 안에 처리하여야 한다(개성공업지구법 노동규정 제49조).

특수경제지대 노무 관련 법률 비교

황금평·위화도경제지대법상 노무 관련 규정은 라선경제무역지대법과 거의 동일하며, 월최저임금기준의 결정 기관(개성공업지구법 노동규정 제25조)에서만 차이가 있다.

특수경제지대 노무 관련 법률 비교

구분	라선경제무역지대법	개성공업지구법	금강산국제관광특구법	경제개발구법
고용 원칙	• 북한 근로자 우선 채용(49조)	• 북한 근로자 채용원칙(37조)	• 북한 근로자와 외국 또는 남한 및 해외동포 근로자 채용 가능(33조)	• 북한 근로자 우선 채용, 해당 노동행정기관에 노력채용신청문건 제출 및 보장 필요(41조)
외국 근로자 채용 요건	• 필요에 따라 다른 나라 근로자를 채용하고자 하는 경우 • 라선시인민위원회 또는 관리위원회 통지(49조)	• 관리인원과 특수한 직종 기술자, 기능공 • 공업지구관리기관에 통지. 공업지구관리기관은 중앙공업지구지도기관에 보고(37조)		
최저 임금	• 라선시인민위원회가 관리위원회와 협의하여 월최저임금기준 결정(50조)	• 관리기관이 중앙공업지구지도기관과 합의하여 월최저임금 높임(로동규정 25조)		• 중앙특수경제지대지도기관이 관리기관 또는 해당 도(직할시) 인민위원회와 협의하여 월최저 임금기준 결정(42조)

출처: 북한 특구법의 노무규정을 토대로 저자 작성

노무관리

생산관리

▶▶▶▶▶

기업 형태별 생산관리기준

합작기업

합작기업은 생산 및 경영에 필요한 노력, 물자, 기술, 설비, 전력, 용수 같은 것을 북한의 해당 기관, 기업소에서 보장받으려고 하거나 생산한 제품을 북한의 해당 기관, 기업소에 판매하려고 할 경우 중앙경제협조관리기관(지대에서는 지대관리기관)에 계획을 보고한 다음 중앙경제협조관리기관(지대에서는 지대관리기관)이 정한 절차에 따라 구입 또는 판매하여야 한다(합작법 시행규정 제67조).

합작기업은 경영용물자를 북한의 상업기관에서 직접 구매해 사용할 수 있고 임가공계약을 체결하고 기관, 기업소와 임가공을 할 수 있다(합작법 시행규정 제73~74조). 그리고 합작기업은 기본건설을 직접 맡아 하거나 건설기업에 위탁하여 할 수 있다(합작법 시행규정 제75조).

한편 합작기업에서 생산된 제품을 해당 기관, 기업소에 조선원을 받고 판매할 수 있으며 이 경우 수령한 조선원은 북한 내에 있는 원료 및 자재의 구입비, 임금비, 대외사업비로 쓰거나 사용료를 지급하는 데 사용할 수 있다(합작법 시행규정 제88조).

합영기업

합영기업은 정해진 바에 따라 북한에서 원료, 자재, 설비를 구입하거나 생산한 제품을 북한에 판매할 수 있다. 이 경우 투자관리기관에 해당 계획을 제출하여야 한다(합영법 제23조).

합영기업은 생산 및 경영활동에 필요한 노력, 물자, 기술, 설비, 전력, 용수 같은 것을 북한의 해당 기관, 기업소에서 보장받으려고 하거나 생산한 제품을 북한의 해당 기관, 기업소에 판매하려고 할 경우 중앙경제협조관리기관(지대에서는 지대관리기관)에 계획을 보고한 다음 중앙경제협조관리기관(지대에서는 지대관리기관)이 정한 절차에 따라 구입 또는 판매하여야 한다(합영법 시행규정 제76조).

합영기업은 기본건설을 직접 맡아 하거나 건설기업에 위탁하여 할 수 있고, 필요한 경우에는 국가건설감독기관의 승인을 받아 다른 나라 건설기업에 위탁할 수도 있다(합영법 시행규정 제89조).

한편 합영기업은 경영용물자를 북한의 상업기관에서 직접 구매하여 사용할 수 있고(합영법 시행규정 제80조), 중앙경제협조관리기관이 정한 절차에 따라 합영제품을 북한의 기관, 기업소에 조선원을 받고 판매할 수 있으며, 이 경우 수령한 조선원은 북한 내에 있는 원료 및 자재의 구입비, 임금, 대외사업비, 세금, 사용료로 사용할 수 있다(합영법 시행규정 제108조).

또한 합영기업은 위탁가공계약을 체결하여 기관, 기업소에 원료, 자재, 부분품의 가공을 위탁할 수 있다(합영법 시행규정 제85조).

외국인기업

외국 투자가는 외국인기업을 설립하는 데 필요한 건설을 북한 건설기관에 위탁할 수 있다(외국인기업법 제11조).

외국인기업은 투자관리기관에 연, 분기 생산 및 수출입계획을 제출하여야 하고(외국인기업법 제15조), 정해진 바에 따라 북한에서 원료, 자재, 설비를 구입하거나 생산한 제품을 북한에 판매할 수 있으며, 이 경우 투자관리기관을 통하여야 한다(외국인기업법 제16조).

특수경제지대의 생산관리 법률

황금평·위화도경제지대법은 라선경제무역지대법와 동일하게 지대 외 북한 내 거래규정, 북한 내 상품판매규정을 두고 있으며, 상품가격규정에서 식량, 기초식품 등 중요 대중필수품의 가격과 공공봉사요금은 평안북도인민위원회가 정하고 이 경우 기업에 생긴 손해에 대해 재정적 보상을 한다는 내용을 추가적으로 규정하고 있다(황금평·위화도경제지대법 제39조).

한편 금강산국제관광특구법과 경제개발구법에서는 지대 외 북한 영역 내 거래 등에 관한 규정을 두고 있지 않다.

특수경제지대 생산관리 관련 법률 비교

구분	라선경제무역지대법	개성공업지구법	금강산국제관광특구법	경제개발구법
지대 외 북한 내 거래	• 계약을 체결하고 지대 외 북한 영역에서 경영활동에 필요한 원료, 자재, 물자 구입 및 생산제품 판매 가능(43조)	• 공업지구 외 북한 영역에서 경영활동에 필요한 물자 구입, 생산제품 판매 가능(39조)		
지대 자원 개발	• 생산에 필요한 원료, 연료 보장을 위하여 해당 기관의 승인받아 지대 자원개발 가능(47조)			
북한 내 상품 판매	• 지대 외 북한 기관, 단체, 기업소는 계약을 체결하고 지대 내 기업이 생산, 판매하는 상품 구입 가능(48조)			
가공 위탁	• 북한 기관, 기업소, 단체에 원료, 자재, 부분품 가공위탁 가능(43조)	• 필요에 따라 북한 기관, 기업소, 단체에 원료, 자재, 부분품 가공위탁 가능(39조)		
상품 가격	• 국제시장가격에 준하여 당사자들의 협의로 결정(44조)	• 국제시장가격에 준하여 당사자들의 협의로 결정(40조)		• 국제시장가격에 준하여 당사자들의 협의로 결정(43조)

출처: 북한 특구법의 관련 규정을 토대로 저자 작성

무역(수출입)관리

무역거래의 원칙과 제한

무역법의 원칙

1997년 제정된 무역법은 무역사업에서 제도와 질서를 엄격히 세워 대외시장을 확대하고 무역수지의 균형을 보장하며 인민경제를 발전시키는 것을 사명으로 하고 있다(무역법 제1조). 또한 무역의 다각화·다양화는 무역을 폭넓게 하기 위한 기본이며(무역법 제3조), 무역에서 신용을 지키는 것은 다른 나라와 무역관계를 발전시키기 위한 선결조건이라는 기본 원칙(무역법 제4조)을 천명하고 있다.

무역거래의 당사자

무역거래는 중앙무역지도기관으로부터 영업허가를 받은 기관, 기업소, 단체가 할 수 있으며(무역법 제11조), 해당 기관, 기업소, 단체는 영업허가를 받은 범위에서 무역거래를 하여야 하며, 허가받지 않은 업종, 지표의 무역거래는 할 수 없다(무역법 제15조).

수출입 제한, 금지 대상

무역법에서는 수출입의 제한 및 금지 대상을 다음과 같이 규정하고 있다.

수출입 제한, 금지 대상

구분	대상
수출입 제한	• 국내수요 보장과 자연부원, 환경을 보호하여야 할 경우 • 인민경제 발전에 지장을 줄 수 있는 경우 • 국제수지와 무역수지의 균형을 보장하여야 할 경우 • 해당 조약이나 협정에 따라 수출입을 제한하여야 하는 경우
수출입 금지	• 나라의 안전과 사회공공질서를 침해할 수 있는 경우 • 사람의 생명에 피해를 줄 수 있는 경우 • 환경보호와 동식물의 생장에 위험을 줄 수 있는 경우 • 경제적 실리가 보장되지 않을 경우 • 해당 조약이나 협정에 따라 수출입을 금지하여야 하는 경우

출처: 북한 무역법을 토대로 저자 정리

수출입제한, 금지목록의 작성은 국가계획기관과 중앙무역지도기관이 하고, 이들 기관은 수출입제한, 금지목록을 작성하여 내각의 승인을 받은 다음 해당 기관에 통지하여야 한다. 중앙통계기관과 해당 기관은 수출입제한, 금지목록을 작성하는 데 필요한 자료를 국가계획기관과 중앙무역지도기관에 정상적으로 보내주어야 한다(무역법 제42조).

또한 해당 기관은 가격승인문건, 반출입승인문건, 수출입상품검사신청서, 위생검역신청서, 검수신청서에 근거하여 수출입품의 검사와 검역, 검수를 적시에 정확히 하여야 한다(무역법 제43조).

통관에 필요한 절차

북한 내 통관절차

외국투자기업과 북한에 주재하는 외국의 대표기관, 법인, 외국인에게 1983년에 제정된 조선민주주의인민공화국 세관법(이하 '세관법')이 적용된다(세관법 제10조).

세관법에 따르면, 국경교두, 국경철도역, 무역항, 국제항공역, 국제우편물 취급장소 등 필요한 곳에 세관을 설치하고, 세관은 북한에 들어오거나 외국으로 나가는 짐과 운수수단·국제우편물·기타물품의 검사 감독, 북한에 들어오거나 외국으로 나가는 인원의 짐과 휴대품 검사, 관세와 선박톤세·세관요금의 수령, 보세지역·보세공장·보세창고·보세전시장과 보세물자의 반출입 감독, 관세면제물자·임시반출입물자의 이용 및 처리정형 감독, 반출입금지품·반출입통제품의 반출입 행위·밀수행위·허위신고 행위의 조사 단속, 세관통계 작성 등의 업무를 한다(세관법 제2~3조).

세관등록

수출입허가를 받은 자는 세관등록을 한 후에 물품을 반출입할 수 있는데(세관법 제11조), 세관등록을 하려는 자는 세관등록신청서와 함께 무역회사 영업허가증, 기업창설승인서, 은행담보서, 수출기지등록증, 세무등록증 등의 서류를 해당 세관에 제출하여야 한다. 그리고 해당 서류를 접수한 세관은 이를 정확하게 검토하고 등록 또는 부결하여야 한다(세관법 제12조).

세관수속

북한 국경을 통과하는 짐과 운수수단은 세관이 있는 곳으로만 들여오거나 내갈 수 있다(세관법 제19조). 짐과 운수수단을 북한에 들여오거나 외국으로 내가는 자는 세관수속을 의무적으로 하여야 하는데, 세관수속은 해당 물자가 세관에 도착하기 전에 하여야 한다(세관법 제13~14조).

세관수속은 정해진 세관에서 하고, 이 경우 세관수속 당사자는 세관수속서류를 전자무역수속체계를 통하여 제출하여야 하나 부득이한 경우에는 해당 서류를 세관에 직접 제출할 수도 있다. 세관수속서류를 접수한 세관은 이를 정확하게 검토하고 수속을 제때에 해주어야 한다(세관법 제15조).

북한에 들어오거나 나가는 자는 국경교두, 국경철도역, 무역항, 국제항공역에 도착하면 휴대품과 귀금속, 보석, 화폐, 유가증권, 따로 부친 짐을 세관에 정확하게 신고하여야 하고, 북한을 거쳐 다른 나라에 중계운송하는 기관은 해당 짐에 대한 세관수속을 하여야 하며(반출입통제품은 해당 기관의 승인 필요. 반출입금지품은 중계운송 금지), 북한을 경유하여 다른 나라로 가는 운수수단은 운수수단에 대한 문건과 실은 짐의 명세서를 세관에 제출하고 세관수속을 하여야 통과할 수 있다(세관법 제16~18조).

세관검사

세관은 북한에 들여오거나 다른 나라로 내가는 모든 짐, 국제우편물, 휴대품과 운수수단에 대해 검사한다(세관법 제20조).

세관검사는 국경교두, 국경철도역, 무역항, 국제항공역, 국제우편물취급장소와 그 밖의 정해진 곳에서 하는데, 개인의 짐과 휴대품에 대해서는 열차와 선박과 같은 운수수단에서도 할 수 있다. 이때 세관은 짐, 국제우편물, 휴대품을 기계로 검사하거나 헤쳐보는 방법으로 검사할 수 있다. 또한 세관은 이동검사를 하거나 북한 영역을 통과하는 다른 나라의 짐을 검사할 수 있고, 수입하는 대형설비 등에 대해서는 도착지의 해당 기관에 의뢰할 수 있다(세관법 제23~26조).

세관검사를 받거나 세관이 감독하는 짐을 보관, 이용, 가공, 처분하는 외국투자기업은 세관검사 또는 감독에 필요한 조건을 제때에 갖추어야 한다(세관법 제33조).

세관 관련 주의사항

북한에 들여오거나 다른 나라로 보내는 편지나 인쇄물 속에는 물건을 넣지 않아야 하고, 소포 속에도 편지, 화폐, 유가증권, 귀금속, 보석 등을 넣으면 안 되며, 국제우편물을 이용하여 반출입금지품과 반출입통제품을 반출입하는 행위 등은 할 수 없다(세관법 제36조).

북한 국경을 지나는 자는 사업과 생활에 필요한 물건과 기념품을 가지고 다닐 수 있으나, 직업적으로 북한 국경을 지나는 자는 직무수행에 필요한 작업용품과 생활필수품만을 가지고 다닐 수 있다. 또한 이삿짐과 상속재산은 반출입이 가능하지만 반출입금지품은 불가능하고, 반출입통제품은 해당 기관의 승인을 얻어야 한다(세관법 제37~38조).

남측 투자가의 남한 내 통관절차

통관절차 일반

관련 규정에 따라 반출입승인을 받은 후 반입하는 물품에 대해서는 북한의 조선민족경제협력연합회의 원산지증명을 확인하여 화물수송을 하고, '수입통관사무 처리에 관한 고시'에 따라 세관장에게 반입신고를 하고 면허를 받은 후 통관절차를 거친다.

북한에서 직접 반입한 물품을 반입신고할 때에는 반입신고서(일반 수입신고서 양식), 반입승인서, 가격신고서, 선하증권사본, 최근 2개월간의 선장확인 선박항행일지, 원산지증명서(조선민족경제협력연합회 발행), 검역물품인 경우 당해 검역증 등을 제출하고, 제3국을 단순경유한 물품을 반입신고할 때에는 상기 서류와 동일한 서류 외에 북한에서 제3국, 제3국에서 남한까지의 선하증권 일체, 제3국의 세관 등 권한 있는 관공서가 발급한 단순경유증명서를 제출하여야 한다.

물품을 반출할 때에도 일반수출품과 같이 세관장에게 신고(수출신고서 양식 사용)하고 신고수리를 받아야 한다. 다만 유엔안전보장이사회결의 제1718호 이후 각종 대북제재결의에 의하여 대북 반출이 제한되는 품목들에 대해서는 대북 전략물자의 '대북 전략물자의 반출승인절차에 관한 고시' 등에 의거, 별도로 통일부장관의 승인이 필요하다. 전략물자는 유엔의 대북제재결의에 근거한 제재대상물품이 해당된다. 예컨대 유엔안전보장이사회결의는 북한의 금지활동, 특히 대량살상무기 관련 품목에 대한 광범위한 수출통제를 의무화하였고(제2270호 제27조), 재래식무기 관련 이중용도(dual-use)품목의 이전을 금지하였으며(제2321호 제7조, 제2371호, 제2375호), 핵무기나 미사일 관련한 품목을 부속서에 상세히 규정하여 해당 품목의 이전을 금지하였다(제2094호 제20조, 제2321호 제4조). 이뿐만 아니라 금, 티타늄, 석탄, 철 등 지하자원의 직접 또는 간접적인 공급, 판매, 이전(제2270호 제29조 및 제30조, 제2371호 제8조 및 제10조)과 각종 사치품의 수출(제2094호 제23조), 섬유제

물품 등 통관절차

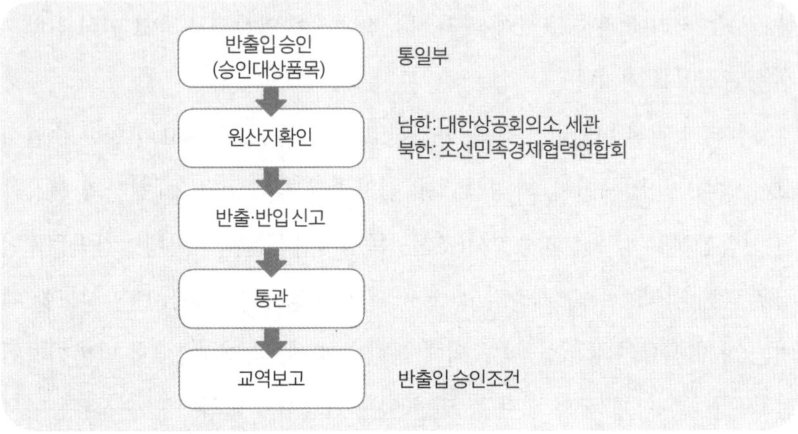

출처: 남북교류협력시스템, 물품반출입 안내를 참고하여 재구성

품(제2371호 제16조), 관세분류표(FS Code)로 상세히 정의된 식료품·농산품·기계류 등(제2375호 제6조)의 직접 또는 간접적인 공급, 판매, 이전을 금지하고 있다.

위 품목들을 포함하여 항공기용 가솔린과 나프타식 제트연료 등(제2270호 제31조), 액화 천연가스, 콘덴세이트, 정제유 및 원유(제2375호 제13조 및 제15조, 제2397호 제5조)의 북한으로의 수입 역시 금지된다. 물품반출입 승인조건으로 교역 결과를 보고하여야 하는 경우에 반출·반입승인을 받은 물품 등을 반출·반입한 자는 통관 완료 후 5일 이내에 교역에 관한 사항을 보고하여야 한다(반출·반입 승인대상품목 및 승인절차에 관한 고시 제8조).

한편 미국이 제정한 대북제재법규에 따른 대북 반출이 금지되는 품목에 대해서는 원칙상 한국 정부기관의 반출입승인이 요구된다고 보기는 어렵다. 그러나 그러한 승인 여부와 관계없이 미국의 대북제재법규상 금지되는 품목을 북한 내로 반출할 경우 이를 행한 자에게는 미국 정부의 관할(jurisdiction)이 미치는 범위 내에서 각종 제재가 내려질 가능성이 있으므로 주의가 필요하다. 예컨대 대북제재강화법은 보석과 같은 각종 사치품의 대북 수출입에 관여한 자도 의무적으로 제재대상으로 지정하도록 규정하고 있다. 특히 미국 대통령의 재량으로 북한 정부로부터 섬유를 직간접적으로 구매하거나 취득하는 행위를 한 자를 제재대상으로 지정할 수 있게 했다. 여기서 북한 정부란 북한의 중앙정부 이외에 산하기관(agencies), 대행기관(instrumentalities) 또는 그 지배하에 있는 기타 단체(controlled entities)를 모두 가리키는 개념으로 해석된다. 또한 재무부가 제정한 북한제재규정에서는 북한과 '최소 한 번'이라도 물품이나 서비스 관련 중요한 수출입 거래에 개입한 자의 미국 내 자산이 동결될 수 있다.

이처럼 미국 내에 자산이 존재하거나 미국 기업 및 금융기관과의 거래가 필요한 투자가의 경우 미국 내 자산동결 내지 입국금지 등의 제재는 심각한 악영향을 초래하므로 주의가 필요하다.

위탁가공교역의 통관절차

위탁가공교역이란 가공임을 지급하는 조건으로 원부자재(설비 포함)의 일부 또는 전부를 북한으로 반출하여 이를 가공한 후 가공된 완제품 또는 반제품을 남한으로 반입하거나 또는 제3국에 수출하는 교역방식을 말한다.

위탁가공교역을 위하여 반출하는 원부자재 및 위탁가공으로 생산하여 반입하는 물품은 포괄적으로 승인한 반출입으로 본다. 따라서 원칙적으로는 별도의 승인 없이 반출입이 가능하다. 위탁가공교역을 위한 반출입 승인신청절차는 일반적인 물품반출입 승인절차와 동일하다.

위탁가공교역 통관절차

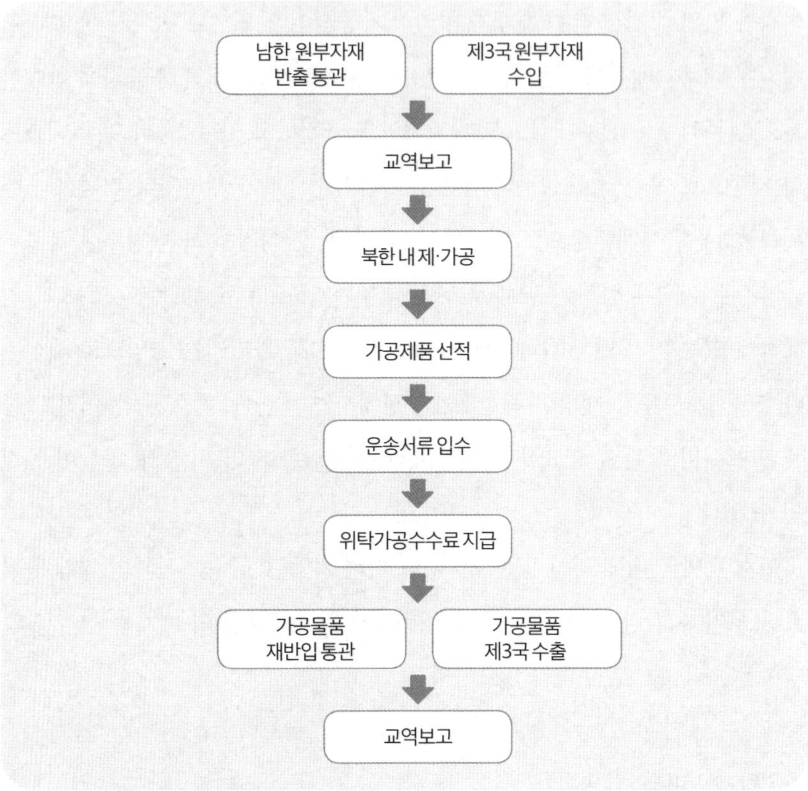

출처: 남북교류협력시스템, 물품반출입 안내를 참고하여 재구성

한편 위탁가공교역을 위하여 물품 등을 반출입하는 자는 반출하는 원부자재에 대해 세관장에게 신고(수출신고서 양식 사용)하여 면허를 받아 반출하고, 위탁가공수수료를 지급한 후(경우에 따라 대금결제 방법의 승인 필요), 일반적인 수입통관절차를 준용하여 위탁가공 생산품의 재반입 통관을 거친다. 필요에 따라 반출입 변경승인, 교역보고의 과정을 거친다.

외국 투자가의 수출입절차

수출입절차

외국인투자법, 합작법, 합영법, 외국인기업법은 법률상 별도의 수출입 관련 조문을 두고 있지 않으나, 합작법, 합영법, 외국인기업법의 각 시행규정에서 관련 내용을 담고 있다.

합작기업

합작기업은 투자물자, 생산과 경영에 필요한 물자, 기술, 저작소유권을 다른 나라에서 들여오거나 생산제품과 기술을 다른 나라에 내갈 수 있다. 투자물자, 생산과 경영활동에 필요한 물자를 다른 나라에서 들여오거나 다른 나라에 내가려고 할 경우에는 중앙경제협조관리기관(지대에서는 지대관리기관)에 반출입승인신청문건을, 기술, 저작소유권을 다른 나라에서 들여오거나 다른 나라에 내가려고 할 경우에는 수출입허가신청문건을 해당 중앙기관(지대에서는 지대관리기관)에 제출해 승인을 받아야 한다(합작법 시행규정 제69조).

중앙경제협조관리기관은 물자의 반출입신청문건을 접수한 날로부터 3일(지대에서는 당일) 안에, 해당 중앙기관은 기술, 저작소유권의 수출입신청문건을 접수한 날로부터 30일(지대에서는 7일) 안에 검토한 다음 신청자에게 승인문건을 발급해주거나 부결통지를 하여야 한다(합작법 시행규정 제70조).

합작기업의 투자물자, 생산과 경영활동에 필요한 물자를 다른 나라에서 들여오거나 생산한 제품을 다른 나라에 내가는 경우에는 관세를 적용하지 않으며, 합작기업의 생산용물자, 생산제품, 기술의 수출입가격은 국제시장가격에 준하여 합작당사자들이 합의하여 정하여야 한다(합작법 시행규정 제71~72조).

합영기업

합영기업은 생산과 경영활동에 필요한 물자와 기술, 저작소유권을 북한이나 다른 나라에서 사서 쓸 수 있으며, 기술 또는 저작소유권, 생산한 제품을 북한이나 다른 나라에 팔 수 있고(합영법 시행규정 제75조), 투자물자, 생산과 경영활동에 필요한 물자를 다른 나라에서 들여오거나 생산한 제품과 기술을 다른 나라에 내갈 수 있다. 투자물자, 생산과 경영활동에 필요한 물자를 다른 나라에서 들여오거나 다른 나라에 내가려고 할 경우에는 중앙경제협조관리기관(지대에서는 지대관리기관)에 반출입승인신청문건을 내여 승인을 받아야 한다. 반출입승인신청문건에는 반출입물자명, 수량, 단가와 금액, 국경 통과 지점과 기간, 반출입근거를 밝혀야 한다(합영법 시행규정 제77조).

기술, 저작소유권을 다른 나라에서 들여오거나 다른 나라에 내가려고 할 경우에는 해당 중앙기관(지대에서는 지대관리기관)에 기술, 저작소유권의 수출입허가신청문건을 제출해 승인을 받아야 하며, 기술, 저작소유권 수출입허가신청문건에는 기술, 저작소유권의 명칭, 내용, 가격, 수출입근거 같은 것을 밝혀야 한다(합영법 시행규정 제78조).

생산제품의 수출과 필요한 물자의 수입은 북한의 해당 무역기관에 위탁하여 할 수 있고(합영법 시행규정 제79조), 생산용물자, 생산제품, 기술, 저작소유권의 수출입가격(기술봉사료금 포함)은 해당 시기의 국제시장가격에 준하여 합영당사자들이 합의하여 정하여야 한다(합영법 시행규정 제81조).

수출입물자에는 관세와 관련한 북한의 법규범에 따라 관세를 적용하며, 투자물자, 생산과 경영활동에 필요한 물자를 다른 나라에서 들여오거나 생산한 제품을 다른 나라에 내가는 경우에는 관세를 적용하지 않는다(합영법 시행규정 제82조).

합영기업은 출자몫으로 들여오는 현물재산을 대외상품검사기관(기술, 저작소유권은 해당 기관)에 의뢰하여 검사 또는 확인을 받아야 하며, 현물재산 또는 기술, 저작소유권의 검사, 확인과 관련한 필요한 조건을 보장해주어야 한다(합영법 시행규정 제83조).

외국인기업

외국인기업은 경영활동에 필요한 물자를 북한 안에서 구입하거나 다른 나라에서 들여올 수 있으며, 자기가 생산한 상품을 수출하거나 북한 안에 판매할 수 있다. 지역 밖의 기관, 기업소에서 생산한 물자를 구입하거나 자기가 생산한 상품을 지역 밖의 북한 내에 판매하려고 할 경우에는 북한국의 해당 무역기관(외국인투자기업 사이의 거래는 제외)을 통하여 하여야 한다. 경영활동에 필요한 물자를 다른 나라에서 들여오거나 자기가 생산한 제품을 다른 나라에 내가려고 할 경우에는 지역관리기관에 반출입승인신청문건을 제출해 승인을 받아야 한다(외국인기업법 시행규정 제44조).

외국인기업은 생산한 상품을 공화국의 해당 무역기관에 위탁하여 수출할 수 있다. 이 경우의 수출입상품의 가격(기술봉사료금 포함)은 해당 시기의 국제시장가격에 준하여 적용하여야 하며, 수입한 물자의 보관 및 이용, 생산한 상품의 수출정형의 장부에 정상적으로 기록하여야 한다(외국인기업법 시행규정 제46~48조).

남측 투자가의 수출입절차: 물품반출입 승인

남측 투자가가 북남경제협력 물품을 반출입하기 위해서는 북한에서 중앙민족경제협력지도기관의 승인을 받아야 할 뿐만 아니라(북남경제협력법 제18조), 남한에서도 물품의 품목, 거래형태 및 대금결제 방법 등에 관하여 통일부장관의 승인(승인을 받은 사항 중 주요 내용을 변경할 때에는 변경승인)을 받아야 한다(남북교류협력법 제13조).

반출·반입 승인대상물품 등의 공고

통일부장관은 물품 등의 반출이나 반입에 관하여 협의회의 의결을 거쳐 반출이나 반입에 관한 승인이 필요한 물품 또는 금지물품 등의 구분, 반출이나 반입에 관한 승인이 필요한 물품 등에 관한 제한 내용 및 승인절차를 미리 공고하여야 하며, 공고한 사항을 변경할 때에도 또한 같다(남북교류협력법 제14조).

이와 관련하여 '반출·반입 승인대상품목 및 승인절차에 관한 고시'에 따르

물품반출입 승인절차

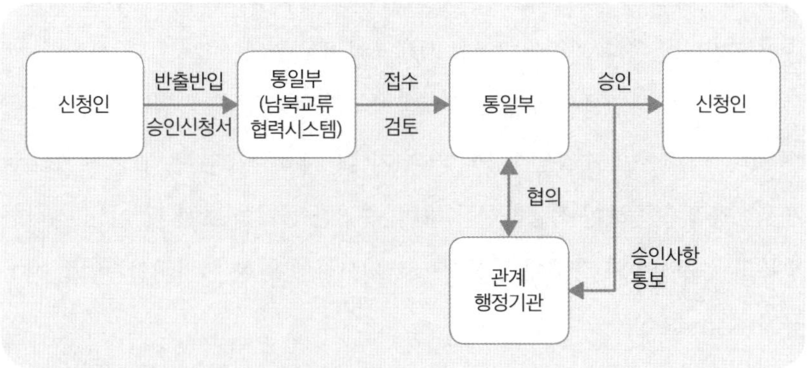

출처: 남북교류협력시스템, 물품반출입 안내를 참고하여 재구성

면, 반출·반입 대상품목에는 관세법 제50조 별표 관세율표에서 분류하고 있는 물품, 북한에서 발생되어 유통되거나 유통되었던 화폐 또는 유가증권, 용역 및 전자적 형태의 무체물이 있고, 해당 고시는 남한과 북한 간에 직접 이동하는 물품 등(중계무역을 위해 남한과 북한 간에 이동하는 물품 등 포함)과 무역의 형태, 해당 물품 등의 소유권 변동 여부와 관계없이 단순히 제3국(보세구역 포함)을 거쳐 남한과 북한 간에 이동하는 물품 등에 적용된다(반출·반입 승인대상품목 및 승인절차에 관한 고시 제2~3조).

그리고 해당 고시의 적용대상물품 등의 반출·반입은 모두 통일부장관의 승인을 받아야 하나, 세관장이 타당하다고 인정하는 범위 내의 여행자 휴대품·별송품 및 북한에서 근무하는 남한 주민이나 외국인의 일상생활에 필요한 물품 등과 남북교류협력의 원활한 추진을 위하여 통일부장관이 남북교류협력 추진협의회의 의결을 거쳐 별도 공고하는 품목, 거래형태, 대금결제 방법 등은 포괄적으로 승인한 것으로 보아 별도의 승인을 받을 필요가 없다(반출·반입 승인대상품목 및 승인절차에 관한 고시 제4~5조).

물품반출입 승인신청

물품 등의 반출·반입승인을 받으려는 자는 반출·반입 7일 전까지 반출·반입 승인신청서에 반출·반입계획서, 북한측 상대자와의 반출·반입계약을 증명하는 서류(중개인을 통한 계약인 경우 신청인과 중개인 간의 계약서 및 중개인과 북한측 상대자 간의 계약서 포함), 물품 등의 취급에 관하여 관련 법령에 따라 발급받은 면허증·허가증 또는 등록증의 사본, 대외무역법 시행령 제21조 제1항 제1호에 따른 무역거래자별 고유번호를 확인할 수 있는 서류 등을 첨부하여 통일부장관에게 제출하여야 한다(남북교류협력법 시행령 제25조 제

1항).

승인을 받은 사항 중 물품 등의 총금액(총금액이 10% 이내에서 변경된 경우 제외)과 단가 및 수량, 대금결제 방법, 반출·반입 유효기간, 반출·반입 승인조건을 변경할 때에는 반출·반입 변경승인신청서에 반출·반입 변경승인신청사유서, 북한측 상대자와의 반출·반입계약의 변경을 증명하는 서류(중개인을 통한 계약인 경우 신청인과 중개인 간의 계약서 및 중개인과 북한측 상대자 간의 계약서 포함) 등을 첨부하여 통일부장관에게 제출하여야 한다(남북교류협력법 시행령 제25조 제2~3항).

통일부장관과 관계 행정기관장의 협의

통일부장관은 물품 반출·반입의 승인 또는 변경승인을 할 때 중요하다고 인정되는 사항은 미리 관계 행정기관장과 협의하여야 한다(남북교류협력법 제13조 제2항).

승인

통일부장관은 반출·반입승인 및 변경승인 신청을 받은 경우 승인 여부를 결정하여 그 결과를 승인신청서를 접수한 날로부터 7일 이내에 신청인에게 문서로 통보하여야 하며, 이때 관계 행정기간과의 협의, 북한 당국과의 협의, 전략물자 등의 사전판정에 소요되는 일수는 일수 산정에서 제외된다(남북교류협력법 시행규칙 제11조 제4~5항, 반출·반입 승인대상품목 및 승인절차에 관한 고시 제6조).

승인 시 남북교류협력의 원활한 추진을 위하여 물품 등 반출·반입 목적 및 경로, 가격조건 등의 제한 또는 변경, 교역에 관한 사항보고 등의 조건을 붙이거나 1년 이내의 범위에서 승인의 유효기간을 정할 수 있으며, 물품 등의 품목, 거래형태 및 대금결제 방법 등에 관하여 일정한 범위를 정하여 포괄적으로 승인할 수 있다(남북교류협력법 제13조 제3~4항, 동법 시행령 제25조 제4~5항).

승인 취소

통일부장관은 물품 등의 반출이나 반입을 승인받은 자가 거짓이나 그 밖의 부정한 방법으로 반출이나 반입을 승인받은 경우에는 그 승인을 취소하여야 하고, 승인조건을 위반한 경우, 반출·반입 승인대상물품 등의 공고사항을 위반한 경우, 교역조정명령을 따르지 않은 경우, 승인조건으로의 교역보고를 하지 아니하거나 거짓으로 보고한 경우, 남북교류협력을 해칠 명백한 우려가 있는 경우, 국가안전보장 및 질서유지 또는 공공복리를 해칠 명백한 우려가 있는 경우에는 그 승인을 취소할 수 있다(남북교류협력법 제13조 제5항).

교역조정명령

통일부장관은 조약이나 일반적으로 승인된 국제법규 또는 남북관계 발전에 관한 법률에 따라 체결 및 발효된 남북합의서의 이행을 위하여 필요한 경우, 국제평화 및 안전유지를 위한 국제적 합의에 이바지할 필요가 있는 경우, 남북교류협력법 또는 관련 법령을 위반한 경우, 반출 또는 반입 시 공정한 경쟁을 해칠 우려가 있는 경우, 신용을 손상하는 행위를 방지하기 위하여 필요한 경우에는 반출하거나 반입하는 물품 등의 가격, 수량, 품질, 그 밖의 거래조건 등에 관하여 필요한 조정을 서면으로 명할 수 있다. 다만 중요하다고 인정되는 사항은 미리 관계 행정기관의 장과 협의하여야 한다(남북교류협력법

제15조).

관련 제재

물품반출입승인을 받지 않고 물품 등을 반출하거나 반입하는 자는 3년 이하의 징역 또는 3천만 원 이하의 벌금에 처하고 그 미수범도 처벌되며, 교역조정명령을 따르지 아니한 자는 1년 이하의 징역 또는 1천만 원 이하의 벌금에 처한다(남북교류협력법 제27조). 법인의 대표자나 법인 또는 개인의 대리인, 사용인, 그 밖의 종업원이 그 법인 또는 개인의 업무에 관하여 위반행위를 한 경우에는 법인 또는 개인이 그 위반행위를 방지하기 위하여 해당 업무에 관하여 상당한 주의와 감독을 게을리하지 아니한 경우를 제외하고는 그 행위자 외 그 법인 또는 개인에게도 해당 벌금형이 과해진다(남북교류협력법 제28조). 또한 승인요건인 교역보고를 하지 아니하거나 거짓으로 보고한 자에게는 300만 원 이하의 과태료가 부과된다(남북교류협력법 제28조의2).

대금결제 방법 승인

남북교역에서 많이 사용되는 대금결제 방법은 제3국 은행을 통한 송금환(T/T) 방법이며, 이 밖에 물물교환(Barter Trade), 직접 현금지급 등도 이용되고 있다.

반출입대상물품 등이 포괄승인품목이라 할지라도 외국환거래규정에 의하여 대금의 지급 및 영수 방법이 허가 또는 신고를 요하는 경우에는 물품의 반출입승인과 별도로 대금결제 방법에 대해 통일부장관의 승인을 받아야 한다. 즉, 상계로 결제하는 경우, 일정 기간을 초과하여 결제하는 경우, 거래당사자가 아닌 제3자와의 지급 또는 수령을 하는 경우, 외국환은행을 통하지 않고 지급 또는 수령을 하는 경우에는(외국환거래법 제16조) 통일부장관의 승인을 받아야 한다.

운송 관련 규정

외국인투자법제에서는 별도로 운송 관련 규정을 두고 있지 않은 것으로 파악된다.

남측 투자가의 경우에는 제3국을 경유하지 않고 남한과 북한 간에 선박·항공기·철도차량 또는 자동차 등(이하 '수송장비')을 운행하고자 하는 자는 남북교류협력법에 따라 통일부장관의 승인을 받아야 한다(남북교류협력법 제20조).

수송장비 운행의 승인을 받으려는 자는 운행 7일 전까지 수송장비운행승인 신청서에 수송장비운행계획서, 관련법령에 따라 발급받은 수송장비운행 관련 면허증 내지 허가증 또는 등록증의 사본, 수송장비의 승무원 명부, 북한에서 수송장비의 운행이 가능함을 증명하는 북한 당국 또는 북한의 권한 있는 기관의 확인서, 자동차관리법 제27조에 따라 발급받은 임시운행허가증, 자동차손해배상보장법 제9조에 따라 발급받은 의무보험가입증명서 등을 첨부하여 통일부장관에게 제출하여야 한다(남북교류협력법 시행령 제33조).

통일부장관은 행정정보 공동이용을 통하여 선박국적증, 자동차등록증을 확인하고(신청인이 확인에 동의하지 않는 경우에는 첨부), 승인 여부를 결정하여 그 결과를 신청인에게 문서로 알려야 한다. 이때 운행승인을 하는 경우 수송장비운행승인서를 발급한다. 그리고 통일부장관은 운행승인을 하는 경우 운행목적, 운행기간, 운행노선, 운행횟수 등의 제한 또는 변경, 수송장비운행결과보고서 제출 등의 조건을 붙일 수 있으며 정기적으로 수송장비를 운행하는 때에는 5년 이내, 부정기적으로 수송장비를 운행하는 경우에는 2년 이내의 범위에서 유효기간을 정할 수 있다(남북교류협력법 시행령 제33조, 동법 시행규칙 제16조).

한편 남북한 간 선박을 운항하고자 할 때에는 수송장비운행승인 외에 '남북해운합의서'와 '남북해운합의서의 이행과 준수를 위한 부속합의서'에 따라 통일부를 경유하여 북한으로부터 선박운항허가를 받아야 한다. 다만 이 경우는 남한의 해상운송회사가 소유하거나 임차한 선박에 한한다.

자동차를 이용하여 육로로 화물을 직접 운송하고자 하는 경우에는 자동차운행승인과 함께 남북관리구역 통행절차로서 군사분계선출입계획을 남북출입사무소에 제출하여야 한다. 화물열차의 경우에는 2007년 12월 11일 문산~봉동 간 화물열차가 개통되어 주말과 공휴일을 제외하고 매일 1회 왕복으로 정기운행했으나 2008년 12월 북한의 육로통행 제한조치로 운행이 중단된 상황이다.

수송장비 운행승인 후 남북한 간 수송장비운행에 필요한 통관, 검역, 출입국관리는 관계법령의 규정이 정하는 절차에 따른다.

관세 부과 여부

합작기업, 합영기업

합작기업과 합영기업의 경우 생산과 경영활동에 필요한 물자를 외국에서 수입하거나 생산한 제품을 외국에 수출하는 경우에 관세를 부과하지 않는다. 그러나 관세를 면제받은 물자를 북한에서 판매할 경우에는 관세가 부과된다(합작법 제12조, 합영법 제24조).

외국인기업

외국인기업의 경우에도 생산과 경영활동에 필요한 물자를 수입하거나 생산한 제품을 수출하는 경우 그에 대하여 관세가 적용되지 않는다(외국인기업법 제24조).

남측 투자가

남측 투자가의 경우 북남경제협력물자에는 북한에서 관세가 부과되지 않는다. 다만 외국에서 공업지구와 관광지구에 들여온 물자를 그대로 북한의 다른 지역에 판매하는 경우에는 관세가 부과될 수 있다(북남경제협력법 제19조). 또한 남한에서도 남북한 간 거래는 민족 내부거래로 보아 관세를 부과하지 않으므로 원산지가 북한인 물품의 반입에 대해서는 관세가 부과되지 않는다(남북교류협력법 제12조). 다만 북한에서 남한으로 직접 운송된 물품이라 하더라도 원산지가 북한이 아닌 물품은 관세가 부과된다.

북한으로부터 반입되는 북한산 물품에 대해 관세는 부과되지 않는다 하더라도 세관장은 관세징수의 예에 따라 부가가치세를 징수하며, 반입물품이 개별 소비세, 주세 및 교통·에너지·환경세의 과세대상인 경우 출입장소로부터 해당 물품이 반출되는 때를 보세구역으로부터 반출되는 것으로 보아 개별 소비세법, 주세법, 교통·에너지·환경세법을 준용한다. 북한으로 반출되는 물품은 수출품목으로 보아 지방세법, 부가가치세법, 개별 소비세법, 주세법, 교통·에너지·환경세법을 준용한다(남북교류협력법 시행령 제42조).

보다 자세한 사항은 뒤에 나오는 '관세' 부분(p. 227)을 참고하면 된다.

원산지증명 방법

외국 투자가의 원산지증명

외국인투자기업이 수출품원산지증명을 받고자 하는 경우에는 2009년에 제정된 수출품원산지법에 따른다(수출품원산지법 제3조). 해당 법률에 따르면, 수출품의 원산지증명은 조선상업회의소와 해당 기관이 하고(수출품원산지법 제5조), 수출품의 원산지를 북한으로 하는 대상은 북한 영역에서 채취한 광물과 그 가공품, 북한 영역에서 채집한 식물과 그 가공품, 북한 영역에서 사육한 동물과 그 가공품, 북한 영역에서 잡은 수산물과 그 가공품, 북한 원료 및 자재로 생산한 제품, 다른 나라에서 부분품을 들여다가 새롭게 만든 제품, 수입한 원료 및 자재를 이용하여 북한 영역 안에서 최종적으로 완성된 제품이다(수출품원산지법 제6조).

수출품에 대한 원산지증명신청은 수입당사자의 요구에 따라 수출당사자가 해당 원산지증명기관에 수출품원산지증명신청서(수출당사자의 명칭 및 주소, 품명, 수량, 생산지 기재. 신청기관의 공인)를 제출하여 한다(수출지원산법 제8~9조).

수출품원산지증명신청서를 접수한 원산지증명기관은 정확하게 검토한 후 신청서 접수일부터 10일 안에 수출품원산지증명서를 발급하여야 한다. 수출품원산지증명서에는 수출당사자와 수입당사자의 명칭, 수송수단, 품명, 수량,

발급날짜를 기재하고 수출품원산지증명서의 발급부수에 따르는 유일번호와 인증도장을 날인하며, 표기는 조선어로 하되 필요에 따라 조선어와 함께 국제공용어 또는 다른 나라 언어로 할 수 있다(수출지원산법 제10조, 제12조).

수출당사자가 수출품원산지증명서의 발급을 신청하는 경우 국가가격제정기관이 정한 요금을 지불하여야 한다(수출지원산법 제17조).

남측 투자가의 원산지증명

남측 투자가의 경우에도 북한산 물품의 반입 시 관세비과세 혜택을 받으려면 통관 전에 원산지증명서를 세관에 제출하여야 하며, 원산지증명서는 '남북교역물품의 원산지확인에 관한 고시'에 따라 남한은 세관과 대한상공회의소에서, 북한은 조선민족경제협력연합회에서 발급한다(남북교역물품의 원산지확인에 관한 고시 제3조).

원산지증명서

원산지증명서에는 송하인, 수하인, 생산자, 생산장소, 운송수단, 품명, 포장의 수 및 종류, 수량, 중량, 발급장소, 발급일자, 발급번호, 발급기관 및 발급기관의 인장 등을 기재하여야 하며, 원산지증명서의 유효기간은 발급일부터 1년이다(남북교역물품의 원산지확인에 관한 고시 제4조).

원산지에 대한 판정

당해 물품의 전부가 남한 또는 북한에서 생산·가공·제조된 경우, 당해 물품이 2개국 이상에 걸쳐 생산·가공·제조된 경우 중 그 물품의 본질적 특성을 부여하기에 충분한 정도의 실질적인 생산·가공·제조 과정이 최종적으로 남한 또는 북한에서 수행된 경우에 남한 또는 북한을 원산지로 인정한다.

그러나 제3국에서 생산되어 남한 또는 북한을 단순 경유한 물품, 남한 또는 북한에서 단순포장·상표부착·물품분류·절단·세척 또는 단순한 조립작업만을 거친 물품, 남한 또는 북한에서 운송 또는 보관에 필요한 작업만을 거친 물품, 남한 또는 북한에서 물품의 특성이 변하지 않는 범위 안에서 원산지가 다른 물품과의 혼합작업만을 거친 물품, 남한 또는 북한에서 도축작업만을 거친 소고기·돼지고기 등 육류제품, 남한 또는 북한에서 건조·냉장·냉동·제분·염장·단순가열·껍질 및 씨 제거작업만을 거친 물품 등은 남한 또는 북한을 원산지로 인정하지 않는다(남북교역물품의 원산지확인에 관한 고시 제5조).

원산지표시

북한으로부터 물품을 반입하는 자는 반입물품에 대한 원산지표시 여부를 자율적으로 정할 수 있으나, 관세청장이 통일부장관과 협의하여 원산지표시 대상으로 정한 물품 또는 원산지가 제3국인 물품인 경우에는 당해 물품의 원산지표시를 하여야 한다(북한산의 경우 Made in DPRK 또는 북한산으로 표시, 제3국산인 경우 제3국산으로 표시. 남북교역물품의 원산지확인에 관한 고시 제8조).

개성공업지구 반출입물품의 특례

개성공업지구로부터 반입하는 물품의 원산지확인은 반입자의 신고에 대한 세관의 확인으로 갈음할 수 있고, 개성공업지구에서 제조·가공 등을 위하여 남한에서 원부자재를 일시 반출하여 개성공업지구에서 일정한 공정을 거쳐 다시 반입하는 물품의 전체 직접재료비 중 국내에서 공급한 직접재료비의 비율이 60% 이상인 경우, 개성공업지구로부터 물품을 생산하는 기업의 등록자본 중 국내 소유지분이 60% 이상인 경우에는 국내산으로 간주하여 Made in Korea, Made in Korea(Gaeseong), 한국산, 한국산(개성 또는 개성공단) 등의 방법으로 원산지를 표시할 수 있다. 또한 개성공업지구로부터 반입된 것으로 원산지가 북한으로 결정된 물품에 대해서는 Made in DPRK(Gaeseong), 또는 북한산(개성 또는 개성공단) 등의 방법으로 표시할 수 있다(남북교역물품의 원산지확인에 관한 고시 제11조).

개성공단에서 생산한 제품을 수출하는 경우, 한국과 미국 간 FTA에서는 개성공단 생산제품의 대한민국 원산지 획득문제를 한반도역외가공지역위원회를 통해 결정한다고 정하고 있어(한-미 FTA 부속서 22-나) 개성공단에서 생산된 제품이 한-미의 혜택을 받아 미국으로 통과될 수 있는 가능성은 이론적으로 열려 있다. 이처럼 현재 발효된 협정 중 개성공단제품이 한국산으로 인정될 수 있는 무역협정은 한-싱가포르 등 8개인데, 그나마 한-미, 한-유럽연합, 한-터키 FTA 등은 한반도역외가공지역위원회를 구성해 품목별로 한국산 허용 여부를 결정하고 있다. 그러나 한-싱가포르 FTA를 제외한 다른 협정상의 역외가공지역위원회에서 개성공단제품을 한국산으로 인정해준 사례는 아직 한 건도 없었다. 이는 대북제재를 주도하고 있는 미국의 정책적 영향력이 크게 작용하기 때문이라고도 볼 수 있다. 따라서 미국 행정부의 정책적 변화가 선행되지 않고서는 한반도역외가공지역위원회를 통해 개성공단 제품에 대해 FTA혜택을 부여하기는 어려운 상황이다. 또한 현재의 미국 대북제재 법규는 간접적인 대북 수출·재수출에 대해서도 명시적으로 금지하고 있는바, 미국 정부의 전반적인 정책 선회와 함께 미 재무부 산하 해외자산통제국(OFAC)의 제재면제승인 등도 함께 진행되어야만 개성공단제품에 대한 유의미한 FTA혜택

부여가 가능할 것으로 보인다.

현재 개성공단 생산제품을 외국에 수출할 경우에는 국제관계상 원산지가 '북한산'으로 판정되는데, 미국은 명시적인 금지제품(예컨대 사치품이나 전략통제물품 등)에 대해서는 반입을 금지하고, 반입이 허가된 물품에 대해서도 다른 국가에 비해 높은 관세율을 적용하고 있다. 한편 일본과 EU 등은 북한산 품목에 따라서 다소 불리한 관세 혹은 쿼터제를 적용하므로 북한으로 표시된 제품에 대해서는 일부 국가로부터 관세상의 불이익을 당할 가능성이 있음을 유의하여야 한다. 반면 싱가포르로 수출되는 개성공업지구제품에 대해서는 한-싱가포르 FTA에 따라 남측으로 반입되어 한국산과 동일한 특혜관세가 부여된다. 한-싱가포르 FTA 제4.3조는 개성공단 또는 한반도의 여타 공업지구에서 생산된 것으로 양해되는 제품이 한국 영토를 거쳐 싱가포르에 수출되는 경우 원산지상품으로 인정하여 특혜관세를 부여하도록 규정했다. 이들 양해제품에 해당되는 제품은 HS 6단위 총 4,625가지 이며, 여기에는 농산물 등 완전생산품, 예술품 및 골동품 등 개성공단 등 남북합작 북한 경제특구에서 생산될 가능성이 없거나 생산 시에도 수출 가능성이 없는 품목 등을 제외한 전 품목이 포함되며, 추후 3개월 이전의 통보로 품목 추가도 가능하도록 규정되어 있다.

특수경제지대의 수출입 관련 법률

개성공업지구 수출입 관련 규정

개성공업지구의 경우에는 2003년에 제정된 '개성공업지구 세관규정'이 적용된다. 이에 따라 공업지구에 드나드는 개인과 운수수단 및 물자와 우편물은 세관이 설치된 곳으로만 통과할 수 있고 공업지구에서 기업, 지사는 세관등록을 하여야 생산 및 경영활동과 관련한 물자를 반출입할 수 있다(개성공업지구 세관규정 제3조, 제5조).

세관등록 및 수속

세관등록은 해당 기업 또는 지사(경우에 따라 대리인)가 기업창설 또는 지사설립승인을 받은 날로부터 20일 안에 기업 또는 지사등록증의 사본, 공인, 명판의 도안, 세관이 요구하는 문건을 첨부한 세관등록신청서를 세관에 제출하여야 한다(개성공업지구 세관규정 제10~12조). 세관은 세관등록신청서를 접수한 날로부터 7일 안에 해당 기업 또는 지사에 세관등록증을 발급하여주어야 한다(개성공업지구 세관규정 제13조).

공업지구와 남측지역 사이를 자주 오가는 운수수단(철도차량 제외)도 세관에 등록하여야 하며 운수수단등록증을 발급받아야 한다(개성공업지구 세관규정 제15~17조). 세관등록증, 운수수단등록증을 발급받은 기업, 지사 또는 개인은 세관과 공업지구관리기관이 협의하여 정한 요금을 세관에 납부하여야 한다(개성공업지구 세관규정 제40조).

물품반출입 신고 및 세관 신고

물자를 반출입하려는 기업, 지사와 개인은 품명, 수량, 규격, 가격과 출발지, 도착지, 송화인, 수화인 등을 기재한 물자반출입신고서를 세관에 제출(컴퓨터통신망 등 이용 가능)하여야 하고, 공업지구 외 북한 기관, 기업소, 단체에 위탁가공을 하려하는 경우에는 품명, 수량, 규격, 가공비와 위탁자, 수탁자, 가공기간, 가공장소 등을 기재한 가공물자반출입신고서를 세관에 제출하여야 한다(개성공업지구 세관규정 제18~19조).

열차로 수송하는 통과물자에 대한 세관신고는 공업지구 내 해당 철도역이 하고 남측 또는 다른 나라에서 보내온 우편물에 대한 세관신고는 공업지구 우편국이, 보내려는 우편물에 대한 세관신고는 해당 기업, 지사, 개인 또는 그 대리인이 한다. 외화의 경우에는 공업지구에서 세관신고 없이 반출입하나, 귀금속과 보석은 세관에 신고하여야 반출입할 수 있다(개성공업지구 세관규정 제20~23조).

한편 개성공업지구에서는 '개성공업지구 통관에 관한 합의서'가 적용되며, 개성공업지구세관에 반출·반입신고서를 제출하여야 하고, 금강산국제관광특구의 경우에는 금강산국제관광특구 세관규정에 따라 금강산국제관광특구 세관에 반출·반입신고서를 제출하여야 한다.

관세

관세의 기준가격은 해당 물자의 공업지구 도착가격으로 하고, 세관은 관세를 부과하려는 기업 또는 지사에 관세납부통지서를 발급하여야 하며, 관세납부통지서를 받은 기업, 지사는 지정된 은행에 관세를 납부하여야 한다. 이 경우 해당 은행으로부터 관세납부증을 받아 세관에 제출하여야 한다(개성공업지구 세관규정 제36~38조).

분쟁해결

공업지구의 세관사업에 대하여 의견이 있을 경우에는 세관에 신소할 수 있고, 세관은 신소접수일부터 15일 안에 처리하여야 한다(개성공업지구 세관규정 제43조).

남측 투자가의 경우

남측 투자가의 경우에는 '개성공업지구 통관에 관한 합의서'가 적용된다. 해당 합의서에 따르면, 쌍방은 남과 북을 왕래하는 차량(철도차량 제외)에 대하여 쌍방의 세관당국이 지정하는 세관에 사전등록하여야 하고, 등록된 차량에 대해서는 통행차량증명서를 발급받아 통행 시 출입확인을 받아야 한다(개성공업지구 통관에 관한 합의서 제4조).

공업지구에서 반출입되는 물자와 우편물에 대한 통관절차는 공업지구세관에서 담당하며, 공업지구세관은 기업의 요청에 따라 반출입물자에 대한 검사를 물자의 도착지 또는 출발지에서 실시하고 반출입물자에 대하여 모든 세금과 수수료를 부과하지 않는다(개성공업지구 통관에 관한 합의서 제6조).

남측의 열차·차량운행사무소에서는 반입물자에 대하여 사전에 제출받은 세관신고서류(반출입물자의 송하인, 수하인, 품명, 수량, 가격, 운송기간, 출발지, 도착지, 운송인)에 공업지구 반입물자임을 확인하여 운송인에게 교부하고, 공업지구세관에서는 반출물자에 대하여 사전에 제출받은 세관신고서류에 공업지구 반출물자임을 확인하여 운송인에게 교부한다(개성공업지구 통관에 관한 합의서 제7조).

공업지구에서 반출입되는 물자는 특별한 사정이 없는 한 컨테이너로 운송하고, 컨테이너는 출발하기 전에 공업지구 반출입물자임을 확인한 세관에서 봉인한다. 쌍방 세관은 컨테이너에 봉인한 경우 봉인번호를 세관에서 확인한 신고서류에 기재하여야 하고, 쌍방 세관은 열차·차량운행사무소에서 특별한 이유가 없는 한 세관신고서류와 세관봉인의 이상 유무를 확인하고 운송물자의 세관통과를 허용한다(개성공업지구 통관에 관한 합의서 제8조).

특수경제지대 수출입 관련 법률 비교

일반적으로 특수경제지대와 관련 법률에 수출입 관련 규정들을 포함하고 있지만, 황금평·위화도경제지대법은 라선경제무역지대법과 비교하여 보더라도 동일한 원산지관리규정, 반출입조건보장규정, 수출입장려규정, 특혜관세제도실시규정, 관세면제대상규정, 물자의 반출입신고제규정을 두고 있으나 그 외의 규정은 법률상 명시하고 있지 않다.

특수경제지대 수출입 관련 법률 비교

구분	라선경제무역지대법	개성공업지구법	금강산 국제관광특구법	경제개발구법
무역 활동	• 경제무역지대의 기업은가공무역, 중계무역, 보상무역 등 여러 형식의 무역활동 가능(45조)			
수출입 장려	• 경제무역지대의 기업 또는 다른 나라 개인업자는 지대 안팎의 기업과 계약을 맺고 상품, 봉사, 기술거래, 수출입대리업무 가능(66조)			
물품 반출입	• 물자의 자유로운 반출입 • 보관, 가공, 조립, 선별, 포장하여 다른 나라로 반출 가능(반출입금지물자제외)(76조)		• 정해진 금지품을 제외하고 경영활동과 관련한 물자를 자유롭게 반출입 가능(37조)	
반출입 조건 보장	• 통행검사, 세관, 검역기관 해당 기관은 인원, 운수수단의 출입, 물자반출입 신속 편리 보장(77조)	• 출입검사, 세관검사, 위생, 동식물 검역사업을 공업지구의 안전과 투자유치에 지장이 없도록 과학기술적 방법으로 신속하게 수행(34조)	• 검사, 검역기관은 국제관광특구의 안전과 출입에 지장이 없도록 검사, 검역사업을 과학기술적 방법으로 신속하게 수행(15조)	• 통행검사, 세관, 검역기관 해당 기관은 인원, 운수수단의 출입, 물자 반출입 보장(50조)
반출입 조건 보장			• 국제관광특구 개발, 기업활동에 지장이 없도록 물자의 반출입 조건을 원만히 보장(39조)	
반출입 신고	• 관세면제대상 물자의 반출입은 신고제로 함 • 관세면제대상 물자 반출반입 시 반출입 신고서를 정확하게 작성하여 해당 세관에 제출(57조)	• 물자반출입신고제(32조)		• 물자반출입신고제 • 물자반출입 시 반출입 신고서를 작성하여 해당 세관에 제출(57조)
물품 가격 결정	• 국제시장가격에 준하여 당사자들이 협의하여 정함(44조)	• 국제시장가격에 준하여 당사자들이 합의하여 정함(40조)		• 국제시장가격에 따라 당사자들이 협의하여 정함(43조)

구분	라선경제무역지대법	개성공업지구법	금강산 국제관광특구법	경제개발구법
원산지 관리	• 원산지관리기관이 경제무역지대법규 및 국제관례에 맞게 수행(35조)			
관세	• 특혜관세제도 실시 • 관세면제대상(54조) ①경제무역지대 개발에 필요한 물자 ②기업의 생산과 경영용 물자, 생산한 수출상품, ③가공·중계·보상무역을 목적으로 경제무역지대반입물자 ④투자가에게 필요한 사무용품과 생활용품 ⑤통과하는 다른 나라화물 ⑥다른 나라 정부, 기관, 기업, 단체, 국제기구기증물자 ⑦그 외 따로 정한 물자 • 관세면제대상 반입물자를 경제무역지대에서 판매하는 경우에는 관세 부과(55조) • 수입원료, 자재, 부분품에 관세 부과: 경제무역지대에서 생산한 상품을 수출하지 않고 지대 또는 지대 밖 북한 기관, 단체, 기업소에 판매하는 경우(56조)	• 공업지구 반출입물자, 북한의 기관·기업소·단체 위탁가공물자에 대해 관세 부과 면제 • 다른 나라에서 반입한 물자를 그대로 북한의 다른 지역에 판매하는 경우 관세 부과 가능(33조)	• 특혜관세제도 실시(38조) • 관세면제대상(38조) ①관광특구 개발과 기업경영에 필요한 물자 ②투자가에게 필요한 정해진 규모의 사무용품, 생활용품 • 관세면제대상 물자를 국제관광특구 외에서 판매하거나 국가에서 제한하는 물자를 국제관광특구 내에 반입하는 경우 관세 부과(38조)	• 특혜관세제도 실시 • 관세면제대상(56조) ①경제개발구 건설용물자 ②가공·중계·보상무역을 목적으로 반입한 물자 ③기업의 생산 또는 경영용물자, 생산수출상품 ④투자가가 쓸 생활용품 ⑤그 외 따로 정한 물자
기타	• 기업은 관세납부문건, 세관검사문건, 상품송장 등 문건을 5년간 보관(58조)			

출처: 북한 특구법의 수출입 관리 규정을 토대로 저자 작성

회계관리

▶▶▶▶▶

북한의 회계 관련 법제

회계법제 개요

북한의 회계법제는 크게 ① 회계법 등 북한의 기관, 기업소 단체에 일반적으로 적용되는 법제, ② 외국인투자기업회계법 등 지역에 관계없이 외국 기업 및 외국인투자에 관해 통상적으로 적용되는 법제, ③ 개성공업지구회계규정 등 특정 경제특구(라선경제무역지대, 황금평·위화도경제지대 등)에 한해 적용되는 법제로 분류할 수 있으며, 회계감사와 관련된 법제로 회계검증법, 외국인투자기업회계검증법, 개성공업지구회계검증규정 등이 있다.

북한은 외국투자기업의 회계처리에 대해 합영법(1984년 제정), 합작법(1992년 제정)에서 산발적으로 규정하고 있다가 1997년 외국투자기업 부기계산규정을 제정하여 보다 명확하게 정립했다. 현재는 2006년 10월 25일 최고인민회의 상임위원회 정령 제2037호로 채택된 이후 수차례 수정보충을 거친 외국투자기업회계법이 외국투자기업에 대한 회계처리에 대해 규정하고 있다. 개성공업지구관리기관에 등록한 기업에 적용되는 개성공업지구 회계규정은 2005년 6월 28일 최고인민회의 상임위원회 결정 제58호로 채택되어 남측 투자가에게 적용된다.

아래에서는 북한의 기관, 기업소, 단체에 일반적으로 적용되는 회계법은 제외하고, 실제로 외국투자기업의 회계실무에 필요하고 숙지해야 하는 외국투자기업회계법과 남측 투자가가 주로 적용받는 북남경제협력법 기반의 개성공업지구 회계규정을 중심으로 살펴보려고 한다.

외국투자기업회계법과 개성공업지구 회계규정

외국투자기업회계법은 외국투자기업 및 외국투자은행 등의 일반적인 회계처리를 규정하고 있는데, 구체적인 사항은 외국투자기업 부기계산규정에 위임하고 있다. 개성공업지구 회계규정은 개성공업지구관리기관에 등록한 기업의 회계처리를 규정하고 있는데, 구체적인 사항은 개성공단관리위원회가 작성하여 공고(2007호)한 개성공업지구 기업회계기준에 위임하고 있다. 두 규정의 세부 내용은 표와 같다.

외국투자기업회계법과 개성공업지구 회계규정

구분	외국투자기업회계법	개성공업지구 회계규정
적용대상	• 외국투자기업, 외국투자은행, 3개월 이상 지속적인 수입이 있는 외국 기업의 지사, 사무소, 대리점 같은 외국투자기업(제2조) • 외국투자기업에는 합영기업, 합작기업, 외국인기업 포함(부기계산규정 제10조)	• 공업지구관리기관에 등록된 기업(공업지구 내 사업을 영위하는 남측 투자가)(제2조)
대상기업의 규모 제한	• 규모의 제한이 없음	• 공업지구관리기관에 등록되지 않은 총투자액이 US 100만달러 이상이거나 지난 연도의 판매 및 봉사수입금이 US 300만달러 이상 되는 지사, 영업소와 개인업자도 적용 대상임(제2조)

구분	외국투자기업회계법	개성공업지구 회계규정
자본에 대한 규정	• 자본은 등록자본금, 예비기금, 자체기금, 처리하지 못한 이윤으로 구분함(부기계산규정 제22조)	• 자본은 자본금, 자본잉여금, 이익잉여금, 자본조정으로 구분함(제25조)
기본 화폐단위	• 북한 원화. 단, 중앙재정지도기관의 승인을 받고 화폐단위 외화로 가능하나 회계결산서는 북한 원화로 환산하여 작성(제4조)	• 미국 달러화(제4조)
주요 재무재표	• 재정상태표, 손익계산서, 이윤분배계산서 또는 손실처리계산서, 현금유동표(제32조)	• 대차대조표, 손익계산서, 이익처분계산서 표 또는 손실처리계산서, 현금유동표(제29조)
회계연도	• 1월1일부터 12월 31일(제3조)	• 1월1일부터 12월 31일 (제5조)
회계장부	• 분기일기장, 종합계시원장, 세분계산장부(제17조)	• 종합계산장부(분기일기장과 계시원장), 세분계산장부(제18조)
재산의 구분	• 유동재산, 고정재산(유형의 고정재산과 무형의 고정재산), 투자재산, 연상재산(부기계산규정 제17조)	• 유동재산과 고정재산(제25조) • 고정재산은 투자재산, 유형고정재산, 무형고정재산(개성공업지구 기업회계기준 제16조)
회계 감독기관	• 중앙재정지도기관(제55조) • 회계검증은 외국투자기업회계검증사무소(제7조)	• 중앙공업지구지도기관(제45조) • 회계검증은 공업지구회계검증사무소(제33조)
회계사업 담당자	• 회계사업 해당 자격자(제6조) • 책임은 외국투자기업의 책임자와 회계부서의 책임자(제34조)	• 회계원, 계산원, 출납원 같은 회계일군(제3조) • 책임은 기업 책임자와 회계부서의 책임자(제9조, 제32조)
장부와 전표양식	• 중앙재정지도기관이 통일적으로 정함(부기계산규정 제5조)	• 공업지구관리기관이 중앙공업지구지도기관과 협의하여 정함(제35조)
회계결산 문건	• 재정상태표, 손익계산서에 따르는 보조명세표, 재정상태설명서(제32조)	• 업종에 따른 원가명세서, 회계내용에 대한 해석(제29조)
회계결산서 정의	• 재정상태표는 기업의 재정상태를 재산면과 채무 및 자본면으로 갈라 종합하고 대조하는 균형표 • 손익계산표는 기업의 일정한 기간의 경영활동 결과를 수입과 지출 항목별로 갈라 종합하고 대조하여 손익을 확정하는 표(부기계산규정 제31조)	• 회계결산서는 결산기간에 발생하는 경제거래에 기초하여 주기별로 기업의 재정상태, 경영성적, 손익처분, 현금유동의 결과와 원인을 반영하는 회계문건 • 회계결산서에는 결산서, 결산서주해, 재정상태설명서가 속함(제40조)
규정에 없는 사항에 대한 회계처리	• 회계 관련 법규에서 정하지 않은 사항은 국제적으로 인정되는 회계관습에 따름(제9조)	• 이 규정에서 정하지 않은 사항은 국제적으로 인정되는 회계관습에 따름(제7조)

출처: 북한의 회계 관련 법령을 토대로 저자 작성

앞의 두 규정 외에 라선경제무역지대 외국인투자기업회계규정을 살펴보면, 현대적인 회계규정 도입을 위한 개정작업을 지속하고 있음을 알 수 있다. 일례로 라선경제무역지대 외국인투자기업회계규정은 미확정거래의 기록에 관한 규정을 도입했고(라선경제무역지대 외국인투자기업회계규정 제20조), 회계프로그램 이용에 대한 규정도 도입했다(라선경제무역지대 외국인투자기업회계규정 제30조). 또한 이러한 내용이 수정보충된 외국투자기업회계법에도 반영되었으며(외국투자기업회계법 제26조, 제36조), 다른 경제특구의 회계규정에도 적용이 예상된다.

합영법, 합작법 회계규정

합영법은 합영기업의 회계계산을 외국인투자기업에 적용하는 재정회계법규를 따르도록 규정하고 있으며, 합작법은 합작기업의 회계결산에 대해 구체적인 규정을 두고 있지 않다. 따라서 위에서 살펴본 외국투자기업회계법 등과 큰 차이가 없을 것으로 보인다. 회계 관련 합영법 및 합작법을 정리하면 다음과 같다.

합영법과 합작법의 회계 관련 규정

구분	합영법	합작법
제정	1984. 9. 8.	1992. 10. 5.
최종 개정	2014. 10. 8.	2014. 10. 8.
적용대상	합영기업	합작기업
결산연도	1월 1일~12월 31일(33조)	1월 1일~12월 31일(합작법 시행규정 제93조)
재정검열	재정검열원의 임명 및 해임(이사회의 권능)(17조)	규정된 바 없음
회계계산	외국인투자기업에 적용하는 재정회계법규에 따름(30조)	규정된 바 없음

구분	합영법	합작법
회계결산	분기 및 연간 결산문건를 정해진 기간(분기가 끝난 다음 달 15일까지, 결산연도가 끝난 다음 해 2월) 안에 중앙재정기관과 중앙경제협조관리기관(지대에서는 지대관리기관)에 제출(시행규정 제120조)	좌동(시행규정 제102조)
기타 감독통제	규제하지 않은 사항은 북한의 다른 해당 법규에 따름(8조)	이 규정에 규제되지 않은 사항은 북한의 해당 법과 규정에 준함(시행규정 제13조)

출처: 북한 합영법, 합작법을 토대로 저자 작성

재무제표[31]와 관련 규정

재정상태표(대차대조표)

외국투자기업회계법상 재정상태표와 개성공업지구 회계규정상 대차대조표는 재정상태를 재산, 채무, 자본으로 구분한다. 재산과 채무는 1년을 기준으로 유동재산과 고정재산, 유동채무와 고정채무로 구분하고, 항목은 유동성이 큰 항목부터 유동성배열법에 따라 계시식으로 배열한다(외국투자기업회계법 제27조, 개성공업지구 회계규정 제25조).

손익계산서

손익계산서는 손익을 판매손익, 영업손익, 경상손익, 기업소득세덜기전손익(법인세차감전순손익)과 당기순손익으로 구분한다. 수입과 비용을 발생기간별로 나누어 그 발생 원천에 따라 구분하고 총액으로 표시한다(외국투자기업회계법 제28조, 개성공업지구 회계규정 제26조).

31 재무제표란 기업의 재무상태와 경영성과를 회계기준에 따라 보여주는 보고서로, 대차대조표, 손익계산서, 손익처분계산서, 현금유동표 등을 통칭한다.

손익처분계산서(이익영여금처분(결손금처리)계산서)

손익처분계산서는 이익잉여금과 손실금의 처분사항을 정확히 보고하기 위하여 조월이익잉여금 또는 조월손실금의 총변동사항을 표시하는 회계결산서로, 미처분이익액(미처리손실액), 자체기금인입액, 이익처분액(손실처리액), 다음연도 조월(이월)이익액(조월손실액)으로 구성된다(외국인투자기업회계법 제29조, 개성공업지구 회계규정 제27조, 개성공업지구 기업회계기준 제76조).

현금유동표(현금흐름표)

현금유동표는 기업의 현금유동을 나타내며, 현금의 변동 내용을 정확히 보고하기 위하여 해당 회계연도에 속하는 현금의 유입과 유출 내용을 적절히 표시하는 회계결산서다. 이 표는 영업활동, 투자활동, 재정활동에 따라 구분하며, 현금의 기초잔고와 기간증감액을 합계하여 기말잔고로 표시한다. 또한 현금수입과 지출항목을 증가와 감소에 따라 상쇄하지 않고 총액으로 표시한다(외국인투자기업회계법 제30조, 개성공업지구 회계규정 제28조, 개성공업지구 기업회계기준 제80조).

회계검증의 원칙과 규정

회계검증 일반 원칙

북한에서는 외국투자기업에 대한 회계검증과 관련하여 4가지 일반 원칙을 공표했다.

첫째, 외국투자기업에 대한 회계검증은 외국투자기업회계검증법과 해당 법규에 따라 수행해야 하며, 회계검증 분야에서 국제적으로 인정되고 있는 관습도 적용할 수 있다(외국투자기업회계검증법 제4조). 이는 회계검증 실무에서 가장 중요한 요구다.

둘째, 회계검증은 외국투자기업의 경제활동에 대한 회계계산자료의 정확성과 합법성, 회계계산제도의 질서 확립을 목적으로 수행되어야 한다(외국투자기업회계검증법 제1~2조). 이는 회계의 본질인 재정적 실리보장과 관련된다. 회계계산제도의 질서 확립을 위해 회계계산 결과에 대한 감독은 매우 중요하다. 외국투자기업에서 작성한 회계결산서와 회계문건이 사실과 맞지 않거나 법규범에 어긋나는 경우 국가적 관점에서 재정상태, 경영수지, 예산수지와 같은 중요한 회계지표를 통제할 수 없으며, 나아가 재정적 실리를 정확히 측정할 수 없게 된다.

셋째, 회계검증은 모든 외국투자기업이 회계검증주기(분기, 반기, 연간)에 따라 의무적으로 받아야 한다(외국투자기업회계검증법 제22조·제26조, 개성공업지구 회계검증규정 제28조). 물론 경영활동상 필요한 경우 비주기적으로 회계검증을 신청하여 받을 수 있다. 다만 외국투자기업의 창설·통합·분리·재투자·해산 등 구조조정이 있는 경우, 또는 이윤분배금과 투자상환금, 청산분배금을 지출하는 경우, 그리고 고정재산을 폐기·양도·저당하려는 경우에도 의무적으로 회계검증을 받아야 한다. 외국투자기업의 기업 책임자 또는 재정회계 책임자가 새로 임명되었을 경우에도 회계검증을 받을 수 있다(외국투자기업회계검증법 제22~36조).

넷째, 회계검증원은 회계검증 과정에서 알게된 비밀을 엄격히 지켜야 한다(외국투자기업회계검증법 제19조). 회계검증 과정에서는 생산조직과 경영실태, 기술상태를 비롯하여 외국투자기업의 경영활동 전반에 관한 많은 정보를 얻게 된다. 회계검증이 회계결산서의 정확성과 합법성을 검토 및 확인하기 위한 것이므로 해당 조직의 사업과 관련한 많은 정보가 유출되지 않도록 유의하여야 한다.

회계검증규정

북한에 투자하는 외국투자기업에 대한 회계검증의 구체적 내용은 외국투자기업회계검증법에 나와 있으며, 그 외 북남경제협력법을 기반으로 남측 투자가에게 적용되는 개성공업지구 회계검증규정 등에 기술되어 있다. 위 규정

각 회계검증별 정의

구분	정의
투자검증	투자가가 출자한 재산실적의 정확성과 합법성, 효과성을 검토, 확인하는 사업
결산검증	외국투자기업이 결산기간마다 제출하는 회계결산서의 정확성과 합법성을 검토, 확인하는 사업
계산검증	기업의 경영활동에 대한 회계의 기록과 계산자료의 정확성과 합법성을 일상적으로 검토, 확인하는 사업
청산검증	기업의 해산 또는 파산과 관련하여 청산위원회가 작성한 청산보고서의 정확성을 검토, 확인하는 사업
인수인계검증	기업 책임자 또는 재정회계 책임자가 새로 임명되었을 경우 그 당시 기업의 재정상태의 정확성을 검토, 확인하는 사업
대외협조검증	국제기구나 다른 나라 정부, 단체, 기업으로부터 받은 무상기증물자 또는 자금의 이용정형을 해당 기관의 의뢰에 따라 검토, 확인하는 사업
송금검증	외국 투자가에게 이윤분배금과 투자상환금, 청산분배금 같은 해당 금액을 지출하는 경우 그 정확성과 합법성을 확인하는 사업
고정재산변경검증	등록된 고정재산을 폐기, 양도, 저당하는 경우 해당 고정재산변경의 정확성과 합법성을 검토, 확인하는 사업

출처: 북한의 외국투자기업회계검증법을 토대로 저자 정리

들을 기반으로 하는 회계검증은 투자검증, 결산검증, 계산검증, 청산검증, 인계인수검증, 대외협조검증, 송금검증, 고정재산변경검증으로 구성되어 있으며, 그 정의는 앞의 표와 같다(외국투자기업회계검증법 제2조).

개별 경제특구 및 관광특구[32]내 적용되는 회계검증규정은 회계검증을 받아야 한다고 규정하고 있으나, 회계검증의 방법이나 담당기관 등에 대해서는 구체적으로 언급하고 있지 않다. 특구 내 회계검증에 대한 세부적 내용은 외국투자기업의 형태에 따라 합영법, 합작법, 외국투자기업회계법, 외국투자기업회계검증법에 따르는 것으로 보인다.

한편 개성공업지구의 경우 투자검증, 결산검증, 청산검증 중에서 남측 회계법인을 통한 결산검증이 이루어졌고, 2015년 중반 이후 북측은 개성공단 내 남측 자산의 정확한 규모 파악을 위해 유형자산 실사 등을 기반으로 한 투자검증 추진에 대해 남측과 관련 회의를 진행한 바 있다. 그러나 개성공단 폐쇄로 실제 투자검증이 이루어지지 못했다.

회계검증 관련 주요 내용

구분	외국투자기업회계검증법	개성공업지구 회계검증규정
회계검증 준거규정	• 명시적인 규정 없음	• 공업지구 회계검증규정, 공업지구 회계규정, 기업재정규정, 세금규정 같은 관련 규정(제3조)
회계검증기관	• 외국투자기업회계검증기관 • 중앙회계검증지도기관의 승인을 받은 경우에는 국제적으로 공인된 다른 나라 회계검증사무소나 공인회계사도 외국투자기업에 대한 회계검증을 할 수 있음(제3조)	• 공업지구 회계검증사무소 • 회계검증사무소는 유형자산에 대한 감정평가도 하며, 공업지구관리기관을 통하여 중앙공업지구지도기관에 제출함(제2조, 제36조)

32 신의주특별행정구기본법 제26조, 라선경제무역지대 외국투자기업회계검증규정, 개성공업지구 회계검증규정 외 다른 특구 관련 법률에는 회계검증 관련 절차가 규정되어 있지 않음

구분	외국투자기업회계검증법	개성공업지구 회계검증규정
회계검증대상	• 투자검증: 새로 창설하는 기업은 조업 전에, 통합·분리되는 기업은 기업창설승인기관에 변경등록을 한 날로부터 2개월 안으로, 재투자하는 기업은 투자가 끝난 날로부터 1개월 안으로 회계검증기관에 투자검증신청서를 내야 하고(제23조), 회계검증기관은 투자검증신청서를 접수한 날로부터 30일 안으로 검증을 끝내고 투자검증보고서를 작성하여 의뢰자와 해당 기관에 보내야 함(제25조) • 결산검증: 기업은 반년, 연간회계결산서에 대한 결산검증을 받아야 하며, 결산검증신청은 검증주기에 따라 회계연도가 끝난 다음해 1월 안으로, 반년이 지난 다음 달 15일 안으로 하여야 하고, 새로 조업하려는 기업은 영업허가증을 받은 날로부터 30일 안으로 조업전결산검증을 받아야 함(제26조), 회계검증기관은 결산검증신청서를 접수한 날로부터 30일 안으로 검증을 끝내고 보고서를 작성하여 의뢰자와 해당 기관에 보내야 함(제28조) • 청산검증: 기업해산과 관련하여 조직된 청산위원회는 청산보고서를 작성한 다음 기업 재산을 청산하기 전에 회계검증기관의 청산검증을 받아야 하며, 파산되는 기업의 경우에는 해당 재판소의 의뢰에 따라 청산검증을 받음(제29조). 청산보고서를 접수한 회계검증기관은 의뢰한 기관과 합의한 기간 안에 검증을 끝내고 검증보고서를 작성하여 의뢰자와 해당 기관에 보내야 함(제30조) • 인수인계검증: 기업 책임자 또는 재정회계책임자가 새로 임명되었을 경우에는 필요에 따라 인계인수검증을 받을 수 있으며(제32조), 인계인수검증을 받으려는 기업은 그 사유가 발생한 날로부터 5일 안으로 인계인수하여야 할 재정상태에 대한 실사를 하고 인계인수검증신청을 하여야 함(제33조) • 송금검증: 기업은 외국 투자가 이윤분배금과 투자상환금, 청산분배금을 지출하는 경우 회계검증기관에 송금검증을 의뢰하여야 하고, 이 경우 송금검증의뢰서에 회계결산서, 계약서사본을 첨부함(제34조)	• 공업지구관리기관에 등록된 기업과 총투자액이 US 100만달러 이상 되거나 지난 연도 판매 및 봉사수입금이 US 300만 달러 이상 되는 지사, 영업소, 개인업자(이하 '기업')는 회계검증을 의무적으로 받아야 하나, 이에 해당하지 않는 기업은 연간회계결산서에 대한 검증을 받지 않을 수 있음(제4조) • 기업은 회계검증을 제때 정확히 받아야 하며, 회계검증에는 투자검증, 결산검증, 청산검증이 속함(제23조) • 투자검증: 새로 창설되거나 통합·분리되는 기업, 총투자액의 10% 이상을 재투자하는 기업은 투자검증을 받아야 하며, 투자검증을 받지 않았을 경우 출자증서의 발급, 이윤분배, 투자상환 같은 것을 할 수 없음(제24조). 투자검증은 기업이 작성한 투자보고서에 대해서 하며, 기업창설투자에 대한 검증은 조업을 시작한 날로부터 3개월 안으로, 통합, 분리에 대한 검증은 기업변경등록을 끝낸 날로부터 2개월 안으로, 재투자에 대한 검증은 해당 투자를 끝낸 날로부터 1개월 안으로 함(제25~26조) • 결산검증: 기업은 회계연도가 끝난 다음 2개월 안으로 연간회계결산서를 회계검증사무소에 내야 하나, 회계업무량이 특별히 많은 기업은 회계검증사무소의 승인을 받고 회계연도가 끝난 다음 3개월 안으로 연간회계결산서를 낼 수도 있음(제29조). 회계검증원은 결산검증 결과를 종합하여 회계검증보고서와 세무조정계산서를 작성하여야 하며, 회계검증보고서에는 회계결산서에 대한 설명서와 재정상태설명서를 첨부하여야 함(제30조). 회계검증사무소는 회계연도가 끝난 다음 3개월 안으로 기업의 연간회계결산서에 대한 검증을 끝내야 하며, 부득이한 사정으로 회계검증을 끝낼 수 없을 경우에는 그 이유와 연장기간을 공업지구세무소에 통지하여야 함(제33조)

구분	외국투자기업회계검증법	개성공업지구 회계검증규정
회계검증대상	• 고정재산변경검증: 기업은 고정재산을 폐기, 양도, 저당하려는 경우 회계검증기관에 고정재산변경검증을 의뢰하여야 하며, 이 경우 고정재산변경검증의뢰서와 회계처리설명서, 해당 증빙문건을 냄(제35조) • 대외협조검증: 회계검증기관은 해당 기관 또는 기업의 의뢰에 따라 국제기구 또는 다른 나라 정부, 단체, 기업으로부터 받은 무상기증물자, 자금의 이용 및 지출정형에 대하여 검증할 수 있음(제36조)	• 청산검증: 청산검증대상은 해산 또는 파산되는 기업의 청산보고서이며, 청산보고서에는 청산재정상태표, 채권채무명세표, 자금원천분배표, 재산실사표, 국가납부표 같은 것이 속함(제34조). 해산 또는 파산되는 기업은 청산사업을 끝낸 날로부터 1개월 안으로 청산보고서에 대한 회계검증을 받아야 하며, 청산검증을 받지 않았을 경우에는 기업에 조직된 청산위원회의 사업을 종결할 수 없으며 기업등록을 삭제할 수 없음(제35조) • 회계검증사무소는 투자검증보고서, 결산검증보고서, 청산검증보고서의 사본을 해당 검증을 끝낸 날로부터 7일 안으로 공업지구관리기관을 통하여 중앙공업지구지도기관에 내야함(제36조)
회계검증 내용	• 결산검증에서 검토, 확인할 내용은 아래와 같음(제27조) ①정해진 회계계시와 회계계산 방법을 적용하였는가 ②기업의 등록자본금이 투자검증에서 확증한 금액과 일치하는가 ③재정상태표의 항목별금액이 허위기록되지 않았는가 ④수입과 지출이 누락되거나 과장, 은폐되지 않았는가 ⑤이윤계산과 분배 방법을 정확히 적용하였는가 ⑥세금과 기타 납부금을 정확히 계산하였는가 ⑦회계결산서의 기본표와 부표가 정확한가 ⑧기타 회계 관련 법규를 지켰는가 • 부기검증은 부기계산문건(재정상태표, 손익계산서, 원가계산서, 생산 및 판매와 관련한 계산서, 이윤 및 분배 계산서, 고정재산감가상각금계산서, 관리비계산서, 송금환자계산서와 같은 계산문건), 투자몫 및 투자실적과 관련한 문건, 노임계산문건, 세금계산문건, 원금의 상환과 이자계산지불 문건, 이밖의 부기계산문건에 대하여 하며, 기업의 해산과 파산, 병합, 분리, 분쟁과 관련하여 제기되는 문건의 정확성을 확정하는 사업도 부기검증 대상에 포함됨(부기검증규정 제14조)	• 회계결산서의 설명서에 반영할 사항은 다음과 같음 (제31조) ①공업지구 회계 관련 규정에 부합되지 않는 사항 ②주요 회계정책 및 예측과 그 변경정형 ③우발사항과 결산 후 발생한 경제거래정형 ④중요 재산의 처분정형 ⑤기업의 통합, 분리정형 ⑥회계결산서의 중요 항목 ⑦회계결산서의 이해와 분석에 필요한 자료 • 재정상태설명서에 반영할 사항은 다음과 같음(제32조) ①중요 생산 및 경영상태 ②이윤의 확정과 분배상태 ③자금의 증감과 회전상태 ④재정상태, 경영성적, 현금유동에 영향을 주는 요인 ⑤대차대조표의 이해와 분석에 필요한 자료

구분	외국투자기업회계검증법	개성공업지구 회계검증규정
회계검증 세부 절차와 방법	• 제23~39조, 부기검증규정 제15~24조에서 상세히 규정	• 회계검증규정 제24~36조에서 상세히 규정
회계검증 주기	• 회계결산 시(반기, 연간)(제26조) • 기타 비정기적인 검증은 해당 사유가 발생한 경우	• 기업은 연간회계결산서에 대한 검증을 의무적으로 받아야 하며, 월, 분기, 반년 회계결산서의 검증은 기업의 신청에 따름(제28조)
회계검증 요금	• 회계검증을 받은 기업은 회계검증 또는 봉사와 관련하여 정해진 요금을 내야 함(제41조). • 부기검증, 상담, 검사와 관련한 요금은 국가가격제정기관이 정함(부기검증규정 제25조)	• 회계검증사무소는 회계검증, 상담과 관련한 검증료 또는 봉사료를 받을 수 있으며, 검증료와 봉사료의 기준을 정하는 사업은 공업지구관리기관이 함(제20조)
회계검증 감독통제기관	• 회계검증사업에 대한 감독통제는 중앙회계검증지도기관과 해당 감독통제기관이 하며, 중앙회계검증지도기관과 해당 감독통제기관은 회계검증사업을 법규의 요구대로 하도록 감독통제하여야 함(제42조)	• 공업지구에서 회계검증에 대한 감독통제는 중앙공업지구지도기관이 하며, 중앙공업지구지도기관은 회계검증정형을 정상적으로 감독통제하여야 함(제37조)
회계검증상 벌금 및 연체료	• 기업이 다음과 같은 행위를 하였을 경우에는 벌금을 물림(제45조) ①투자검증을 받지 않고 출자자에게 출자증서를 자체로 발급하였을 경우 ②이윤분배, 투자상환, 청산재산의 분배를 해당 재정기관에 등록한 방식대로 하지 않았을 경우 ③정당한 근거 없이 결산검증을 받지 않았거나 검증기일을 지키지 않을 경우 ④회계검증신청문건을 거짓으로 꾸몄을 경우 ⑤법규의 요구대로 회계검증질서를 지킬 데 대한 정당한 요구에 응하지 않았을 경우	• 벌금을 적용하는 경우는 다음과 같음(제40조) ①업무기록장부를 작성하지 않았거나 정확하게 작성하지 않았을 경우에는 US 3,000달러까지의 벌금 ②손해보상준비금을 적립하지 않았거나 다른 용도에 썼을 경우에는 US 5,000 달러까지의 벌금 ③회계검증 과정에서 알게 된 비밀을 누설하였거나 이해관계가 있는 기업의 회계검증을 하였을 경우에는 US 5,000 달러까지의 벌금 ④회계검증보고서에 기록하여야 할 내용을 기록하지 않았거나 사실과 맞지 않게 기록하였을 경우에는 US 10,000 달러까지의 벌금 ⑤대가를 약속하고 사실과 맞지 않게 회계검증을 하였을 경우에는 해당한 물품을 몰수하고 US 15,000달러까지의 벌금 • 벌금을 제때 물지 않았을 경우에는 매일 벌금액의 0.05%에 해당한 연체료를 물리며, 연체료 계산은 중앙공업지구지도기관이 벌금통지서를 발급한 다음 7일이 지난 날부터 함(제41조)

출처: 북한의 회계 관련 규정을 토대로 저자 작성

조세관리

북한의 조세기준과 특례

북한이 1948년 제정한 〈조선민주주의인민공화국 사회주의헌법〉 제29조는 "공민은 그 경제적 형편에 따라서 조세를 납입하여야 한다"라고 하여 내국인의 납세의무를 규정했다. 그 후 1972년 6차 개정된 헌법 제33조에서는 "국가는 낡은 사회의 유물인 세금제도를 완전히 없앤다"고 공표했고, 1992년 7차 개정 시 제25조에서 "세금이 없어진 우리나라에서"라고 규정하여 내국인에 대해서는 세금을 부과하지 않았다.

북한은 외국투자기업과 외국인에 대해서는 세금을 부과하고 있다. 북한은 합영회사의 이익에 대한 과세권 확보를 위해 1985년 합영회사소득세법과 외국인소득세법을 제정했다. 이 두 법에서는 기업소득세와 개인소득세에 해당하는 합영회사소득세와 외국인소득세 규정을 두고 있다.

한편 북한은 경제특구방식의 경제개방정책을 표명하고 관련 법제도를 정비했으며, 외자유치의 다양성을 추구하기 위한 법적, 제도적 장치를 마련했다. 1991년 12월 라진·선봉지역을 자유경제무역지대로 선포했고, 1992년 10월 외국인투자법, 합작법, 외국인기업법 등을 제정했으며, 같은 해 사회주의헌법 개정과 외국투자유치 다양화를 지원하기 위한 관련 법령 및 제도를 정비하고, 외국인투자에 대한 기본적 조세제도를 도입하여 조세감면과 같은 세제지원 혜택을 두었다. 이후 1993년 1월 외국투자기업과 외국인을 대상으로 하는 외국인투자기업 및 외국인세금법을 제정하여 개별적으로 법률에 따라 시행했던 각종 세금 관련 제도를 통일했다. 동법은 2000년대 이후 수차례 개정되었고 현재까지 북한 조세제도의 근간으로 작용해온바, 라진·선봉지역의 특구법과 함께 북한에서 경제특구 관련 법들의 모법으로 작용하고 있다.

북한은 경제특구 등에 대한 세금제도로 2003년 9월 18일 최고인민위원회 상임위원회 결정 제1호로 개성공업지구에 적용되는 개성공업지구 세금규정을 제정했고, 2012년 6월 27일 최고인민위원회 상임위원회 결정 제95호로 금강산국제관광특구에 적용되는 금강산국제관광특구 세금규정을 제정했다. 라선경제무역지대에 대하여는 별도의 세금규정을 두지 않고 외국인투자기업 및 외국인세금법을 적용하고 있다. 이와 같은 북한의 조세제도를 보면, 외국투자기업과 외국인에 대해서는 일반법으로 볼 수 있는 외국인투자기업 및 외국인세금법이 적용되고, 개성공업지구와 금강산국제관광특구 등 조세에 관한 특별규정이 제정된 지역에서는 각 규정이 우선하여 적용된다고 볼 수 있다.

한편 북한은 11개 국가와 조세조약을 체결했고, 그중 러시아 등 7개 국가와는 체결한 조세조약을 시행 중인 것으로 알려져 있다. 외국인투자기업 및 외국인세금법 제7조는 외국투자기업과 외국인에 대해서는 조약을 우선하여 적용하도록 규정하고 있다. 남한과는 '남북 사이의 소득에 대한 이중과세방지합의서'가 체결되었고, 남북교류협력에 관한 법률에서 소득세, 법인세, 부가가치세 등에 관한 특례를 규정하고 있다.

조세의 체계와 세목

북한은 사회주의헌법에 따라 내국인에 대해 공식적으로 세금을 부과하지 않으며, 외국투자기업 및 외국인, 남북경제협력사업에 대해서는 세금을 징수하고 있다. 북한은 외국인을 대상으로 외국인투자기업 및 외국인 세금법에 따라 소득세(기업소득세, 개인소득세), 재산세, 상속세, 거래세, 영업세, 자원세, 지방세(도시경영세, 자동차이용세) 등 총 9개 세목에 대해 세금을 부과하고 있다. 각각의 내용은 다음과 같다.

- 소득세: 기업소득세와 개인소득세로 나뉘어 있으며, 우리나라의 법인세와 소득세에 해당
- 재산세: 건물과 동산(비행기, 선박)을 소유하고 있는 기업과 개인에 대해 과세되는 조세
- 상속세: 재산을 상속받은 자에 대하여 과세되는 조세
- 거래세와 영업세: 우리나라의 부가가치세와 유사하며, 재화의 거래에 과세되는 거래세와 용역의 제공에 따라 과세되는 영업세가 있음
- 자원세: 광물자원, 동식물자원, 수산자원, 물자원 같은 자연자원에 대해 과세되는 조세
- 지방세: 도시경영세와 자동차이용세(개성공업지구 세금규정과 금강산국제

북한의 조세체계

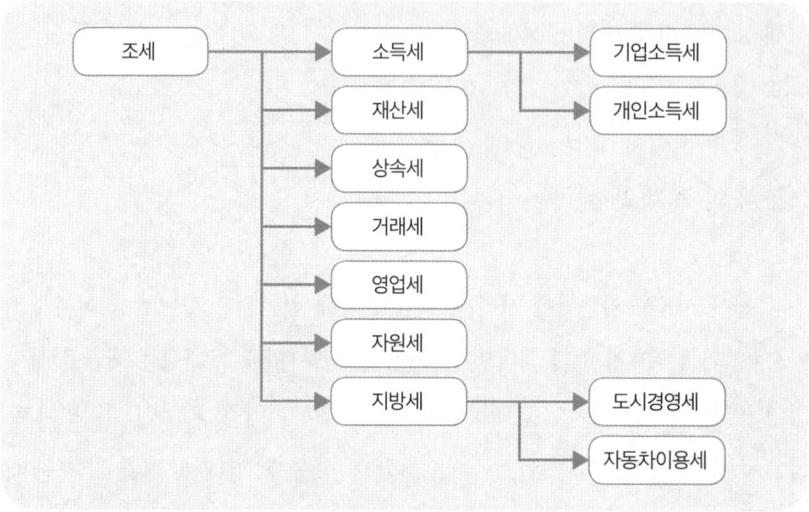

출처: 북한의 외국인투자기업 및 외국인세금법을 토대로 저자 작성

관광특구 세금규정에서 지방세로 분류함)가 있음

조세 관련 규정

북한은 합영법 제정을 통해 외국투자기업 및 외국인에 대한 조세제도를 구축했고, 이후 제정된 대부분의 조세제도가 외국인투자기업 및 외국인세금법을 근간으로 정립되었다. 동 규정에 의한 과세대상의 대부분은 외국 투자가(중국 등)와 남측 투자가이며, 대규모 경제특구의 운용실적과 실질적 운용경험은 개성공업지구 사례가 유일한 상황이다. 한편 각 특구별 특례사항을 제외하면 특구 내의 기업들은 각 형태(합영기업, 합작기업, 주식회사)에 따라 합영

법과 합작법, 외국투자기업법을 적용받는다.

여기에서는 외국 투자가가 적용받는 외국인투자기업 및 외국인세금법 일반규정, 주로 남측 투자가가 적용받는 금강산국제관광특구 세금규정과 개성공업지구 세금규정의 일반규정, 일부 세금 관련 규정을 포함하고 있는 합영법과 합작법, 외국인기업법을 살펴보기로 한다.

각 조세별 일반규정

구분	외국인투자기업 및 외국인세금법	금강산국제관광특구 세금규정	개성공업지구 세금규정
세무 사업지도 기관	• 중앙세무지도기관과 해당 세무기관(제2조)	• 금강산국제관광특구세무서와 국제관광특구지도기관(제12조)	• 개성공업지구세무소와 중앙공업지구지도기관(제3조)
세무등록 및 관리	• 외국인투자기업이나 외국인이 기업을 창설하거나 통합, 분리, 해산할 경우 등록한 날로부터 20일 안에 소재지나 거주지의 해당 재정기관에 세무등록, 변경, 취소 수속(라선경제무역지대에서는 15일)(시행규정 제4조) • 공화국 영역 안에 180일(라선경제무역지대에서는 90일) 이상 체류하거나 거주하는 외국인은 해당 세무기관에 세무등록(시행규정 제4조) • 세무등록을 하였을 경우에는 세무등록을 한 날로부터 10일 안으로 신청자에게 세무등록증을 발급(시행규정 제6조)	• 기업등록증을 발급받은 날로부터 15일 안에 해야 함(제3조) • 통합, 분리되었거나 등록자본 및 업종이 변경된 기업은 금강산국제관광특구관리위원회에 변경등록을 한 날로부터 10일 안으로 세무소에 변경등록(제4조) • 세무등록: 국제관광특구에 체류하거나 거주하면서 소득을 얻은 개인은 체류 또는 거주승인을 받은 날 부터 20일 내 세무소에 세무등록 신청서를 내고 세무등록 실행(제5조)	• 기업등록증을 발급받은 날로부터 20일 안에 해야 함(제4조) • 기업의 세무변경등록은 통합· 분리되었거나 등록자본 업종 같은 것을 변경등록한 날로부터 20일 내, 해산되는 기업의 세무등록 취소는 해산 20일 전까지 실행(제5조) • 개인의 경우에는 공업지구에 182일 이상 체류할 경우에는 20일 안에 해야 함(제6조) • 세무등록증발급은 세무등록신청서를 접수한 날로부터 3일 내 발급(제7조).
세금의 납부	• 기업소득세: 분기별 예정납부(분기가 끝난 다음 달 15일 내), 연간결산 확정납부, 기타소득(소득 발생시점으로부터 15일 내)(제13~15조)	• 기업소득세: 분기별 예정납부(분기가 끝난 다음 달 15일 내), 연간결산 확정납부(회계연도 종료 후 3개월 내), 기타소득(소득 발생시점의 15일 내)(제16조, 제21조)	• 기업소득세: 중간예납(영업 시작 6개월이 지난 다음 2개월 내 예정납부), 연간결산 확정납부(회계연도 종료 후 3개월 내(제25조, 제27조)

구분	외국인투자기업 및 외국인세금법	금강산국제관광특구 세금규정	개성공업지구 세금규정
세금의 납부	• 개인소득세: 노동보수소득(원천징수 형태의 경우 공제하여 지불 후 5일 내, 수익인 직접납부의 경우 지불 받은 후 10일 내), 재산판매소득 및 증여소득(소득을 얻은 날로부터 30일 내), 이자, 배당, 고정재산임대소득, 지적소유권과 기술비결의 제공, 경영 관련 봉사제공소득 (다음 분기 첫달 10일 내)(제27조) • 재산세: 해마다 1월 안으로 세무기관에 납부(제34조), 분기가 끝난 다음 달 20일 내(시행규정 제52조) • 상속세: 상속받은 시점으로부터 3개월 내 신고납부(제40조) • 거래세: 생산물판매수입금 또는 건설공사인도수입금이 이루어질 때마다 납부(제45조). 거래세를 달마다 계산하여 다음 달 10일 내(시행규정 제64조) • 영업세: 봉사수입이 이루어질 때마다 해당세무기관에 납부(제51조). 달마다 계산하여 다음 달 10일 내(시행규정 제70조) • 자원세: 자원을 수출하거나 판매하여 수입이 이루어지거나 자원을 소비할 때마다 납부(제57조) • 도시경영세: 달마다 계산하여 다음 달 10일 내(제61조, 시행규정 제75조) • 자동차이용세: 차량 종류별로 산정하여 매년 2월 내 신고납부(제65조, 시행규정 제78조)	• 개인소득세: 노동보수소득(다음 달 10일 내), 재산판매소득 및 증여소득(소득을 얻은 날로부터 30일 내), 이자, 배당, 고정재산임대소득, 지적소유권과 기술비결의 제공, 경영 관련 봉사제공소득(소득을 얻은 다음 달 10일 내)(제25조) • 재산세: 분기가 끝난 다음 달 20일 내(제31조) • 상속세: 상속받은날로부터 3개월 내 신고납부(제37조). 3만유로 이상일 경우 세무소 승인하에 3년 분납 가능(제38조) • 거래세: 수입이 이루어진 날로부터 20일 내(제42조) • 영업세: 분기마다 계산하여 다음 달 10일 내(제47조) • 지방세: 달마다 계산하여 다음 달 10일 내(제52조) • 자동차이용세: 차량 종류별로 산정하여 매년 2월 내 납부(제57조)	• 개인소득세: 노동보수소득(다음 달 10일 내), 재산판매소득 및 증여소득(소득을 얻은날로부터 30일 내), 그 외 소득(소득을 얻은 다음 달 10일 내)(제39조) • 재산세: 공업지구세무소는 매년 2월 내 재산세납부통지서를 건물소유자에게 발급하며, 건물소유자는 재산세납부통지서를 받은 날로부터 30일 안으로 납부(제49조) • 상속세: 재산상속일로부터 6개월 내(제58조), 3만달러 이상일 경우 세무소 승인하에 3년 분납 가능(제59조) • 거래세: 분기가 지난 다음 달 20일 내(제64조) • 영업세: 분기마다 계산하여 다음 달 20일 내(제70조) • 도시경영세: 달마다 계산하여 다음 달 10일 내(제76조) • 자동차이용세: 차량 종류별로 산정하여 매년 2월 내 납부고지서, 고지서 송달 받은 날로부터 30일 내 납부(제81조)

구분	외국인투자기업 및 외국인세금법	금강산국제관광특구 세금규정	개성공업지구 세금규정
제재	• 미납 가산세: 납부기일 다음 날부터 매일 해당 세액의 0.3%(제68조) • 세무수속 미등록, 지연등록 제재금: 외국투자기업의 경우 벌금 100~5,000달러 • 납부불성실가산세: 납부하지 않은 세액의 2배 한도 • 부당한 목적으로 장부와 자료를 사실과 맞지 않게 기록했거나 고쳤을 경우 또는 이중장부를 이용 및 장부 누락 시 외국투자기업의 경우 벌금 1,000~10만 달러, 외국인(개인)의 경우 100~1,000달러 부과 • 세무조사를 고의적으로 방해했을경우 100~5,000달러 • 부정행위 납부 불성실가산세: 납부하지 않은 세액의 5배 한도(제71조)	• 미납 가산세: 납부기일 다음 날부터 매일 해당 세액의 0.3%(제60조) • 세무수속 미등록, 지연등록 제재금: 벌금 100~1,500유로 • 납부불성실가산세: 납부하지 않은 세액의 2배 한도 • 부정행위 납부 불성실가산세: 납부하지 않은 세액의 3배 한도(제61조)	• 미납 가산세: 납부기일 다음 날부터 매일 해당 세액의 0.05%(세금미납액의 15% 한도)(제84조) • 세무수속 미등록, 지연등록 제재금: 벌금 10~1,000달러 • 납부불성실가산세: 납부하지 않은 세액의 10% • 부정행위 납부 불성실가산세: 납부하지 않은 세액의 3배 한도(제85조)
신소	• 세금을 납부한 날로부터 30일 내 재정기관에 소 가능(시행규정 제85조) • 재정기관은 신소 사실을 30일 내 료해처리(제73조) • 신소 결과 이견 시 처분받은 날로부터 10일 내(시행규정 제86조)	• 세금 부과 및 납부와 관련하여 의견이 있는 기업과 개인은 국제관광특구지도기관과 세무소에 신소 가능하며, 신소를 접수한 기관은 해당 의견을 30일 내 처리(제62조)	• 세금 부과 및 납부와 관련하여 의견이 있는 기업과 개인은 공업지구세무소 신소 가능하며, 공업지구세무소와 중앙공업지구지도기관은 의견 또는 신소를 접수한 날로부터30일 내 처리(제86조)

출처: 북한의 외국인투자기업 및 외국인세금법, 금강산국제관광특구 세금규정, 개성공업지구 세금규정을 토대로 저자 작성

이어서 합영법 및 합작법, 외국인기업법의 결산 방법과 이윤분배, 세금 납부에 관한 내용을 살펴보면 다음과 같다.

합영법, 합작법, 외국인기업법의 조세 관련 규정

구분	합영법	합작법	외국인기업법
결산 방법	• 결산연도는 해마다 1월 1일부터 12월 31일까지 • 연간결산은 총수입에서 원가와 거래세 또는 영업세, 기타 지출을 덜고 결산이윤을 확정(시행규정 제111~112조)	• 결산연도는 해마다 1월 1일부터 12월 31일까지 • 연간결산은 총수입에서 원가와 거래세, 기타 지출을 덜고 결산이윤을 확정(시행규정 제93~94조)	• 결산연도는 1월1일부터 12월 31일까지(시행규정 52조)
이윤분배	• 결산이윤에서 기업소득세를 납부하고 필요한 기금을 공제한 다음 남은 이윤을 출자자 몫에 따라 합영당사자들 사이에 나눔(시행규정 제119조) • 합영기업은 등록자본의 25%에 해당하는 금액이 될 때까지 해마다 얻은 결산이윤의 5%를 예비기금으로 적립(시행규정 제113조) • 결산이윤의 10%까지 확대재생산 및 기술발전기금, 종업원을 위한 상금기금, 문화후생기금, 양성기금과 같은 필요 기금을 적립하고 자체 계획에 따라 사용(시행규정 제114조)	• 외국측 투자가의 출자몫 상환과 이윤분배는 합작제품으로 하는 것을 기본으로 하며, 합작계약에 따라 다른 방식도 가능(시행규정 제98조) • 합작기업은 등록자본의 25%에 해당하는 금액이 될 때까지 해마다 얻은 결산이윤의 5%를 예비기금으로 적립(시행규정 제95조) • 결산이윤의 10%까지 확대재생산 및 기술발전기금, 종업원을 위한 상금기금, 문화후생기금, 양성기금과 같은 필요 기금을 적립하고 자체 계획에 따라 사용(시행규정 제96조)	• 외국인기업은 결산이윤에서 기업소득세를 납부한 다음 예비금과 종업원들의 위한 상금기금, 문화후생기금 조성해야함 • 예비기금은 등록자본의 25%가 될 때까지 해마다 결산이윤의 5%씩 적립(시행규정 제54조) • 외국인기업은 기업운영 과정에서 얻은 합리적 이윤과 기타소득 및 기업을 청산하고 남은 자금을 국외로 송금 가능(시행규정 제56조)
세금의 납부 및 감면	• 장려부문의 합영기업은 일정한 기간 기업소득세 감면(제38조) • 토지이용조건의 유리한 제공과 같은 우대(시행규정 제10조)	• 장려부문의 합작기업은 일정한 기간 기업소득세 감면(제19조) • 토지이용조건의 유리한 제공과 같은 우대(시행규정 제6조)	• 장려부문의 외국인기업은 일정한 기간 기업소득세를 감면(제23조)

출처: 북한의 합영법, 합작법, 외국인기업법 토대로 저자 작성

개별 세법규정[33]

개별 세법 관련 규정은 외국인투자기업 및 외국인세금법과 자유경제무역지대 관련 각 특구의 세법에 나와 있으며, 동법 시행규정(시행령 혹은 시행규정)에서 개별 세법에 관한 세칙을 담고 있다. 자유경제무역지대 관련법에는 세금규정이 따로 없고 상세히 기술되어 있지 않으며, 특례 관련 규정이 중점적으로 명시되어 있다.

한편 남측 투자가와 경제협력을 진행한 금강산국제관광특구와 개성공업지구 세금규정은 다수의 세법조항으로 상세히 서술하고 있다. 여기에서는 외국인투자기업 및 외국인세금법, 금강산국제관광특구 세금규정, 개성공업지구 세금규정의 내용을 중심으로 살펴보려고 한다.

기업소득세

과세표준

남측 투자가

대부분의 남측 투자가가 적용받는 세금규정은 개성공업지구 세금규정과 금강산국제관광특구 세금규정이다. 동 규정은 외국인투자기업 및 외국인세금법과 대동소이하나, 일부 차이점이 존재한다. 일반적으로 개별 특구법은 특구지역 내 소득을 한정하여 과세하고, 마찬가지로 남측 투자가가 적용받는 두

---

33 법무법인 태평양, 북한관광특구 법제의 제·개정 평가 및 제도적 개선방안 도출, 통일부 정책연구과제, 2013 참조

세금규정도 지역 내 소득을 과세대상으로 삼고 있다(금강산국제관광특구 세금규정 제13조, 개성공업지구 세금규정 제18조). 특구법의 특례인 세율은 외국 투자가에게 적용하는 세율(25%)보다 낮은 14%의 세율을 적용하고 있으며, 각 특구별 장려규정은 상대적으로 저율인 10%를 적용하고 있다(금강산국제관광특구 세금규정 제14조, 개성공업지구 세금규정 제19조).

외국 투자가

외국 투자가가 북한 내 기업영업을 통하여 얻은 수익과 기타소득에 대해서는 기업소득세(법인세)를 납부하여야 한다(외국인투자기업 및 외국인세금법 제8조). 여기서 외국인투자기업에는 외국인투자기업과 외국 기업이 포함되고, 외국인투자기업에는 북한 내에 창설되는 합작기업, 합영기업, 외국인기업이 포함되며, 외국 기업에는 북한에 상주기구를 두고 경영활동을 하거나 상주기구 없이 소득을 일으키는 외국회사 또는 상사 같은 경제조직이 속한다. 또한 외국인에는 북한에서 경제거래를 하거나 소득을 얻는 외국인이 속한다(외국인투자기업 및 외국인세금법 시행규정 제3조).

외국인투자기업이 북한에서 기업활동을 영위하여 얻은 소득은 2가지로 구성되는데, ① 생산물판매소득, 건설물인도소득, 운임 및 요금소득 같은 기업활동을 하여 얻은 소득과, ② 이자소득, 배당소득, 고정재산임대소득, 재산판매소득, 지적소유권과 기술비결의 제공에 의한 소득, 경영과 관련한 봉사제공에 의한 소득, 증여소득 같은 기타소득 등이다(외국인투자기업 및 외국인세금법 제9조, 외국인투자기업 및 외국인세금법 시행규정 제16조).

기업소득세의 세율은 결산이윤의 25%이고(외국인투자기업 및 외국인세금법 제10조), 외국 기업의 기타소득에 대해서는 20%의 세율을 적용한다(외국인투자기업 및 외국인세금법 제11조).

외국인투자기업이 북한지역 외의 다른 나라에 지사, 사무소, 출장소, 새끼회사(종속회사), 대리점 등을 설치하여 얻은 소득에 대해서도 북한에 기업소득세를 납부하여야 한다(외국인투자기업 및 외국인세금법 제9조, 외국인투자기업 및 외국인세금법 시행규정 제15~16조).

기업소득세의 계산 방법과 납부절차

남측 투자가

과세대상기간은 대상연도 1월 1일부터 12월 31일이며, 동 규정은 외국투자기업과 일치한다(외국인투자기업 및 외국인세금법 제12조, 금강산국제관광특구 세금규정 제15조, 개성공업지구 세금규정 제21조). 총수입은 외국투자기업과 대동소이하며, 금강산국제관광특구의 경우 관광봉사소득이 추가되었다(금강산국제관광특구 세금규정 제13조). 한편 개성공업지구 세금규정은 결산이윤을 정확하게 계산하기 어려운 기업과 연간판매 및 봉사수입액이 미화 300만 달러 이하인 경우에 판매수입의 2% 또는 봉사수입의 1.5%를 부과하는 과세특례 세율을 적용하고 있으며(개성공업지구 세금규정 제22조), 이 제도는 금강산국제관광특구 세금규정에는 존재하지 않는다.

중간예납은 금강산국제관광특구(금강산국제관광특구 세금규정 제16조)의 경우 외국인투자기업 및 외국인세금법의 규정(외국인투자기업 및 외국인세금법 제13조)과 동일하나, 개성공업지구 세금규정에서는 6개월 동안의 이윤을 정확히 계산할 수 없을 경우에 전년도에 납부한 세금의 1/2을 예정납부하여야 하는 등의 중간예납제도를 두고 있다(개성공업지구 세금규정 제25조).

외국 투자가

북한의 기업소득세 계산 방법은 매년 1월 1일부터 12월 31일까지의 총수입(매출)에서 원료 및 자재비, 연료 및 동력비, 노력비, 감가상각비, 물자구입경비, 직장 및 회사 관리비, 보험료, 판매비 등의 원가와 판매관리비를 차감하여 이윤을 확정하고, 그 이윤에서 영업세와 거래세 등의 지출을 공제한 결산이윤에 세율을 적용하여 산정한다(외국인투자기업 및 외국인세금법 제12조).

해당 기업은 외국인투자기업 및 외국인세금법에서 정한 납부기한 내에 기업소득세 관련 서류(기업소득세납부서와 재정회계결산서)를 제출하여야 하며, 납부할 세액이 존재하는 외국인투자기업은 과세대상 분기가 끝난 다음 달 15일 이내에 해당 세무기관에 재정회계결산서와 분기소득세예정납부서를 제출하고(예납제도), 1년 총결산은 2개월 안에 재정회계결산서와 소득세납부서를 제출, 납입해야 한다. 만약 과납액이 있는 경우에는 남한의 경정과 같은 제도를 통해 반환하며, 미납액 혹은 수정신고를 하는 경우 추가 납부해야 한다(외국인투자기업 및 외국인세금법 제13~14조, 외국인투자기업 및 외국인세금법 시행규정 제23~24조).

기업해산 시에는 해산선포일로부터 20일 안에 납세담보를 소재지의 재정기관을 통해 설정하며, 결산이 끝난 날로부터 15일 내에 소득세를 납부하여야 한다. 또한 기업이 합병·분할의 경우라면 해당 시점까지의 기업소득에 대해 통합·분리를 수행하고, 합병·분할 선포일로부터 20일 내에 관련 재정기관에 소득세 납부를 하여야 한다(외국인투자기업 및 외국인세금법 제14조). 또한 외국 기업의 기타소득에 대한 기업소득세는 소득이 생긴 날로부터 15일 내에 관련 재정기관에 수익인이 신고납부하거나 수익금을 지불하는 단위가 공제납부한다(외국인투자기업 및 외국인세금법 제15조, 외국인투자기업 및 외국인세금법 시행규정 제26~27조).

특례규정(감면규정 및 반환)

북한은 외국인투자기업을 유치하고 지속적인 투자를 유인하기 위해 몇 가지 세금 관련 특례를 제공하고 있다. 관련 내용은 외국인투자기업 및 외국인세금법 제16조, 동법 시행규정 제29조부터 제34조에 규정되어 있으며, 그 내용은 다음과 같다.

첫째, 특수경제지대에 창설된 외국인투자기업에 대한 기업소득세의 세율은 결산이윤의 14%이고, 첨단기술부문, 하부구조건설부문, 과학연구부문 같은 장려부문의 기업소득세는 결산이윤의 10%로 감면한다.

둘째, 다른 나라의 정부나 국제금융기구가 북한 정부와 국가은행에 차관을 제공하거나 다른 나라의 은행이 북한의 은행 또는 기업에 유리한 조건으로 대부해주었을 경우 그 이자소득에 대해서는 기업소득세를 면제한다.

셋째, 특수경제지대의 장려부문에 투자하는 외국인투자기업이 15년 이상 기업을 운영할 경우에는 기업소득세를 이윤이 나는 해로부터 3년간 면제하며, 그다음 2년간은 50% 범위에서 낮추어줄 수 있다. 한편 장려부문은 외국인투자법 제7조에서 "국가는 첨단기술을 비롯한 현대적 기술과 국제시장에서 경쟁력이 높은 제품을 생산하는 부문, 자원개발 및 하부구조건설부문, 과학연구 및 기술개발부문에 대한 투자를 장려한다"라고 규정하고 있다.

넷째, 라선경제무역지대 봉사부문의 외국투자기업이 10년 이상 기업을 운영할 경우 기업소득세를 이윤이 나는 해로부터 1년간 면제하고, 그다음 2년간은 50% 범위에서 낮추어줄 수 있다.

다섯째, 라선경제무역지대 내 총투자액이 45억 원 이상 되는 철도, 도로, 통신, 비행장, 항만을 비롯한 하부구조건설부문의 외국투자기업에 대해서는 기업소득세를 이윤이 나는 해로부터 4년간 면제하며, 그다음 3년간은 50% 범위에서 낮추어줄 수 있다.

한편 북한은 외국인투자기업의 소득을 감면하면 그 소득을 원천으로 한 배당소득도 감면해주는 이중과세방지제도는 운영하지 않는다. 조세감면요건을 충족하는 기업이 도입하는 자산은 무관세의 혜택을 주고 있지만, 개성공업지구의 경우 이러한 혜택이 적용되지 않고 있다. 또한 기업소득세를 감면받은 외국인투자기업이 감면기간에 해산, 통합, 분리되거나 재투자한 자본을 거두어들이는 경우에는 이미 감면한 기업소득세를 회수하거나 추가로 물리고, 기업소득세를 감면받은 날로부터 10년이 되기 전에 철수하거나 해산하는 경우와 투자를 제대로 하지 않거나 승인받은 생산업을 하지 않고 봉사업만 하는 경우에는 이미 감면받았던 기업소득세액을 해당 세무기관에 납부해야 한다(외국인투자기업 및 외국인세금법 제19조, 외국인투자기업 및 외국인세금법 시행규정 제34조).

북한의 기업소득세 관련 규정

구분		외국인투자기업 및 외국인세금법	금강산국제관광특구 세금규정	개성공업지구 세금규정
기업소득세	납부의무	• 외국투자기업은 기업활동을 하여 얻은 소득과 기타소득에 대하여 납부의무가 있음(제8조) • 외국투자기업은 다른 나라에 지사, 사무소, 대리점을 설치하여 얻은 소득에 대하여서도 납부의무가 있음(제9조)	• 국제관광특구의 기업은 기업활동을 하여 얻은 소득과 기타소득에 대하여 납부의무가 있음(제13조)	• 개성공업지구 내 기업은 기업활동을 하여 얻은 소득과 기타소득에 대하여 납부의무가 있음(제18조)

구분		외국인투자기업 및 외국인세금법	금강산국제관광특구 세금규정	개성공업지구 세금규정
기업소득세	과세대상	• 생산물판매소득, 건설물인도소득, 운임 및 요금소득 같은 기업활동을 하여 얻은 소득(제9조) • 이자소득, 배당소득, 고정재산임대소득, 재산판매소득, 지적소유권과 기술비결의 제공에 의한 소득, 경영과 관련한 봉사제공에 의한 소득, 증여소득 같은 기타소득	• 관광봉사소득, 생산물 판매소득, 건설물 인도소득, 운임 및 요금소득 등의 경영활동을 하여 얻은 소득(제13조) • 이자소득, 배당소득, 고정재산임대소득, 재산판매소득, 지적소유권과 기술기재료 제공에 의한 소득, 관광봉사소득, 경영봉사소득, 증여소득 등 기타소득	• 생산물 판매소득, 건설물 인도소득, 운임 및 요금소득 등의 경영활동을 하여 얻은 소득(제18조) • 이자소득, 배당소득, 고정재산임대소득, 재산판매소득, 지적소유권과 기술기재료 제공에 의한 소득, 경영봉사소득, 증여소득 등 기타소득
	세율	• 기업소득세 세율: 결산이윤의 25%(자유경제무역지대는 14%)(제10조, 제16조) • 첨단기술부문·하부구조건설부문·과학연구부문 같은 장려부문 기업소득세 세율: 결산이윤의 10%(제16조) • 배당소득, 이자소득, 임대소득, 특허권사용료 같은 기타소득 세율: 소득액의 20%(제11조)	• 국제관광특구: 결산이윤의 14% • 하부구조건설부문: 결산이윤의 10%(제14조)	• 공업지구: 결산이윤의 14% • 하부구조건설부문·경공업부문·첨단과학기술부문: 결산이윤의 10%(제19조)
	감면 및 반환	• 다른 나라 정부, 국제금융기구가 차관을 주었거나 다른 나라 은행이 유리한 조건으로 대부하여 준 경우 이자소득에 대한 소득세 면제(제16조) • 장려부문 및 자유경제무역지대의 생산부문 외국투자기업이 15년 이상 기업을 운영할 경우 이윤이 나는 해부터 3년간 면제. 이후 2년간 최대 50% 감면 • 라선경제무역지대의 경우, 철도, 도로, 비행장, 항만 같은 하부구조건설부문의 외국투자기업은 이윤이 나는 해부터 4년간 면제. 이후 3년은 최대 50% 감면(시행규정 제29조)	• 다른 나라 정부, 국제금융기구가 차관을 주었거나 다른 나라 은행이 유리한 조건으로 대부하여 준 경우 이자소득에 대한 소득세 면제(제18조) • 이윤을 재투자하여 5년 이상 운영하는 기업에 대하여서는 재투자분에 해당한 기업소득세의 50% 감면 • 총투자액이 1,000만유로 이상 되는 투자기업에 대하여서는 기업소득세를 3년간 면제하며, 그다음 2년간은 50% 감면	• 장려부문과 생산부문에 투자하여 15년 이상 운영하는 기업은 이윤이 나는 해부터 5년간 면제하고 이후 3년간 50% 감면(제29조) • 봉사부문에 투자하여 10년 이상 운영하는 기업에 대해서는 이윤이 나는 해부터 2년간 면제하고 그다음 1년간 50% 감면 • 이윤을 재투자하여 3년 이상 운영하는 기업은 재투자분에 해당한 기업소득세의 70%를 다음 연도에 내야 할 세금에서 감면 • 위에서 정한 기간 전에 철수·해산하거나 재투자한 자본을 거두어들인 기업은 회수(제32조)

구분		외국인투자기업 및 외국인세금법	금강산국제관광특구 세금규정	개성공업지구 세금규정
기업소득세	감면 및 반환	• 외국 투자가가 기업에서 분배받은 이윤을 재투자하여 등록자본을 늘이거나 다른 외국인투자기업을 창설하여 기업을 10년 이상 운영하는 경우 재투자분에 해당한 기업소득세액의 50%를 반환받을 수 있으며, 하부구조건설부문의 경우 전부를 반환받을 수 있음(제16조)	• 총투자액이 2,000만유로 이상 되는 철도, 도로, 비행장, 항만 같은 하부구조건설부문의 투자기업에 대하여서는 기업소득세를 4년간 면제하며, 그다음 3년간은 50% 감면	

출처: 북한의 세금 관련 규정을 토대로 저자 작성

개인소득세의 과세대상

남측 투자가

대부분은 외국 투자가에 대한 적용규정과 유사하나 일부 차이점이 존재한다. 기업소득세와 개별 특구법은 특구지역 내 소득을 한정하여 과세하며, 마찬가지로 남측 투자가가 적용받는 금강산국제관광특구와 개성공업지구의 세금규정도 지역 내 소득을 과세대상으로 삼고 있다(금강산국제관광특구 세금규정 제22조, 개성공업지구 세금규정 제35조). 그런데 금강산국제관광특구 세금규정의 과세대상은 외국 투자가의 과세대상과 비슷하지만, 개성공업지구 세금규정의 경우 기술고문과 기능공 양성 관련 소득이 추가로 규정되어 있다(금강산국제관광특구 세금규정 제22조, 개성공업지구 세금규정 제35조)

외국 투자가

기업소득세를 제외한 북한 내 모든 외국인 관련 소득은 개인소득세를 적용받는다. 북한에서 1년 이상 체류하거나 거주하는 외국인은 타국에서 얻은 소득에 대해서도 개인소득세를 납부해야 한다(외국인투자기업 및 외국인세금법 제20조, 외국인투자기업 및 외국인세금법 시행규정 제35조). 체류하거나 거주하는 기간에 임시로 출국하는 경우에는 그 일수를 체류 또는 거주기간에 포함시킨다(외국인투자기업 및 외국인세금법 시행규정 제35조).

개인소득세의 과세대상은 노동보수에 의한 소득, 이자소득, 배당소득, 고정재산임대소득, 재산판매소득, 지적소유권과 기술비결의 제공에 의한 소득, 경영과 관련한 봉사제공에 의한 소득, 증여소득 등이 있다(동법 제21조).

개인소득세의 세율

남측 투자가

금강산국제관광특구 세금규정을 보면 노동보수에 대한 세율이 대부분 외국 투자가와 비슷하나, 노동보수의 과세 최저한(300유로)과 증여소득의 과세 최저한(5,000유로)은 상이하다(금강산국제관광특구 세금규정 제23조).

한편 개성공업지구 세금규정은 각 소득별 과세 최저한이 외국 투자가나 금강산국제관광특구 세금규정과 상이하며, 각 소득별 세율 또한 두 규정과 차이를 보인다(북한의 개인소득세 관련 규정(p.204) 참조).

외국 투자가

개인소득세 중 노동보수에 의한 소득의 세율은 월노동보수액이 7만 5,000원 이하일 경우에는 면제하며(과세 최저한), 그 이상일 경우에는 소득액의 5~30%로 한다. 또한 이자소득, 배당소득, 고정재산임대소득, 지적소유권과 기술비결의 제공에 의한 소득, 경영과 관련한 봉사제공에 의한 소득의 세율은 소득액의 20%로 한다(외국인투자기업 및 외국인세금법 제22조, 외국인투자기업 및 외국인세금법 시행규정 제38조).

한편 증여에 의한 개인소득세는 소득액이 75만 원 미만(과세 최저한)인 경우에 면제하며, 그 이상인 경우에는 소득액의 2~15%의 세율을 적용한다. 재산판매소득에 의한 소득세율은 25%로 규정되어 있다(외국인투자기업 및 외국인세금법 제22조, 외국인투자기업 및 외국인세금법 시행규정 제38조).

개인소득세의 계산 방법과 납부절차

남측 투자가

금강산국제관광특구 세금규정은 외국인투자기업 및 외국인세금법의 개인소득세 계산절차와 대부분 유사하다(외국인투자기업 및 외국인세금법 제23~26조, 금강산국제관광특구 세금규정 제25조). 납부 방법은 외국인투자기업 및 외국인세금법 제27조 제1호에서 노동보수에 대해 보수를 지불하는 단위가 5일 안에 공제납부하거나, 수익인이 노동보수를 받아 10일 안으로 납부하도록 규정하고 있으며, 금강산국제관광특구 세금규정에서는 소득을 얻은 다음 달 10일 안으로 지불하는 단위가 노동보수에 대한 개인소득세를 공제납부하거나 수익인이 신고납부하도록 규정하고 있다.

외국인투자기업 및 외국인세금법, 금강산국제관광특구 세금규정, 개성공업지구 세금규정 모두 동일하게 재산판매소득, 증여소득에 대한 개인소득세는 소득을 얻은 날로부터 30일 안에 수익인이 신고납부하도록 규정하고 있으며, 이자소득, 배당소득, 고정재산임대소득, 지적소유권과 기술비결의 제공에 의한 소득, 경영봉사소득에 대한 개인소득세는 소득을 얻은 다음 달 10일 안에 소득을 지불하는 단위가 공제납부하거나 수익인이 신고납부하도록 규정하고 있다.

한편 개성공업지구 세금규정은 소득별 필요경비의 공제율을 상기한 두 법과 다르게 규정하고 있다(개성공업지구 세금규정 제37조). 또한 두 법에서 명시적으로 다루고 있지 않은, 현금이 아닌 개인소득(물품, 유가증권 등)의 가격계산에 대한 규정을 명시적으로 적용하고 있으며(개성공업지구 세금규정 제38조), 신고납부규정은 금강산국제관광특구 세금규정과 유사하다(개성공업지구 세금규정 제39조).

그 외 개인소득세 감면규정도 상기의 두 법과 차이를 보이고 있다(다음 표 '북한의 개인소득세 관련 규정' 참조. 개성공업지구 세금규정 제40조).

외국 투자가

노동보수에 의한 개인소득세는 세법상 규정하는 월노동소득에 동법에서 정한 세율을 적용하여 산정한다(외국인투자기업 및 외국인세금법 제23조). 배당소득, 공업소유권과 기술비결·저작권을 제공하여 얻은 소득, 증여에 의한 소득, 재산판매소득 관련 소득세는 동법에서 적용하고 있는 수입에 규정세율을 적용하여 산정한다(외국인투자기업 및 외국인세금법 제24조). 이자소득은 동법에서 정한 이자수입에 규정세율을 적용하여 산정한다(외국인투자기업 및 외국인세금법 제25조). 고정재산 임대소득에 의한 개인소득세는 임대료에서 노력비, 포장비, 수수료 비용으로 20%를 공제한 나머지 금액에 동법에서 규정한 세율을 적용하여 산정한다(외국인투자기업 및 외국인세금법 제26조).

상기의 규정에 의해 산정된 세액은 소득별 납부 방법이 각각 다르다. 노동보수에 대한 개인소득세는 보수 지급 주체에 의해 보수 지급 시 공제하며, 이를 5일 내 담당기관에 납부하거나 보수 수익자가 10일 내 거주지의 재정기관에 납부할 수 있다. 재산판매소득, 증여소득 관련 개인소득세는 분기가 끝난 다음 달 10일 내에 납부하며 소득의 수익인이 거주지의 재정기관에 신고납부한다. 이자소득, 배당소득, 고정재산임대소득, 지적소유권과 기술비결의 제공에 의한 소득, 경영 관련 봉사제공소득에 대한 개인소득세는 분기별로 계산하여 다음 달 10일 내에 수익인이 담당기관에 신고납부한다(외국인투자기업 및 외국인세금법 제27조).

북한의 개인소득세 관련 규정

구분		외국투자기업 및 외국인세금법	금강산국제관광특구 세금규정	개성공업지구 세금규정
개인소득세	납부의무	• 북한에서 소득을 얻은 외국인은 그 소득에 대해 납부의무가 있음 • 북한에 1년 이상 체류하거나 거주하는 외국인은 타국에서 얻은 소득에 대하여서도 납부의무가 있음(제20조)	• 국제관광특구에서 소득을 얻은 개인은 납부의무가 있음(제22조)	• 공업지구에서 소득을 얻은 개인은 납부의무가 있음(제35조)
	과세대상	• 노동보수에 의한 소득, 이자소득, 배당소득, 고정재산임대소득, 재산판매소득, 지적소유권과 기술비결의 제공에 의한 소득, 경영과 관련한 봉사제공에 의한 소득, 증여소득(제21조)	• 노동보수, 이자소득, 배당소득, 고정재산 임대소득, 재산판매소득, 지적재산권과 기술비결의 제공에 의한 소득, 기술고문, 기능공 양성, 상담 같은 경영봉사소득, 증여소득(제22조)	• 노동보수, 이자소득, 배당소득, 고정재산 임대소득, 재산판매소득, 지적재산권과 기술비결의 제공에 의한 소득, 기술고문, 기능공 양성, 상담 같은 경영봉사소득, 증여소득(제35조)
	세율	• 노동보수: 소득액의 5~30% • 이자소득, 배당소득, 고정재산임대소득, 지적소유권과 기술비결의 제공에 의한 소득, 경영과 관련한 봉사제공에 의한 소득: 소득액의 20% • 증여소득: 소득액의 2~15%	• 노동보수: 월노동보수액 금액이 300유로 이상일 경우 소득액의 5~30% • 증여소득: 소득액이 5,000유로 이상일 경우 소득액의 2~15%	• 노동보수: 월노동보수액에서 30%를 공제한 나머지 금액이 500달러 이상일 경우 부록 1에 따름 • 증여소득: 소득액이 1만달러 이상일 경우 부록 2에 따름

<table>
<tr><th colspan="2">구분</th><th>외국투자기업 및 외국인세금법</th><th>금강산국제관광특구 세금규정</th><th>개성공업지구 세금규정</th></tr>
<tr><td rowspan="2">개인소득세</td><td>세율</td><td>• 재산판매소득: 소득액의 25%(제22조)</td><td>• 이자소득, 배당소득, 고정재산임대소득, 지적재산권과 기술기재료 제공에 의한 소득, 경영봉사소득: 소득액의 20%
• 재산판매소득: 소득액의 25%(제23조)</td><td>• 이자소득: 소득액의 10%
• 배당소득, 고정재산임대소득: 소득액에서 70%를 공제한 나머지 금액의 10%
• 재산판매소득, 지적재산권과 기술비결의 제공에 의한 소득, 경영봉사소득: 소득액에서 30%를 공제한 나머지 금액의 10%(제36조)</td></tr>
<tr><td>감면</td><td>• 북한의 금융기관으로부터 받은 저축성예금이자소득과 자유경제무역지대 내에 설립된 은행에 비거주자들이 예금한 돈에 대한 이자소득에는 개인소득세를 부과하지 않음(시행규정 제42조)</td><td>• 북한의 금융기관으로부터 받은 저축성예금이자소득과 국제관광특구에 설립된 은행에 비거주자들이 예금한 돈에 대한 이자소득에는 개인소득세를 부과하지 않음(제26조)</td><td>• 북남 사이에 맺은 합의서 또는 공화국과 다른 나라 사이에 맺은 협정에 따라 개인소득세를 납부하지 않기로 한 소득은 면제
• 공화국의 금융기관으로부터 받은 저축성예금이자와 보험금 또는 보험보상금소득은 면제
• 공업지구에 설립된 은행에 비거주자 등이 예금한 돈에 대한 이자소득은 면제(제40조)</td></tr>
</table>

(부록 1) 개성공업지구 세금규정- 월노동보수에 대한 개인소득세 세율표

(단위: USD)

구분	월노동보수	세율
1	500이상~1,000	500을 초과하는 금액의 4%
2	1,000이상~3,000	20+1,000을 초과하는 금액의 7%
3	3,000이상~6,000	160+3,000을 초과하는 금액의 11%
4	6,000이상~1만	490+6,000을 초과하는 금액의 15%
5	1만 이상	1,090+1만을 초과하는 금액의 20%

(부록 2) 개성공업지구 세금규정- 증여소득 관련 세율표

(단위: USD)

구분	상속재산액	세율
1	1만이상~10만	1만을 초과하는 금액의 2%
2	10만이상~50만	1,800+10만을 초과하는 금액의 5%
3	50만이상~100만	2만 1,800+50만을 초과하는 금액의 8%
4	100만이상~300만	6만 1,800+100만을 초과하는 금액의 11%
5	300만 이상	28만 1,800+300만을 초과하는 금액의 14%

출처: 북한의 세금 관련 규정을 토대로 저자 재구성

재산세

재산세의 과세대상

남측 투자가

재산세의 납부의무(과세대상은 건물, 선박, 비행기)와 재산의 등록 및 등록 취소 관련 금강산국제관광특구 세금규정은 외국인투자기업 및 외국인세금법과 유사하다(금강산국제관광특구 세금규정 제27~28조, 외국인투자기업 및 외국인세금법 제29~30조).

개성공업지구 세금규정에서 납부대상은 기업과 개인이 공업지구에서 소유하고 있는 영구건물에 대해서만 적용하고 있으며(개성공업지구 세금규정 제41조), 임대나 저당 관련 등기 내용도 다른 법과 달리 세부적으로 명확하게 규정하고 있다(개성공업지구 세금규정 제42조). 재산세대상 건물의 등록은 상기의 두 법과 달리 건물소유자가 건물을 취득한 다음 달 20일 안으로 공업지

구관리기관에 건물등록신청서를 내고 건물등록을 해야 하며(개성공업지구 세금규정 제43조), 등록가격은 취득할 당시 현지가격으로 한다(개성공업지구 세금규정 제44조). 재등록은 기간에 대한 내용 없이 가격이 달라졌을 경우 공업지구관리기관에 재등록할 수 있다고 규정하고 있다(개성공업지구 세금규정 제44~45조).

외국 투자가

북한 내 외국인이 소유하고 있는 건물과 선박, 비행기 같은 재산에 대하여 재산세 납부의무가 있다(외국인투자기업 및 외국인세금법 제28~29조). 외국인은 재산을 소유한 날로부터 20일 내에 평가값으로 세무기관에 등록해야 하고, 재산의 소유자나 등록값이 변경된 경우에는 20일 내에 변경등록을 해야 한다. 한편 등록재산은 해마다 1월 1일 현재 평가하여 2월 안으로 재등록해야 하고, 재산을 폐기할 경우 20일 내에 등록취소수속을 하여야 한다(외국인투자기업 및 외국인세금법 제30조). 재산세의 과세표준은 거주지의 세무기관에 등록된 값으로 한다(외국인투자기업 및 외국인세금법 제31조).

재산세의 세율과 납부절차

남측 투자가

금강산국제관광특구 세금규정은 외국 투자가에 대해 적용하는 세율과 차이가 없으나(건물 1%, 선박과 비행기 1.4%. 외국인투자기업 및 외국인세금법 제32조, 금강산국제관광특구 세금규정 제29조), 새로 건설한 건물에 대하여 세무서에 등록한 날부터 2년간 재산세를 면제하는 규정을 두고 있는 점에 차이가 있다(금강산국제관광특구 세금규정 제32조).

개성공업지구 세금규정에서는 공업지구세무소가 매해 2월 안으로 재산세 납부통지서를 건물소유자에게 발급하며, 건물소유자는 재산세납부통지서를 받은 날로부터 30일 안으로 재산세를 납부하도록 규정하고 있다(개성공업지구 세금규정 제49조). 한편 다른 법과 달리 건물폐기 시 과납세금의 반환 관련 규정을 상세히 규정하고 있으며[34], 외국 투자가와 마찬가지로 새 건물에 대한 재산세를 등록한 날부터 5년간 면제하고 있다(개성공업지구 세금규정 제51조).

외국 투자가

재산세의 세율은 등록된 재산값의 1~1.4%로 규정되어 있으며(외국인투자기업 및 외국인세금법 제32조), 건물의 경우 등록가격의 1%, 선박과 비행기는 1.4%로 규정되어 있다(외국인투자기업 및 외국인세금법 시행규정 제50조). 재산세는 해마다 1월 안으로 재산소유자가 해당 세무기관에 납부한다(외국인투자기업 및 외국인세금법 제34조). 한편 라선경제무역지대 안에 있는 납세의무자가 본인 자금으로 매입 혹은 건설한 건물의 재산세는 그 구입시점 혹은 준공시점부터 5년간 면제한다(외국인투자기업 및 외국인세금법 시행규정 제53조).

34 건물을 폐기한 자는 건물폐기확인서와 함께 이름, 주소, 건물명, 폐기날짜, 납부한 재산세, 반환받을 재산세 같은 것을 밝힌 재산세반환신청서를 공업지구세무소에 내야 한다. 공업지구세무소는 신청 내용을 10일 안으로 검토하고 건물을 폐기한 날부터 12월 31일까지의 재산세를 돌려주어야 한다(개성공업지구 세금규정 제50조).

북한의 재산세 관련 규정

구분		외국투자기업 및 외국인세금법	금강산국제관광특구 세금규정	개성공업지구 세금규정
재산세	납부의무	• 북한에 건물, 선박, 비행기를 등록한 외국인은 납부의무가 있음(제28조)	• 국제관광특구에 건물, 선박, 비행기를 소유하고 있는 개인(제27조)	• 공업지구에 영구 건물을 소유하고 있는 기업과 개인은 납부의무가 있음(제41조)
	과세대상	• 건물, 선박, 비행기(제29조)	• 건물, 선박, 비행기(제27조)	• 공업지구 건물(제41조)
	세율	• 건물: 1% • 비행기: 1.4% (시행규정 제50조)	• 건물: 1% • 비행기: 1.4% (제29조)	• 부록 3에 따름
	감면	• 라선경제무역지대의 건물은 5년간 재산세 면제(시행규정 제53조)	• 새로 건설한 건물을 소유하였을 경우에는 등록한 날부터 2년간 재산세 면제(제32조)	• 새로 건설한 건물을 소유하였을 경우에는 등록한 날부터 5년간 재산세 면제(제51조)

(부록 3) 개성공업지구 세금규정- 재산세에 대한 개인소득세 세율표

구분	건물 용도	세율(%)
1	생산용건물	0.1
2	주택용건물	0.2
3	상업용건물	0.5
4	오락용건물	1

출처: 북한의 세금 관련 규정을 토대로 저자 재구성

상속세

상속세의 과세대상

남측 투자가

금강산국제관광특구와 개성공업지구 세금규정상 상속세 과세대상은 외국

투자가의 과세대상과 동일하며, 지역 한정에 대한 차이만 있다(금강산국제관광특구 세금규정 제33조, 개성공업지구 세금규정 제52조). 상속세 과세대상 재산으로는 부동산, 화폐재산, 현물재산, 유가증권, 지적소유권, 보험청구권 등을 규정하고 있다(금강산국제관광특구 세금규정 제33조, 개성공업지구 세금규정 제52조).

또한 개성공업지구와 금강산국제관광특구법에서는 상속세 부과대상에 대한 상속공제를 명시하여 상속재산액에서 피상속인 채무 및 소정의 장례비용을 공제한 후의 상속재산액을 확정하고 있다(금강산국제관광특구 세금규정 제36조, 개성공업지구 세금규정 제53조).

외국 투자가

금강산국제관광특구와 개성공업지구 세금규정은 각각 금강산국제관광특구와 개성공업지구 내에 있는 재산만을 상속세 과세대상으로 하고 있는데 반하여(금강산국제관광특구 세금규정 제33조, 개성공업지구 세금규정 제52조), 외국인투자기업 및 외국인세금법은 피상속인이 소유한 북한 내 재산뿐만 아니라 전 세계 재산을 과세대상으로 규정하고 있다(외국인투자기업 및 외국인세금법 제35조).

외국인투자기업 및 외국인세금법의 경우 금강산국제관광특구와 개성공업지구의 세금규정과 달리 상속세 과세대상 재산으로 동산, 부동산, 화폐재산, 유가증권, 예금 및 저금, 보험금, 지적소유권, 채권과 같은 재산을 규정하여 과세대상이 넓다(외국인투자기업 및 외국인세금법 시행규정 제54조). 상속세의 과세표준은 상속자의 상속재산에서 상속 관련 채무 및 비용을 공제한 나머지 잔액으로 한다(외국인투자기업 및 외국인세금법 제36조, 동법 시행규정

제55조). 상속 관련 채무 및 비용은 상속자가 부담한 장례비용, 상속기간 중 상속재산 관리비용과 상속 관련 공증료 등을 포함하며, 상속채무를 공제받으려면 공증기관의 공증을 받아야 한다(외국인투자기업 및 외국인세금법 시행규정 제55조).

상속세의 세율과 납부절차

남측 투자가

금강산국제관광특구의 경우 세율은 6~30%로 외국인투자기업 및 외국인세금법과 동일하나, 신고기관 및 분납 가능 금액기준에 차이가 있다. 상속자가 상속받은 날로부터 3개월 내 거주지의 세무소에 납부해야 하며(금강산국제관광특구 세금규정 제37조), 상속세가 3만 유로 이상인 경우에는 3년간 분납할 수 있도록 규정하고 있다(금강산국제관광특구 세금규정 제38조).

한편 개성공업지구 세금규정의 경우 상속재산의 가격(개성공업지구 세금규정 제54조), 세율, 계산 방법, 납부재산을 타 법에 비해 세부적으로 규정하고 있다(개성공업지구 세금규정 제55~57조). 상속세 납부기간은 두 법과 달리 6개월 내 납부를 명시하고 있으며(개성공업지구 세금규정 제58조), 현물재산 납부에 대한 내용도 규정하고 있다(개성공업지구 세금규정 제57조).

외국 투자가

상속세 세율은 상속 과세표준의 6~30%로 한다(외국인투자기업 및 외국인세금법 제38조). 한편 상속세는 화폐재산 납부가 원칙이며, 불가피한 사정으로 상속세를 현물재산으로 납부하는 경우 해당 사유와 재산의 종류, 평가가격, 그 밖에 필요한 내용을 밝힌 신청서를 해당 세무기관에 제출 후 승인을 받아야 한다. 이 경우에 현물재산은 상속받은 재산만 가능하다(외국인투자기업 및 외국인세금법 시행규정 제57조).

상속세는 상속자가 상속시점으로부터 3개월 내 거주지의 재정기관에 신고 납부해야 하고, 납부 상속세액이 375만 원 이상인 경우 거주지의 재정기관에 신청 시 3년 내로 분납할 수 있다(외국인투자기업 및 외국인세금법 제40조, 동법 시행규정 제59조).

북한의 상속세 관련 규정

구분		외국투자기업 및 외국인세금법	금강산국제관광특구 세금규정	개성공업지구 세금규정
상속세	납부 의무	• 북한에 있는 재산을 상속받는 외국인은 납부의무가있음 • 북한에 거주하고 있는 외국인은 타국에 있는 재산을 상속받은 경우에도 상속세 납부의무가 있음(제35조)	• 국제관광특구에 있는 재산을 상속받은 자는 납부의무가 있음(제33조)	• 공업지구에 있는 재산을 상속받은 자는 납부의무가 있음(제52조)
	과세 대상	• 동산, 부동산, 화폐재산, 유가증권, 예금 및 저금, 보험금, 지적소유권, 채권 등(시행규정 제54조)	• 부동산, 화폐재산, 현물재산, 유가증권, 지적재산권, 보험청구권 등(제33조)	• 부동산, 화폐재산, 현물재산, 유가증권, 지적재산권, 보험청구권 등(제52조)
	세율	• 상속받은 금액의 6~30%(제38조)	• 상속받은 재산액에서 해당 공제액을 덜고 남은 상속재산액의 6~30%(제35조)	• 상속받은 재산액에서 해당 공제액을 덜고 남은 상속재산액이 10만 달러 이상인 경우에는 부록 4에 따름(제55조)
	분납	• 상속세가 375만원 이상일 경우에는 재정기관의 승인을받아 3년간 분납 가능(시행규정 제59조)	• 상속세가 3만유로 이상일 경우에는 세무소의 승인을 받아 3년간 분납 가능(제38조)	• 상속세가 미화 3만달러 이상일 경우에는 공업지구 세무소의 승인을 받아 3년간 분납 가능(제59조)

(부록 4) 개성공업지구 세금규정- 상속세에 대한 개인소득세 세율표

(단위: USD)

구분	상속재산액	세율(%)
1	10만 이상~100만	10만을 초과하는 금액의 6%
2	100만 이상~500만	5만 4,000+100만을 초과하는 금액의 10%
3	500만 이상~1,500만	45만 4,000+500만을 초과하는 금액의 15%
4	1,500만 이상~3,000만	195만 4,000+1,500만을 초과하는 금액의 20%
5	3,000만 이상	495만 4,000+3,000만을 초과하는 금액의 25%

출처: 북한의 세금 관련 규정을 토대로 저자 재구성

거래세

거래세의 납세의무자와 과세대상

남측 투자가

북한에서 거래세 납세의무자는 개인이 아닌 기업이다(외국인투자기업 및 외국인세금법 제41조, 금강산국제관광특구 세금규정 제39조, 개성공업지구 세금규정 제60조).

금강산국제관광특구 세금규정은 외국인투자기업 및 외국인세금법과 마찬가지로 거래세 과세대상을 생산물판매수입금과 건설공사인도수입금으로 규정하고 있는데(금강산국제관광특구 세금규정 제39조), 개성공업지구 세금규정은 생산물판매수입금만 거래세 과세대상으로 규정하고 있다(개성공업지구 세금규정 제61조).

외국 투자가

생산부문을 영위하고 있는 외국투자기업은 거래세 납부의무가 있으며(외국인투자기업 및 외국인세금법 제41조), 생산부문에는 공업, 농업, 수산업이 포함된다(외국인투자기업 및 외국인세금법 시행규정 제60조). 거래세 과세대상에는 공업부문의 제품판매수입, 농업부문의 농축산물판매수입, 수산부문의 수산물판매수입과 같은 수입금이 포함된다(외국인투자기업 및 외국인세금법 시행규정 제61조). 거래세의 과세표준은 생산물의 판매수입금과 건설공사인도수입금이다(외국인투자기업 및 외국인세금법 제42조).

거래세의 세율과 납부절차

남측 투자가

거래세 관련 금강산국제관광특구 세금규정은 외국인투자기업 및 외국인세금법상 거래세 세율 및 납부절차와 동일하며(금강산국제관광특구 세금규정 제40~43조), 개성공업지구 세금규정도 대부분 앞의 두 법과 유사하지만 계산방법과 계절성 반영 등 세부적인 부분에서 조금씩 상이하다(개성공업지구 세금규정 제62~65조).

외국 투자가

거래세의 세율은 생산물판매수익의 1~15%로 하며, 술과 담배 같은 기호품에 대한 거래세의 세율은 생산물판매수익의 16~50%로 한다(외국인투자기업 및 외국인세금법 제43조, 동법 시행규정 제62조). 거래세는 생산물판매자가 월마다 계산하여 다음 달 10일 내 소재지의 재정기관에 납부하며, 계절성을 떠는 부문의 거래세는 연간실적으로 납부할 수 있다(외국인투자기업 및 외국인세금법 시행규정 제64조).

한편 수출상품과 국가적 요구에 의해 생산부문의 외국투자기업이 제조한 상품을 북한 내에 판매했을 경우 거래세를 면제해주는 특례가 있다(외국인투자기업 및 외국인세금법 제46조, 동법 시행규정 제65조). 라선경제무역지대 생산부문의 외국투자기업에는 거래세를 50% 감면한다(외국인투자기업 및 외국인세금법 시행규정 제66조).

북한의 거래세 관련 규정

구분		외국투자기업 및 외국인세금법	금강산국제관광특구 세금규정	개성공업지구 세금규정
거래세	납부의무	• 생산부문과 건설부문의 외국투자기업은 납부의무가 있음(제41조)	• 생산부문과 건설부문의 외국투자기업은 납부의무가 있음(제39조)	• 생산부문의 기업은 납부의무가 있음(제60조)
	과세대상	• 생산물판매수입금 • 건설공사인도수입금 (제42조)	• 생산물판매수입금 • 건설공사인도수입금 (제39조)	• 생산물의 판매수익금 (제61조)
	세율	• 생산물판매수입금: 생산물판매액의 1~15%(단, 기호품은 생산물판매액의 16~50%) • 건설공사인도수입금: 건설공사인도수입액의 1~15%(제43조)	• 생산물판매수입금: 생산물판매액의 1~15%(단, 기호품은 생산물판매액의 16~50%) • 건설공사인도수입금: 건설공사인도수입액의 1~15% (제40조)	• 부록 5에 따름
	감면	• 수출상품과 북한의 요구에 따라 북한 내에서 판매하는 경우 거래세 면제(단, 수출제한상품 제외)(제46조, 시행규정 65조)	• 기업이 생산한 제품을 남측지역에 보내거나 다른 나라에 수출할 경우 거래세 면제 (제43조)	• 기업이 생산한 제품을 남측지역에 보내거나 다른 나라에 수출할 경우 거래세 면제 (제65조)

(부록 5) 개성공업지구 세금규정- 거래세의 세율표

구분	품목	세율(%)
1	전기, 전자, 금속, 기계제품	1
2	연료, 광물, 화학, 건재, 고무제품	1
3	섬유, 신발, 일용, 가죽, 기타 공업제품	1
4	식료품, 농산물, 축산물, 수산물	2
5	술, 담배, 기타 기호품	15

출처: 북한의 세금 관련 규정을 토대로 저자 재구성

영업세

영업세의 납세의무자와 과세대상

남측 투자가

북한에서 영업세 납세의무자는 개인이 아닌 기업이다(외국인투자기업 및 외국인세금법 제47조, 금강산국제관광특구 세금규정 제44조, 개성공업지구 세금규정 제66조).

금강산국제관광특구 세금규정상 영업세 과세대상은 교통운수, 통신, 상업, 금융, 보험, 관광, 여관, 급양, 오락, 위생편의와 같은 봉사부문의 봉사수입금액이며(금강산국제관광특구 세금규정 제44조), 개성공업지구 세금규정의 경우 위의 과세대상에 건설부문의 건설물인도수입금을 추가했다(개성공업지구 세금규정 제67조).

외국 투자가

서비스(봉사)부문과 건설부문의 외국투자기업은 영업세 납부의무가 있다(외국인투자기업 및 외국인세금법 제47조, 동법 시행규정 제67조). 영업세 과세대상은 교통운수, 통신, 동력, 상업, 무역, 금융, 보험, 관광, 광고, 여관, 급양, 오락, 위생편의 등의 봉사수입금(운임, 요금 등), 건설부문의 건설물인도수입금, 대부이자와 예금이자의 차액 등이다(외국인투자기업 및 외국인세금법 제48조, 동법 시행규정 제68조).

영업세의 세율과 납부절차

남측 투자가

금강산국제관광특구 세금규정은 영업세의 세율을 해당 수입금의 2~10%로 규정하고 있다(제45조). 영업세는 분기마다 계산하여 다음 달 10일 내 납부해야 하며(금강산국제관광특구 세금규정 제47조), 전기, 가스, 난방 같은 에네르기 생산 및 공급부문과 상하수도, 용수, 도로, 철도, 비행장 같은 하부구조부문에 투자한 기업에 대해서는 영업세를 감면할 수 있다(금강산국제관광특구 세금규정 제48조).

개성공업지구 세금규정은 다음의 표에서 보는 바와 같이 세율을 과세대상별로 1~7%로 규정하고 있다(개성공업지구 세금규정 제68조). 영업세는 분기마다 계산하여 다음 달 20일 내 납부해야 하며(개성공업지구 세금규정 제70조), 전기, 가스, 난방 같은 에네르기 생산 및 공급부문과 상하수도, 용수, 도로부문에 투자하여 운영하는 기업에 대해 영업세를 면제하고 있다(개성공업지구 세금규정 제71조).

영업세의 세율은 수입금의 2~10%로 한다(외국인투자기업 및 외국인세금법 제49조). 교통, 운수, 동력부문은 수입금의 2~4%, 금융, 보험부문은 수입금의 2~4%, 상업부문, 무역부문, 여관업·급양업·오락업·위생편의업 등의 편의봉사부문은 수입금의 4~10%이다. 부문별 세율은 중앙재정지도기관이 정하며, 다양한 업종을 영위하는 외국투자기업과 외국인은 업종별로 영업세를 산정한다(외국인투자기업 및 외국인세금법 시행규정 제69조).

영업세는 월마다 업종별 수익에 정한 세율을 적용하여 산정하며, 다음 달 10일 내에 납세의무자가 세무기관에 납부해야 한다(외국인투자기업 및 외국인세금법 제50조, 동법 시행규정 제70조). 도로, 철도, 항만, 비행장, 오수 및 오물처리 같은 하부구조부문에 투자하여 운영하는 외국투자기업에 대해서는 영업세를 감면할 수 있고, 첨단과학기술봉사부문의 기업에 대해서는 일정 기간 영업세를 50% 범위 내에서 감면할 수 있다(외국인투자기업 및 외국인세금법 제52조). 또한 외국투자기업이 국가적 요구에 의하여 북한의 기관, 기업소에 봉사하였을 경우와 외국투자은행이 북한 내 은행 또는 기관, 기업소에 낮은 이자율과 유예기간을 포함하여 10년 이상의 상환기간과 같은 유리한 조건으로 대부하였을 경우 외국투자기업은 세무기관의 승인을 받아 영업세를 감면받을 수 있다(외국인투자기업 및 외국인세금법 시행규정 제71조).

라선경제무역지대에서 하부구조를 건설하는 경우에는 영업세를 면제받을 수 있고, 봉사부문(상업, 급양업, 오락업과 같은 봉사업은 제외)인 경우에는 영업세를 50% 감면받을 수 있다(외국인투자기업 및 외국인세금법 제52조, 동법 시행규정 제71조).

북한의 영업세 관련 규정

구분		외국인투자기업 및 외국인세금법	금강산국제관광특구 세금규정	개성공업지구 세금규정
영업세	납부 의무	• 봉사부문의 외국투자기업은 납부의무가 있음(제47조)	• 봉사부문의 외국투자기업은 납부의무가 있음(제44조)	• 봉사부문의 기업은 납부의 무가 있음(제66조)
	과세 대상	• 교통운수, 통신, 동력, 상업, 무역, 금융, 보험, 관광, 광고, 여관, 급양, 오락, 위생편의 같은 봉사수입금(제48조)	• 교통운수, 통신, 상업, 무역, 금융, 보험, 관광, 광고, 여관, 급양, 오락, 위생편의 같은 봉사수입금(제44조)	• 교통운수, 체신, 상업, 금융, 관광, 광고, 여관, 급양, 오락, 위생편의 등의 봉사수입금과 건설부문의 건설물인도 수입금(제67조)
	세율	• 수입금의 2~10%(제49조)	• 수입금의 2~10%(제45조)	• 부록 6에 따름(제68조)
	감면	• 하부구조부문에 투자하여 운영하는 외국 투자가는 일정 기간 영업세 면제 • 첨단과학기술봉사부문의 기업에 대하여서는 일정한 기간 영업세 50% 감면(제52조)	• 전기, 가스, 난방과 같은 에네르기의 생산 및 공급부문과 상하수도, 용수, 도로 부문에 투자하여 운영하는 기업은 영업세 면제(제48조)	• 전기, 가스, 난방과 같은 에네르기의 생산 및 공급부문과 상하수도, 용수, 도로 부문에 투자하여 운영하는 기업은 영업세 면제(제71조)

(부록 6) 개성공업지구 세금규정- 영업세의 세율표

구분	품목	세율(%)
1	건설, 교통운수, 체신부문	1
2	금융부문	1
3	상업부문	2
4	급양, 려관, 관광, 광고, 위생편의부문	1
5	교육, 문화, 체육, 기타 봉사부문	1
6	부동산거래부문	2
7	오락부문	7

출처: 북한의 세금 관련 규정을 토대로 저자 재구성

자원세

자원세의 과세표준

자원세는 2013년 외국인투자기업 및 외국인세금법 개정 시 도입되었다. 외국투자기업이 자원을 수출하거나 판매 혹은 자체 소비를 목적으로 채취하는 경우 납세의무가 성립한다(외국인투자기업 및 외국인세금법 제53조). 과세표준은 광물자원, 산림자원, 동식물자원, 수산자원, 물자원 같은 천연적으로 존재하는 자원의 수출 혹은 판매 시의 수입금 또는 정해진 가격으로 한다(외국인투자기업 및 외국인세금법 제53~54조).

자원세 세율 및 납부절차

자원세의 세율은 내각에서 정하도록 되어 있는데(외국인투자기업 및 외국인세금법 제55조), 현재까지 알려진 사항은 없으며, 납부는 자원을 수출하거나 판매하여 수입이 이루어지거나 자원을 소비할 때마다 해당 세무기관에 납부한다(외국인투자기업 및 외국인세금법 제57조).

원유, 천연가스와 같은 자원개발에 대해서는 5~10년간 자원세를 면제할 수 있고, 자원을 그대로 팔지 않고 현대화된 기술공정에 기초하여 가공제품을 만들어 수출하거나 국가적 조치로 북한의 기관, 기업소, 단체에 판매하는 경우 자원세를 감면할 수 있으며, 장려부문의 외국투자기업이 생산에 이용하는 지하수에 대해서는 자원세를 감면할 수 있다(외국인투자기업 및 외국인세금법 제58조).

북한의 자원세 관련 규정

구분		외국인투자기업 및 외국인세금법
자원세	납부의무	• 외국투자기업이 자원을 수출하거나 판매 혹은 자체 소비를 목적으로 자원을 채취하는 경우 납부의무가 있음(제53조)
	과세대상	• 광물자원, 산림자원, 동식물자원, 수산자원, 물자원 같은 천연적으로 존재하는 자원의 수출 혹은 판매 시의 수입금 또는 정해진 가격(제54조)
	세율	• 내각이 정함(제55조)
	감면	• 원유, 천연가스 등을 개발하는 기업은 최대 10년간 면제 • 현대화된 기술공정에 기초하여 가치가 높은 가공제품을 만들어 수출하거나 국가적 조치로 공화국의 기관, 기업소, 단체에 판매 시 감면 가능 • 장려부문의 외국투자기업이 생산에 이용하는 지하수에 대하여 감면 가능(제58조)

출처: 북한의 세금 관련 규정을 토대로 저자 재구성

지방세

지방세 납세의무자와 과세대상

북한의 지방세는 도시경영세와 자동차이용세가 있으며, 외국투자기업과 외국인은 지방세를 소재지 또는 거주지의 재정기관에 납부하여야 한다(외국인투자기업 및 외국인세금법 제59조, 제62조). 라선경제무역지대에 거주하지 않고 경제거래를 하는 외국인도 지방세를 납부하여야 한다(외국인투자기업 및 외국인세금법 시행규정 제72조). 북한에서 지방세는 해당 지역의 공원과 도로, 오물처리시설과 같은 공동시설을 관리운영하기 위하여 부과한다(외국인투자기업 및 외국인세금법 시행규정 제73조).

도시경영세의 과세대상은 외국투자기업의 경우 종업원 월노임총액, 외국인의 경우에는 노동보수에 의한 소득, 이자소득, 배당소득, 임대소득 및 재산판매소득과 같은 월수입액으로 한다(외국인투자기업 및 외국인세금법 제60조, 동법 시행규정 제74조). 자동차를 소유한 외국투자기업과 외국인은 자동차를 이용하는 경우 자동차이용세를 납부하여야 한다(외국인투자기업 및 외국인세금법 제62조). 과세대상인 자동차에는 승용차, 버스, 화물자동차, 오토바이, 특수차가 있고, 특수차에는 기중기차, 연유차, 시멘트운반차, 지게차, 굴착기, 불도저, 뜨락또르(트렉터)와 같은 윤전기재를 포함하고 있다(외국인투자기업 및 외국인세금법 시행규정 제76조).

지방세의 세율과 납부절차

외국투자기업은 월노임총액에 1%의 세율로 매월 산정하여 다음 달 10일 내 소재지의 재정기관에 납부해야 한다. 거주한 외국인이 납부하는 도시경영세는 월수입에 1%의 세율로 매월 산정하여 다음 달 10일 내 해당 재정기관에 본인이 신고납부하거나 노임을 지불하는 주체가 공제납부해야 한다(외국인투자기업 및 외국인세금법 제61조).

자동차이용세는 자동차 대당 또는 좌석수, 적재 t당 1,500~15,000원으로 하며(외국인투자기업 및 외국인세금법 시행규정 제78조), 외국투자기업과 외국인은 북한 내 자동차를 소유한 시점부터 30일 내 해당 세무기관에 신청서를 제출하여 자동차이용 관련 세무등록을 하여야 한다(외국인투자기업 및 외국인세금법 시행규정 제77조). 한편 등록 자동차를 이용하지 않은 기간이 연속하여 2개월 이상인 경우에는 해당 세무기관에 신고하여 이용하지 않은 기간의 자동차이용세를 면제받을 수 있다(외국인투자기업 및 외국인세금법 시행규정 제79조).

북한에서 지방세는 개성공업지구 세금규정(제74조, 제79조)에서 세율에 차이를 두고 있고, 금강산국제관광특구 세금규정(제55조)에서 자동차이용세의 세율에 차이를 두고 있을 뿐, 다른 사항은 외국인투자기업 및 외국인세금법과 금강산국제관광특구 세금규정, 개성공업지구 세금규정 사이에 큰 차이가 없다.

북한의 지방세 관련 규정

구분		외국인투자기업 및 외국인세금법	금강산국제관광특구 세금규정	개성공업지구 세금규정
도시경영세	납부의무	• 외국인투자기업과 거주하는 외국인은 납부의무가 있음(제59조)	• 기업과 개인은 납부의무 존재(제49조)	• 기업과 개인은 납부의무 존재(제72조)
	과세대상	• 외국인투자기업: 월노임총액 • 거주하는외국인: 월수입총액(제60조)	• 기업: 월노임총액 • 개인: 월수입총액(제50조)	• 기업: 월노임총액 • 개인: 월수입총액(제73조)
	세율	• 기업: 월노임총액의 1% • 개인: 월수입액의 1%(시행규정 제75조)	• 기업: 월노임총액의 1% • 개인: 월수입액의 1%(제51조)	• 부록 7에 따름(제74조)
자동차이용세	납부의무	• 자동차를 이용하는 외국인투자기업과 외국인은 납부의무가 있음(제62조)	• 과세대상 차량을 소유한 기업 또는 개인은 납부의무가 있음(제53조)	• 매년 1월 1일 현재 자동차를 소유한 기업 또는 개인은 납부의무가 있음(제77조)
	세율	• 자동차유형별에 따르는 이용세액은 중앙재정지도기관이 정함(제64조) • 자동차이용세는 자동차 대당 또는 좌석수, 적재 t당 1,500~15,000원을 적용하여 계산(시행규정 제78조)	• 자동차 대당 연간 100~200 유로(제55조)	• 부록 8에 따름(제79조)

(부록 7) 개성공업지구 세금규정- 도시경영세의 세율표

구분	납세의무자	세율(%)
1	기업	0.5
2	개인	0.5

조세관리

(부록 8) 개성공업지구 세금규정- 자동차이용세의 세율표

(단위: USD)

구분	품목	세율
1	• 승용차 대당/연	40
2	• 버스 12석까지 대당/연 13-30석까지 대당/연 31석이상 대당/연	 40 50 60
3	• 화물자동차 제톤당/연	3
4	• 자동차전차 대당/연	10
5	• 특수차 대당/연	20

출처: 북한의 세금 관련 규정을 토대로 저자 재구성

제재 및 신소 관련

제재

외국인투자기업 및 외국인세금법상 제재로는 연체료와 벌금, 몰수, 영업중지 등이 있다. 외국투자기업 및 외국인이 정해진 기간 내에 납부하지 않을 경우 납부기일이 지난 날부터 미납부세액에 대해 매일 0.3%에 해당하는 연체료를 부과한다(외국인투자기업 및 외국인세금법 제68조). 외국투자기업이나 외국인이 정당한 이유 없이 6개월 이상 세금을 납부하지 않거나 벌금통지서를 받고 1개월 이상 벌금을 납부하지 않는 경우, 세무기관의 정상적인 조사에 응하지 않거나 필요한 자료를 제공하지 않는 경우에 영업을 정지시킬 수 있다(외국인투자기업 및 외국인세금법 제69조). 또한 정당한 이유 없이 세무등록, 재산등록, 자동차등록을 제때에 하지 않았거나 세금납부신고서, 연간회계결산서 같은 세무문건을 제때에 내지 않았을 경우 외국투자기업에게는 100~5,000유로까지 부과하고, 공제납부의무자가 세금을 적게 공제하였거나 공제

한 세금을 납부하지 않았을 경우에는 미납부세액의 2배까지 벌금을 부과하며, 부당한 목적으로 장부와 자료를 사실과 다르게 기록하였거나 고쳤을 경우 또는 이중장부를 이용하거나 장부를 없앴을 경우 외국투자기업에는 1,000~10만 유로까지, 외국인에게는 100~1,000유로까지 벌금을 부과한다. 세무일군의 세무조사를 고의로 방해하였을 경우에는 정상에 따라 100~5,000유로까지의 벌금을 부과하고, 고의로 세금을 납부하지 않거나 적게 납부하였을 경우와 재산 또는 소득을 빼돌렸거나 감추었을 경우에는 미납부세액의 5배까지 벌금을 부과한다(외국인투자기업 및 외국인세금법 제71조).

금강산국제관광특구 세금규정에서는 세금을 납부기일까지 납부하지 아니한 경우 미납부세액에 대해 매일 0.3%의 연체료를 부과하고, 정당한 이유 없이 세무등록, 재산등록, 자동차등록을 정해진 기간 안에 하지 않았거나 세금납부신고서, 연간회계결산서 같은 세무문건을 제때에 제출하지 않았을 경우 기업 또는 개인에게 100~1,500유로까지의 벌금을 물리며, 공제납부의무자가 세금을 적게 공제하였거나 공제한 세금을 납부하지 않았을 경우에는 미납부세액의 2배까지 벌금을 부과하고, 고의로 세금을 납부하지 않았거나 적게 납부한 경우 미납부세액의 3배까지 벌금을 부과한다(금강산국제관광특구 세금규정 제60~61조)고 규정하고 있다.

개성공업지구 세금규정에서는 연체요율을 미납부세액에 대해 매일 0.05%로 하고 있고, 정당한 이유 없이 세무등록, 재산등록, 자동차등록을 제때에 하지 않았거나 세금납부신고서, 연간회계결산서 같은 세무문건을 제때에 제출하지 않았을 경우 기업 또는 개인에게 10~1,000달러까지의 벌금을 물리며, 공제납부의무자가 세금을 적게 공제하였거나 공제한 세금을 납부하지 않았을 경우에는 미납부세액의 10%에 해당하는 벌금을 부과하고, 고의로 세금을 납부하지 않았을 경우 미납부세액의 3배까지 벌금을 부과한다(개성공업지구 세금규정 제84~85조)고 규정하고 있다.

신소

신소(伸訴)는 '자기의 권리와 이익에 대한 침해를 미리 막거나 침해된 권리와 이익을 회복시켜줄 것을 요구하는 행위'(신소청원법 제2조)를 말한다. 세금납부와 관련한 불복절차에 대하여 외국인투자기업 및 외국인세금법은 중앙세무지도기관과 해당 기관에 신소를 제기할 수 있다고 규정하고 있으며, 해당 기관은 신소를 접수한 때로부터 30일 안에 처리하도록 규정하고 있다(외국인투자기업 및 외국인세금법 제73조).

금강산국제관광특구 세금규정은 국제관광특구지도기관과 세무소에 신소를 제기할 수 있도록 하고 있고, 이를 접수한 기관은 30일 안에 처리하도록 규정하고 있다(금강산국제관광특구 세금규정 제62조). 그리고 개성공업지구 세금규정은 공업지구세무소에 의견을 제기하거나 신소를 제기할 수 있도록 규정하고 있고, 처리기간은 마찬가지로 30일로 규정하고 있다(개성공업지구 세금규정 제86조).

세금 관련 법률의 차이점

앞에서 살펴본 것처럼 북한의 세금 관련 법률은 큰 틀에서 유사하며, 과세대상에 대해서는 일반적으로 열거주의를 취하고 있다. 외국인투자기업 및 외국인세금법은 북한 내 외국투자기업 및 개인소득(북한과 북한 외 타국 포함)

전체를 대상으로 하고 있으나, 다른 세금규정들은 특정지대 내에서 발생하는 소득으로 한정하고 있고, 각 지역특구별 과세대상으로 특구 관련 소득을 추가하고 있다(예를 들어 금강산국제관광특구의 경우 관광봉사소득을 추가하고 있음). 이 밖에 세율과 관련한 외국인투자기업 및 외국인세금법과 금강산국제관광특구 세금규정은 대동소이하며, 개성공업지구 세금규정은 각 세금별 공제금액 등을 포함하여 세율에 차이를 보인다.

한편 기업소득세의 장려부문에 대한 규정에서 재투자 요구기간의 차이(외국인투자기업 및 외국인세금법과 금강산국제관광특구: 5년, 개성공업지구: 3년)와 감면비율 축소의 차이(외국인투자기업 및 외국인세금법과 금강산국제관광특구: 50%, 개성공업지구: 70%)가 있으며, 북남경제협력법을 근간으로 두고 있는 개성공업지구 세금규정은 앞의 두 법률과 상당한 차이를 보인다(pp. 198~200 참조). 이 외에 외국인투자기업 및 외국인세금법과 금강산국제관광특구 세금규정, 개성공업지구 세금규정은 납부기한과 분할납부기준액, 납부의무자, 등록기간규정, 벌금규정에서 차이가 있다(pp. 189~191 참조).

관세

남측 투자가

남북교역에서 세관규정에 따라 통관서류의 범위 및 확인절차가 진행되며(각 특수경제지대법 등에 규정되어 있음), 무관세로 교역이 이루어진다. 남측과 북측은 1991년 12월 남북기본합의서를 통해 남북관계를 "나라와 나라 사이의 관계가 아닌 통일을 지향하는 과정에서 잠정적으로 형성되는 특수관계"

로 규정했고, 여기에 담긴 남북의 공통된 인식과 규정은 이후 다른 남북합의서에서도 계승되었다.

남북교역은 제3국과의 교역에 비해 여러 차별성을 가지고 있는데, 대표적인 것이 '민족 내부거래'다. 1990년 8월 1일에 제정된 '남북교류협력에 관한 법률'은 2005년 12월 1일 법률개정을 통해 남북 간 거래를 민족 내부거래로 정의하고 필요한 사항을 규정했다. 민족 내부거래는 남북 간 교역을 국가 대 국가의 거래가 아닌 동일민족 간 거래로 규정하고 무관세 등의 혜택을 부여하는 특수한 무역형태라고 할 수 있다.

그러나 북측의 물품이 관세를 면제받기 위해서는 일정한 요건을 충족해야 한다. 국내로 반입되는 물품은 북측에서 생산, 가공 또는 제조된 것임을 증명하기 위해 반입신고를 할 때 북측의 민경련(조선민족경제협력연합회)이 발급한 원산지증명서를 제출해야 한다. 이 증명서만 남측에서 인정되고, 그에 따라 관세를 면제받을 수 있다. 남측에서 북측이나 해외로 반출되거나 수출되는 물품은 남측의 세관과 대한상공회의소가 원산지증명서를 발급하고 있다.

원산지 여부를 결정하는 기준[35]은 다음과 같다.

① 당해 물품의 전부가 남측 또는 북측에서 생산 및 가공, 제조된 경우
② 당해 물품이 2개국 이상에 걸쳐 생산 및 가공 또는 제조된 경우에는 그 물품의 본질적 특성을 부여하기에 충분한 정도의 실질적인 생산 및 가공 또는 제조 과정이 최종적으로 남측 또는 북측에서 수행된 경우

원산지로 인정하지 않는 경우의 결정기준은 다음과 같다.

35 남북교류협력에 관한 법률 제26조, 동법시행령 제50조 제2항의 규정 및 남북 사이에 거래되는 물품의 원산지확인절차에 관한 합의서, 남북교역물품의 원산지확인에 관한 고시

① 제3국에서 생산되어 남측 또는 북측을 단순 경유한 경우

② 남측 또는 북측에서 단순포장, 상표부착, 물품분류, 절단, 세척 또는 단순 조립작업만 거친 경우

③ 남측 또는 북측에서 운송 또는 보관에 필요한 작업만 거친 경우

④ 남측 또는 북측에서 물품의 특성이 변하지 않는 범위 안에서 원산지가 다른 물품과의 혼합작업만 거친 경우

⑤ 남측 또는 북측에서 도축작업만 거친 경우

⑥ 남측 또는 북측에서 건조, 냉장, 냉동, 제분, 염장, 단순가열(볶거나 굽는 것 포함.), 껍질 및 씨 제거작업만 거친 경우

⑦ 기타 남측과 북측이 합의하여 정한 경우

외국 투자가

북한은 조선민주주의인민공화국 세관법으로 관세를 규정하고 있으며, 1983년 10월 14일 최고인민회의 상설회의 결정 제7호로 채택한 이후 2012년까지 5차례 개정했다. 이는 관세제도 정비를 통해 세관수속 및 관세의 부과와 더불어 관세정책을 정확히 알리고 집행하는 기준을 설정하기 위한 것이다. 동법은 통관의 개요, 세관법의 기본, 세관등록 및 수속, 세관검사와 감독, 관세, 세관사업에 대한 지도통제의 내용을 담고 있으며, 주요 내용은 다음과 같다.

세관법의 기본

북한 세관법의 목적은 "세관등록과 수속, 검사, 관세의 부과와 납부 질서를 엄격히 세워 나라의 안전을 지키고 자립적 민족경제를 보호하며 대외무역을 발전시키는 데 이바지"(제1조)하는 것이다. 그리고 "국가는 자립적 민족경제

를 보호하기 위하여 수입과 수출을 장려하는 물자에는 관세를 면제하거나 낮게 부과하며, 수입과 수출을 제한하는 물자에는 관세를 높게 부과"(제6조)하도록 규정하여 국제무역을 장려하는 한편 수출입이 제한된 물품에 대한 높은 관세 적용에 대한 법적 기틀을 마련했다.

북한의 무역은 국가계획 및 독점하에 이루어지고 있다. 이에 따라 관세 적용도 법과 실제가 다른 측면이 있다. 실제로 무역상품에 대한 관세는 대부분 부과되지 않고 있으며, 다만 비교역품(외국여행자의 소지품, 무환수입품, 국제소포 등)에 대한 관세만 부과되고 있다. 북한의 관세는 밀수방지 및 외환 관련 독점업무, 물품의 수출입통계체계를 위한 수출입통관제도의 역할을 수행하고 있다.

관세

관세와 선박톤세, 세관요금의 부과는 세관이 담당하며, 해당 기관, 기업소, 단체와 공민은 관세와 선박톤세, 세관요금을 의무적으로 납부하도록(세관법 제39조) 규정하고 있다. 관세를 부과하는 기준가격은 수입품은 국경도착가격, 수출품은 국경인도가격이며, 국제우편물과 공민이 들여오거나 내가는 물품은 소매가격으로 한다(세관법 제40조).

관세 계산은 해당 물자의 가격과 국경을 통과하는 당시의 관세율에 따른다. 세관은 관세 계산의 기초로 삼은 물자의 가격이 해당 시기의 국제시장가격보다 낮게 신고되었다고 인정될 경우 해당 가격제정기관에 신고된 물자의 가격을 다시 평가해줄 것을 요구할 수 있으며(세관법 제41조), 국가에서 정한 화폐로 납부할 수 있다(세관법 제45조).

외국투자기업이 생산과 경영을 위해 들여오는 물자와 생산하여 수출하는 물자, 가공무역, 중계무역, 재수출을 목적으로 들여오는 물자 등에 대해서는 관세를 적용하지 않는다(세관법 제49조).

세관법 제49조에 따라 관세가 면제되는 경우는 다음과 같다.

① 국가적 조치에 따라 들여오는 물자
② 다른 나라 또는 국제기구, 비정부기구에서 우리나라(북측) 정부 또는 해당 기관에 무상으로 기증하거나 지원하는 물자
③ 외교여권을 가진 공민, 우리나라(북측)에 주재하는 다른 나라 또는 국제기구의 대표기관이나 그 성원이 이용하거나 소비할 목적으로 정해진 기준의 범위에서 들여오는 사무용품, 설비, 비품, 운수수단, 식료품
④ 외국투자기업이 생산과 경영을 위하여 들여오는 물자와 생산하여 수출하는 물자, 무관세상점물자
⑤ 가공무역, 중계무역, 재수출 같은 목적으로 반출입하는 보세물자
⑥ 국제상품전람회나 전시회 같은 목적으로 임시 반출입하는 물자
⑦ 해당 조약에 따라 관세를 물지 않게 되어 있는 물자
⑧ 이삿짐과 상속재산
⑧ 정해진 기준을 초과하지 않는 공민의 짐, 국제우편물

관세를 면제받는 경우라도 외국투자기업이 생산한 상품을 자유경제무역지대 밖의 북한 영역 내에서 판매하는 경우, 가공무역, 중계무역, 재수출을 목적으로 들여오는 물자를 북한 영역에 판매하는 경우, 보세물자를 정해진 기간 안에 반출하지 않는 경우 등에 대해서는 면제조항이 적용되지 않는다(세관법 제50조). 또한 세관은 다른 나라 사이에 맺은 조약에 관세특혜조항이 있을 경

우에는 특혜관세율을 적용하며, 관세특혜조항이 없을 경우에는 기본 관세율을 적용한다(세관법 제43조).

기관, 기업소, 단체는 관세납부계산서에 따라, 해당 공민은 관세납부통지서에 따라 관세를 납부하며, 관세납부계산서, 관세납부통지서의 발급은 해당 세관이 하고(세관법 제46조), 물자를 수출입하려는 기관, 기업소, 단체는 관세를 해당 물자가 반출입되기 전에 납부하여야 한다(세관법 제47조).

보세기간에는 관세를 부과하지 않으며, 그 기간은 보세공장, 보세창고에서는 2년으로 하고, 보세전시장에서는 세관이 정한 기간에 따른다(세관법 제56조).

세관사업에 대한 지도통제

세관법은 "세관사업에 대한 통일적인 장악과 지도는 중앙세관지도기관"으로 하도록 규정(세관법 제63조)하고 있으며, 북한에서 관세에 관련된 국가기관으로는 세관관리총국, 세관 및 세관검사국 등이 있다. 세관관리총국은 과거의 무역부산하기구로 관세에 관련된 제 기관을 통할하며, 제 기관의 조직관리와 관세정책의 입안 등의 업무를 담당한다. 세관은 관세관리총국의 지도 아래 구체적인 업무를 집행하는 기관으로 수출입화물의 적법성을 검사하고, 과세금액의 산정과 징수, 불법 수출입화물의 단속 등의 기능을 수행한다. 세관검사국은 수출입상품에 대한 관세 부과와 징수를 담당한다.

"세관은 관세, 선박톤세, 세관요금을 정한 기일 안에 납부하지 않았을 경우 그에 해당하는 연체료를 부과한다"(세관법 제69조). 짐, 운수수단, 국제우편물, 휴대품을 비법적으로 우리나라(북측)에 들여오거나 다른 나라로 내가는 경우에는 억류, 몰수, 벌금, 업무활동중지 같은 처벌을 가하며(세관법 제

70조), 세관법규를 어겨 엄중한 결과를 일으킨 기관, 기업소, 단체의 책임 있는 일군과 개별적 공민에게는 정상에 따라 행정적 또는 형사적 책임을 지우도록(세관법 제71조) 한다.

세관사업과 관련하여 의견이 있을 경우에는 중앙세관지도기관 또는 해당 기관에 신소할 수 있으며, 기관은 접수한 날로부터 30일 내에 요해처리해야 한다(세관법 제72조).

이중과세방지법

남한과 북한 사이의 이중과세 관련 합의서는 2000년 6월 15일 김대중 대통령과 김정일 국방위원장 사이의 정상회담 후 '남북공동선언'에 따라 진행되는 경제협력과 교류가 나라와 나라 사이가 아닌 민족의 내부거래임을 확인하고, 소득에 대한 이중과세를 방지하기 위한 내용을 담고 있다. 합의서를 체결하기 전, 남한과 북한은 쌍방의 세금규정에 따라 이중과세를 용인했으며, 이중과세 방지합의에 따라 발생소득별로 북한에서 과세할 수 있는 범위를 정하고, 북한에서 납부한 세금은 남한에서 납부할 세금에서 공제하는 방법으로 이중과세 방지를 위한 장치를 마련했다. 이 합의는 기업소득세(법인세)와 개인소득세를 대상으로 하며, 거래에 대한 간접세는 대상으로 하지 않는다.

남북이 체결한 이중과세방지합의서는 거주자의 판정기준(남북 이중과세방지합의서 제4조)과 고정사업장의 판단기준(남북 이중과세방지합의서 제5조)에 대해 기술하고, 각 소득에 대한 소득의 과세권 배분규정과 원천국 판단기준(남북 이중과세방지합의서 제6~21조)을 규정하고 있다. 이중과세방지 방법에 관한 규정(남북 이중과세방지합의서 제22조)에 따르면, 남한과 북한의 일방은 자기 지역의 거주자가 상대방에서 얻은 소득에 대하여 세금을 납부하였거나 납부하여야 할 경우 그 소득에 대한 세금을 면제하나(소득면제방식), 이자·배당금·사용료에 대하여는 상대방에서 납부하였거나 납부하여야 할 세액만큼 일방의 세액에서 공제할 수 있다.

남북의 이중과세방지합의서의 조항별 주제는 다음 표와 같다.

남북 이중과세방지합의서 조항별 주제

구분	남북 이중과세방지합의서
1조	정의
2조	적용대상
3조	세금의 종류
4조	거주자 판정
5조	고정사업장 판정
6조	부동산소득
7조	기업이윤
8조	수송소득
9조	특수관계 기업이윤
10조	배당금
11조	이자소득
12조	사용료
13조	재산양도소득
14조	독립적 인적용역
15조	종속적 인적용역
16조	이사의 보수
17조	예술인과 체육인의 소득
18조	연금
19조	학생과 실습생의 보조금
20조	교원과 연구원의 소득
21조	기타소득
22조	이중과세방지 방법
23조	차별금지
24조	합의절차
25조	정보 교환
26조	수정 및 보충
27조	효력발생
28조	유효기간

출처: 남북 이중과세방지합의서(2000.12.16)

사업소득

기업이 상대방지역에 지점, 사무소 등 고정된 사업장소를 가지고 있지 않는 한 상대방지역에서는 원칙적으로 그 기업의 사업소득을 과세하지 않도록 하고 있다. 사회간접시설 건설 등을 위한 건축공사장 등 건설사업장의 경우 6개월 미만의 단기간 동안 사업활동이 수행되면 사업장소재지에서 비과세한다. 기업이 남북 사이에서 운영하는 자동차, 열차, 배, 비행기 같은 수송수단을 이용하여 상대방에서 얻은 이윤에 대한 세금은 상대방에서도 법에 따라 부과한다. 이 경우 부과되는 세금은 50%를 감면한다(남북 이중과세방지합의서 제5조, 제7~8조).

투자소득

이자, 배당 및 로열티 등 투자소득에 대하여는 소득발생지에서 10% 이하의 낮은 세율(제한세율)로 과세하도록 하고 있다. 다른 이중과세방지협정과 마찬가지로 정부(지자체 포함) 및 중앙은행이 수취하는 이자에 대하여는 그 공공적 성격을 감안하여 면세토록 하고 있다(남북 이중과세방지합의서 제10~12조).

직종별 용역제공 대가

연예인 및 체육인이 당국 간 합의 또는 승인절차를 거쳐 활동하는 경우에는 용역수행지에서 과세하지 않도록 규정하고 있다. 변호사, 회계사 등이 전문적인 인적용역을 제공하여 얻는 소득에 대하여는 용역수행지에 사무소 등 고정된 사업시설을 두지 않거나 고정된 사업시설이 있더라도 1년 중 183일 미만의 단기체류 시에는 용역수행지에서 비과세하고 있다. 한편 상대방지역의 지점 등에 파견된 근로자에 대하여는 1년 중 183일 미만의 단기체류 시에는 용역수행지에서 과세하지 않도록 규정하고 있다(남북 이중과세방지합의서 제14~15조, 제17조).

이중과세방지 방법

남한과 북한의 일방은 자기 지역의 거주자가 상대방에서 얻은 소득에 대하여 세금을 납부하였거나 납부하여야 할 경우 그 소득에 대한 세금을 면제하는 소득면제방식을 적용하나, 이자와 배당금 및 사용료는 상대방에서 납부하였거나 납부하여야 할 세액만큼 일방의 세액에서 공제할 수 있는 세액공제방식을 적용하고 있다(남북 이중과세방지합의서 제22조).

금융관리

계좌 개설 및 보유

외국인투자기업

합작기업, 합영기업, 외국인기업, 합영은행, 외국인은행에 적용되는 외국인투자기업재정관리법에 따르면, 외국인투자기업은 외국환업무를 하는 북한 은행(무역은행 및 중앙재정지도기관의 승인을 받은 다른 은행)[36]에 계좌를 개설하여야 하고, 외국 은행에 계좌를 개설하고자 하는 경우에는 중앙재정지도기관의 합의가 있어야 한다(외국인투자기업재정관리법 제5조). 외국인투자기업의 현금, 예금 등의 화폐재산에 대한 관리는 기업의 재정 담당자가 하며, 보유한도를 초과하는 현금은 해당 은행에 입금하여야 한다(외국인투자기업재정관리법 제32조).

그 외에 합영법 및 외국인기업법에서 별도로 규정하고 있는 내용은 다음과 같다. 합작법에는 별도의 규정사항이 없다.

36 외화관리법 제4조(외국환자업무를 하는 은행): 조선민주주의인민공화국에서 외국환자업무는 무역은행이 한다. 다른 은행도 중앙재정지도기관의 승인을 받아 외국환자업무를 할 수 있다.

합영기업

합영기업의 경우에는 북한 은행 또는 외국투자은행에 계좌를 개설하여야 하고, 외국에 있는 은행에 계좌를 개설할 경우에는 외화관리기관의 승인을 받아야 하며, 경영활동에 필요한 자금을 북한 또는 외국 은행에서 대부받은 경우 대부받은 조선원과 외화로 교환한 조선원은 정해진 은행에 예금하고 사용하여야 한다(합영법 제28~29조)고 규정하고 있다. 합영기업이 외국 은행에서 대부받은 경우에는 외화관리기관에 통지하여야 한다(합영법 시행규정 제103조). 또한 합영기업은 외화를 외국 은행에 예금하려고 할 경우 외화관리기관의 승인을 받아야 하고, 외국 은행에 계좌를 둔 합영기업은 분기마다 분기가 끝난 날로부터 30일 안에 그 계좌의 외화 수입·지출과 관련한 문건을 외화관리기관에 제출하여야 한다(합영법 시행규정 제105~106조).

한편 외화와 조선원의 환산은 무역은행기관이 발표한 해당 시기의 외화교환시세로 한다(합영법 시행규정 제95조).

외국인기업

외국인기업의 경우에는 북한의 무역은행에 조선원 계좌와 외화 계좌를 두고 이용하는 것이 원칙이나, 필요한 경우에 외화관리기관과의 합의하에 북한 내 다른 은행이나 외국 은행에 계좌를 개설할 수 있다. 외화 거래와 결제는 거래은행에 있는 자기 계좌를 통해서만 할 수 있으며, 외국 은행에 계좌를 두었을 때에는 분기마다 수불정형과 거래은행의 계시서를 외화관리기관에 제출하여야 한다(외국인기업법 시행규정 제51조).

투자상환 및 이윤배분

외국인투자기업

북남경제협력법에는 별도의 이윤배분 관련 규정을 두고 있지 않다. 그러나 외국인투자법 등에서는 외국 투자가가 이윤의 일부 또는 전부를 북한에 재투자할 수 있고, 이 경우 재투자분에 대하여는 이미 납부한 소득세의 일부 또는 전부를 환급하여주는 혜택을 제공할 것(외국인투자법 제18조, 외국인기업법 제21조, 합영법 제41조)을 규정하고 있다.

외국인투자기업은 분배할 이윤을 투자가들에게 분배하거나 출자몫을 상환하는 데 이용하는 것이 원칙이나 재투자하거나 등록자본을 늘리는 데 사용할 수 있다(외국인투자기업재정관리법 제57조).

그 외에 합작법, 합영법에서 별도로 규정하고 있는 내용은 다음과 같다.

합작기업

합작기업의 경우에 합작법은 외국 투자가에 대한 투자상환은 기업의 생산품으로 하는 것을 기본으로 하고, 이윤분배는 합작당사자 간 계약에서 정하는 방법으로 하도록 하고 있음(합작법 제14조)에 반해, 외국인투자기업재정관리법은 합작기업의 투자상환과 이윤분배 모두 기업의 생산품으로 하는 것을 기본으로 하고, 이 경우 생산품의 가격은 국제시장가격에 준하여 당사자들이 합의하여 정하도록 하고(외국인투자기업재정관리법 제58조) 있어 현금으로 이윤분배가 가능한지 의문이 있으나, 합작기업에서 생산된 제품과 얻은 수입은 합작계약에 따라 상환 또는 분배의무를 이행하는 데 먼저 사용할 수 있다(합작법 제15조)는 규정에 비추어 합작당사자 간 계약에 의하여 현금으로 이윤분배가 가능한 것으로 보인다.

합영기업

합영기업의 경우에는 결산문건을 재정검열원의 검열을 받고 이사회에서 비준한 다음 이윤을 분배하는데, 결산이윤에서 소득세를 제하고 예비기금을 비롯한 필요기금을 공제한 후 출자지분에 따라 당사자들 사이에서 배분하여야 한다(합영법 제37조).

이윤 등 국외송금

남측 투자가

남측 투자가의 남북경제협력과 관련한 결제업무는 남북 당국이 합의한 결제방식에 따라 정해진 은행이 한다(북남경제협력법 제21조).

외국 투자가

외국인투자법은 외국 투자가가 기업운영 또는 은행업무에서 얻은 합법적 이윤과 기타소득, 기업 또는 은행을 청산하고 남은 자금(이윤 등)은 제한 없이 국외로 송금할 수 있다(외국인투자법 제20조)고 규정하고, 외국인기업법, 합작법 및 합영법도 개별적으로 이윤 등의 제한 없는 국외송금을 명시하고 있다(외국인기업법 제21조, 합작법 제16조 및 합영법 제42조).

한편 외화관리법은 외국 투자가는 기업운영에서 얻은 이윤과 기타소득금을 북한 영역 외로 세금 없이 송금할 수 있고, 투자재산 역시 세금 없이 북한 영역 외로 반출할 수 있도록 하고(외화관리법 제29조) 있으며, 외국투자기업에서 일하는 외국인은 임금과 기타 합법적으로 얻은 외화의 60%까지를 북한 영역 외로 송금하거나 가지고 갈 수 있도록 하고(외화관리법 제30조) 있다.

외환관리의 기준과 범위

외화관리 개요

외화수입이 있거나 이용하는 기관, 기업소, 단체와 북한 국민뿐만 아니라 북한 영역 내에서 외화수입이 있거나 이용하는 외국 또는 국제기구의 대표부, 외국투자기업, 외국인과 남측 투자가에게도 1993년에 제정된 외화관리법이 적용된다(외화관리법 제10조).

외화관리법은 북한 중앙재정지도기관이 외화를 통일적으로 장악하고 관리하는 것을 목적으로 하며(외화관리법 제3조), 외화(외국화폐, 국가채권·회사채권 등의 외화유가증권, 수형·행표·양도성예금증서 등의 외화지불수단, 장식품이 아닌 금·은·백금, 국제 금융시장에서 거래되는 금화·은화·귀금속 포함)의 수입, 이용, 반출입 등을 규율하고 있다(외화관리법 제1~2조).

특수경제지대에서는 별도의 외화관리질서가 적용된다(외화관리법 제10조).

외화현금 유통금지원칙

외화관리법에 따르면, 북한 내에서는 외화현금을 유통할 수 없고 외화현금을 조선원으로 환전하여 사용하여야 한다(외화관리법 제5조). 외화의 환전과 저금, 예금, 저당은 외국환업무를 맡은 은행을 통하여서만 할 수 있는데, 해당 은행은 중앙재정지도기관이 승인한 범위에서 외화업무를 할 수 있다(외화관리법 제6조). 외국환업무는 무역은행과 중앙재정지도기관의 승인을 받은 다른 은행이 하고(외화관리법 제4조), 외국환업무를 하는 은행은 분기, 연간 재정상태표와 필요한 업무통계를 중앙재정지도기관에 제출하여야 한다(외화관리법 제35조). 북한은 외화의 유통을 금지하고 있을 뿐, 합법적으로 취득한 외화는 보호하며 그에 대한 상속권을 보장한다(외화관리법 제9조).

외화의 이용 범위

외화는 대외경제계약과 지불협정에 따르는 거래, 여비·경비·유지비의 지불거래 같은 비무역거래, 은행에서 조선원을 사거나 파는 거래, 예금·신탁·대부·채무보증 등 거래에 이용할 수 있다(외화관리법 제17조). 그중 대외결제는 중앙재정지도기관이 정한 외화로 하며, 신용장, 송금, 대금청구, 지불위탁 등의 방법으로 하고, 북한 정부와 외국 정부 사이에 결제와 관련한 협정을 체결한 경우에는 해당 협정에 따른다(외화관리법 제8조 및 제18조).

외국환업무를 취급하는 은행은 외화예금과 저금의 비밀을 보장하며 해당하는 이자를 계산하여 지급하고, 예금자·저금자가 요구하는 외화를 제때에 내어주어야 한다(외화관리법 제21조). 만약 예금자·저금자가 요구하는 외화를 제때에 내어주지 아니하여 손해가 발생한 경우에는 해당 손해를 보상하여야 한다(외화관리법 제39조).

외화 반입·반출

외화 반입의 경우 외화현금과 외화유가증권, 귀금속은 제한 없이 북한에 반입할 수 있으며, 이 경우 수수료 또는 관세를 적용하지 않는다(외화관리법 제25조).

외화 반출의 경우 외화현금은 은행이 발행한 외화교환증명문건이나 입국할 때 세관신고서에 밝힌 금액범위 내에서 북한 영역 외로 반출할 수 있다. 외화유가증권은 중앙재정지도기관의 승인을 받아야 북한 영역 외로 반출할 수 있고, 입국할 때 세관에 신고한 외화유가증권은 승인을 받지 않고도 북한 영역 외로 반출할 수 있다. 귀금속은 중앙은행의 승인을 받아야 북한 영역 외로 반출할 수 있고, 입국하면서 들여온 귀금속은 세관에 신고한 범위에서 북한 영역 외로 반출할 수 있다(외화관리법 제26~28조).

환율

조선원에 대한 외국환율의 종류와 적용범위, 고정환율을 정하는 업무는 중앙재정지도기관이 맡아서 한다. 조선원에 대한 결제환율, 현금환율을 정하는 업무는 무역은행이 한다(외화관리법 제7조).

제재

외화를 정해진 기간까지 입금시키지 않거나 다른 은행에 입금시켰을 경우에는 벌금을 물리고(외화관리법 제40조), 불법적으로 거래하였거나 북한 영역 외로 도피시킨 외화와 해당 물건은 몰수하며(외화관리법 제41조), 외화관리법을 위반하여 외화관리에 엄중한 결과를 일으킨 기관, 기업소, 단체의 책임자와 개인에게는 정상에 따라 행정적 또는 형사 책임이 부과될 수 있다(외화관리법 제42조).

외국 투자가의 외화관리

외화관리법은 남측 투자가의 외화관리에 관하여 별도의 규정을 두고 있지 않으나 외국투자기업과 외국인에 대해서는 별도의 규정을 두고 있다. 외국투자기업은 무역은행에 계좌를 두고 벌어들인 외화를 입금시켜야 하며, 다른 은행이나 북한 영역 외의 은행에 계좌를 두려는 경우 중앙재정지도기관과 합의하여야 한다(외화관리법 제13조). 그리고 외국인은 북한 영역 외에서 송금받은 외화와 합법적으로 취득한 외화를 외국환업무를 하는 은행에 저금하거나 팔 수 있다(외화관리법 제16조).

외국 투자가는 기업운영에서 얻은 이윤과 기타소득금을 북한 영역 외로 세금 없이 송금할 수 있고, 투자재산 역시 세금 없이 북한 영역 외로 반출할 수 있다(외화관리법 제29조). 또한 외국투자기업에서 일하는 외국인이 임금과 기타 합법적으로 얻은 외화의 60%까지를 북한 영역 외로 송금하거나 가지고 갈 수 있다(외화관리법 제30조).

외국환업무를 취급하는 은행은 기관, 기업소, 단체와 외국투자기업에 외화를 대부하여줄 수 있는데, 이 경우 외화대부계획을 세워 중앙재정지도기관과 합의하고 내각의 비준을 받아야 한다(외화관리법 제22조).

보험 관련 법제

보험법제 개요

북남경제협력법상 남측 투자가의 보험가입은 해당 법규에 따르며, 북남 당국 사이의 합의가 있을 경우에는 그에 따른다(북남경제협력법 제20조). 북한에서의 보험사업 및 보험계약관계 등을 규율하는 법은 조선인민민주주의 공화국 보험법이 있고, 개성공업지구의 경우에는 개성공업지구 보험규정이 있다. 북한의 보험법은 1995년 4월 6일 제정되었고, 그 후 1999년, 2002년, 2005년, 2008년, 2015년에 걸쳐 5차례 개정되었다. 보험법의 기본, 보험계약, 인체보험, 재산보험, 보험회사, 보험사업에 대한 지도통제 및 분쟁해결 등 총 6장 77개의 조문으로 구성되어 있다. 보험법은 보험을 '자연재해나 뜻밖의 사고로 사람과 재산이 입은 피해를 보상하기 위하여 사회적으로 자금을 조성하고 리용하는 손해보상제도'로 정의하고 있다(보험법 제2조 제1항).

보험회사 및 보험회사에 대한 감독

북한 내의 보험회사 설립에 대한 승인 및 제반 지도통제 권한은 중앙보험지도기관이 가지고 있다(보험법 제53조, 제69조). 북한에서는 1946년 최초의 민간보험회사인 고려화재보험주식회사가 설립되었는데 이 회사를 모태로 하는 조선민족보험총회사(Korea National Insurance Corporation, KNIC)와 2016~2017년에 설립된 북극성보험회사, 삼해보험회사, 미래재보험회사를 운영하고 있는 것으로 확인된다.

보험법 제5조에 의하면, 특수경제지대에서 외국 투자가와 해외조선동포는 보험회사를 설립·운영할 수 있고, 외국보험회사도 대표부, 지사, 대리점을 설립·운영할 수 있다.

외국인투자기업 등의 보험가입

외국인투자기업은 기업활동을 영위하는 데서 발생할 수 있는 각종 위험에 대비하기 위하여 보험에 가입할 필요가 있다.

현재 북한에서 가입할 수 있는 보험을 담보위험의 종류별로 구분해보면, ① 사람에 관한 보험(종업원 등 사람의 사망·재해로 인한 상해·노동능력 상실 등의 위험을 보장하는 생명보험, 재해보험, 여객보험 등), ② 재산에 관한 보험(화재보험, 기계파손보험, 자동차·선박·항공기보험, 화물운송보험, 건설공사보험, 원자력보험, 농작물보험, 이윤손실보험 등), ③ 배상책임보험(자동차·비행기 관련 제3자 배상책임보험, 가스사고 등 배상책임보험, 건설공사·설비조립 관련 배상책임보험, 생산물배상책임보험 등), ④ 신용위험담보보험(보증보험, 수출신용보험 등), ⑤ 자연재해위험담보보험(농작물보험, 산림보험, 가축보험 등) 등이 있다.

특별법이나 하위규정 등에서 보험가입의무를 규정하고 있는 경우에는 해당 보험가입이 강제되며, 이를 위반할 경우 제재를 당할 수 있다. 의무보험의 종류는 영위하는 사업이나 기업의 소재지 등에 따라 달라질 수 있으나, 보통 ① 화재·폭발 등으로 인한 건물·기계장치의 손해를 보상하는 보험, ② 가스사고 등 영업활동과정에서 발생한 사고로 인하여 제3자에게 발생한 손해를 보상하는 보험, ③ 자동차사고 배상책임보험, ④ 종업원이 노동과정에서 재해로 입은 손해를 보상하는 보험 등이다.

외국인기업, 합작기업, 합영기업 등이 보험에 가입하려면 반드시 북한 영역 내에 있는 보험회사의 보험에 들어야 하고, 의무보험은 중앙보험지도기관이 정한 보험회사에 들어야 한다(외국인기업법 제22조, 합작법 제13조, 합영법 제31조 등). 2016년 1월 KNIC는 웹사이트를 통하여 경제특구 내의 외국인투자기업을 보호하기 위한 새로운 보험상품(화재보험, 가스사고·자동차사고·건설공사 관련 제3자 배상책임보험 등)을 개발, 판매한다는 내용을 공지한 바 있다. 현재 라선경제무역지대 등 북한 내 경제특구에는 KNIC의 지사가 설립되어 있어 지사와 보험계약업무를 담당하고 있으며, 이 외에도 보험대리인(보험법 제66조)이나 보험중개인(보험법 제67조)이 존재하므로 이들을 통해 보험계약을 체결할 수도 있다.

특수경제지대의 금융 관련 법률

특수경제지대의 금융 관련 법률을 살펴보면, 공통적으로 각 지역별로 유통화폐 및 기준화폐에 대해 해당 기관에서 협의하여 결정할 수 있는 법을 제정했으며, 유가증권거래도 가능한 것으로 파악되고, 외화반출에 대해서는 제한 없이 가능하다고 명시하고 있다. 다만 상기 법령들이 실제로 어떻게 집행되는지에 대해서는 구체적으로 확인하기 어려우므로 사업 추진 및 상대와의 협의 시에 확인할 필요가 있다. 황금평·위화도경제지대법상 금융 관련 규정은 라선경제무역지대법과 유사하며, 은행설립규정, 자금대부규정을 두고 있지 않은 점에서 차이가 있다.

특수경제지대 금융 관련 법률 비교

구분	라선경제무역지대법	개성공업지구법	금강산 국제관광특구법	경제개발구법
유통 화폐, 기준 화폐	• 조선원 또는 정해진 화폐 • 조선원 외화 환산: 지대 외화관리기간이 정한 바에 따름(제59조)	• 유통화폐: 전환성외화, 신용카드 사용 가능 • 유통화폐 종류, 기준화폐: 공업지구관리기관이 중앙공업지구지도기관과 합의하여 결정(제41조)	• 유통화폐: 전환성외화 • 전환성외화의 종류와 기준화폐는 국제관광특구지도기관이 해당 기관과 합의하여 결정(제34조)	• 조선원 또는 정해진 화폐(제46조)

구분	라선경제무역지대법	개성공업지구법	금강산 국제관광특구법	경제개발구법
은행 설립	• 규정에 따라 은행 또는 은행지점 설치 및 운영 가능(제60조)			
계좌 개설	• 경제무역지대에 설립된 북한 은행이나 외국투자은행에 계좌 개설 • 외국 은행에 계좌 개설 시 지대외화관리기관 또는 관리위원회 승인 필요(제61조)	• 공업지구에 설립된 은행에 계좌 개설 • 남측 또는 외국 은행에 계좌 개설 시 공업지구관리기관 통지(제42조)	• 기업과 개인은 국제관광특구 내 설립된 북한은행 또는 외국은행에 계좌 개설 및 이용 가능(제29조)	
자금 대부	• 북한 은행과 외국금융기관으로부터 경제무역활동에 필요한 자금 대부 가능 • 대부받은 조선원, 외화로 교환한 조선원은 중앙은행 지정 은행에 예금하고 이용하여야 함(제62조)			
유가 증권 거래	• 외국인투자기업과 외국인은 규정에 따라 경제무역지대 내 유가증권 거래 가능(제64조)		• 기업과 개인은 국제관광특구 내 정해진 장소에서 외화유가증권 거래 가능(제30조)	• 외국인투자기업과 외국인은 경제개발구에서 정해진 바에 따라 유가증권 거래 가능(제51조)
외화 반출	• 합법적 이윤, 이자, 이익 배당금, 임대료, 봉사료, 재산판매수입금 등의 소득은 제한 없이 국외송금 가능 • 투자가가 경제무역지대에 들여온 재산, 지대에서 합법적으로 취득한 재산은 제한 없이 반출 가능(제65조)	• 외화의 자유로운 반출 가능(제44조) • 경영활동을 하여 얻은 이윤과 그 밖의 소득금은 남측 또는 외국으로 세금 없이 송금, 반출 가능(제44조)	• 외화의 자유로운 반출 가능(제35조) • 합법적 이윤, 소득금 송금 가능 • 외국에서 국제관광특구에 반입한 재산과 국제관광특구에서 합법적으로 취득한 재산은 경영기간이 끝나면 국외 반출 가능(제35조)	• 외화의 자유로운 반출 가능 • 합법적 이윤, 기타소득은 제한 없이 경제개발구 외 송금 가능 • 경제개발구에 들여온 재산, 합법적 취득 재산은 경제개발구 외 반출 가능(제47조)

구분	라선경제무역지대법	개성공업지구법	금강산 국제관광특구법	경제개발구법
보험	• 투자가는 보험회사를, 외국보험회사는 지사, 사무소 설립 운영가능(제63조) • 경제무역지대에서 기업과 개인은 북한 영역 내 보험회사의 보험에 들며, 의무보험은 정해진 보험회사의 보험에 들어야 함(제63조)	• 공업지구 보험회사에 보험가입(보험규정 제5조)	• 기업과 개인은 국제관광특구 내 설립된 북한 또는 외국 보험회사에 보험가입 가능(제31조)	

출처: 북한 특구 관련 법령의 금융 부문을 토대로 저자 작성

해산 및 청산

▶▶▶▶▶

사유와 조건

합작기업

합작기업은 합작기업창설승인서에서 정한 존속기간이 종료되면 해산한다. 이때 존속기간의 시일은 기업을 등록한 날이다(합작법 시행규정 제110조, 제105조).

합작기업의 존속기간은 당사자들이 협의하여 연장할 수 있고, 이 경우 존속기간이 끝나기 6개월 전에 기업창설심사승인기관에 존속기간연장신청서를 제출하여 승인을 받아야 한다. 존속기간연장신청서에는 기업의 명칭과 소재지, 연장기간과 근거를 밝히고 당사들의 합의서와 경제기술타산서를 첨부하여야 한다. 연장신청을 한 경우 기업창설심사승인기관은 해당 신청서를 받은 날로부터 30일 안에 심사하고 승인하거나 부결하는 결정을 한 다음 해당 통지서를 송부하여야 한다. 그리고 연장승인을 받은 합작기업은 존속기간연장승인통지서를 받은 날로부터 20일 안에 기업의 명칭과 소재지, 연장기일을 기재한 존속기간변경등록신청서에 존속기간연장승인서를 첨부하여 기업등록기관, 세무기관에 제출하여야 한다. 이에 대해 해당 기관은 변경등록을 하고 기업등록증, 세무등록증, 영업허가증을 재발급해주어야 한다(합작법 시행규정 제106~109조).

합작기업은 존속기간이 종료하기 전이라도 합작당사자들이 계약의무를 이행하지 않았거나 불가항력적 사유로 기업운영이 더 이상 불가능한 경우, 합작당사자들이 기업의 해산에 합의한 경우에 기업창설심사승인기관에 기업해산신청서(기업의 명칭, 해산 근거 및 이유 기재, 해당 증거서류 첨부)를 제출하고 승인을 얻어 해산할 수 있으며, 기업이 파산되었거나 합작승인 또는 기업등록이 취소된 경우에 해산할 수 있다(합작법 시행규정 제111~112조).

합영기업

합영기업은 합영계약에서 정한 존속기간의 만료로 해산할 수 있고, 이때 존속기간의 기산일은 기업 등록일로 한다(합영법 제43조, 동법 시행규정 제123조). 그러나 존속기간이 종료하기 6개월 전에 이사회에서 토의 결정한 다음 경제기술타산서를 첨부한 존속기간연장신청서를 투자관리기관에 제출하고 해당 기관의 승인을 받아 존속기간을 연장할 수 있다(합영법 시행규정 제124조). 연장신청 및 승인 관련 절차는 합작기업의 경우와 동일하다(합영법 시행규정 제125~127조).

합영기업은 존속기간의 종료 외에도 재판소가 기업의 파산을 선고한 경우, 합영당사자들이 계약의무를 이행하지 않거나 지불능력이 없어 기업의 존속이 불가능한 경우, 자연재해와 같은 불가항력적 사유로 기업을 운영할 수 없는 경우, 이사회에서 기업의 해산을 결정한 경우, 기업창설승인 또는 기업등록이 취소된 경우에는 해산할 수 있다(합영법 제43조, 동법 시행규정 제128조). 지불능력의 상실, 당사자의 계약의무 불이행, 지속적인 경영손실, 자연재해 등 사유로 기업을 운영할 수 없을 경우에도 해산된다(합영법 제43조).

외국인기업

외국인기업도 존속기간이 만료되면 해산하나, 존속기간 종료 전에 기업을 해산하거나 그 기간을 연장하려 한다면 투자관리기관의 승인을 받아야 한다(외국인기업법 제27조). 연장신청 및 승인 관련 절차는 합작기업의 경우와 동일하다(외국인기업법 시행규정 제71조).

외국인기업은 경영기간 만료 외에 자연재해와 같은 불가항력적 사유로 기업을 운영할 수 없는 경우, 경영손실을 회복하기가 곤란하여 투자가가 해산을 결심한 경우, 재판소의 판결에 따라 해산이 선포된 경우, 이 밖에 법규범을 엄중히 위반하여 해산이 선포 또는 결정되었을 경우에 해산된다(외국인기업법 시행규정 제73조).

필요 절차

합작기업

기업해산신청을 하여 해산하고자 하는 경우 기업창설심사기관은 기업해산신청서를 받은 날로부터 20일 안에 심사한 후 승인하거나 부결하는 결정을 하고 신청자에게 통지서를 송부하여야 한다(합작법 시행규정 제113조).

합작당사자들은 합작기업의 해산이 승인된 날로부터 15일 안에 공동협의회를 열고 청산위원회를 조직하여야 하며, 청산위원회에는 기업 책임자, 채권자대표, 합작당사자, 그밖의 필요한 성원이 포함되어야 한다(합작법 시행규정 제114조). 청산위원회는 채권자회의 소집 및 채권자대표 선출, 기업의 재산과 도장을 넘겨받아 관할, 채권채무관계의 확정 및 재정상태표와 재산목록 작성, 기업 재산에 대한 잔존가치 평가(조선원), 결속하지 못한 해당 업무 처리, 재정결산서와 청산안 작성, 거래은행 세무기관 기업등록기관에 기업의 해산 통지, 세금 납부 및 채권채무 청산 후 잔여재산 처리, 이 밖에 청산과 관련하여 제기되는 문제 처리에 관하여 권한을 수행한다(합작법 시행규정 제117조). 또한 청산위원회는 조직된 날로부터 10일 안에 채권자와 채무자에게 기업의 청산에 대하여 통지하며 공지하여야 한다(합작법 시행규정 제118조). 통지를 받은 채권자는 청산통지를 받은 날로부터 30일 안에 채권자의 이름, 채권 내용 및 근거, 관련 증거서류를 첨부한 채권청구서를 청산위원회에 제출하여야 하고, 청산위원회는 채권청구서를 받은 순서대로 등록하고 청산안을 작성하여 기업창설심사승인기관 또는 재판소의 확인을 받아야 한다(합작법 시행규정 제119~120조).

청산위원회는 청산사업이 끝났을 경우 청산사업이 끝난 날로부터 10일 안에 청산보고서를 만들어 중앙경제협조관리기관에 제출하여야 하고, 파산에 의한 청산인 경우에는 재판소에 청산보고서를 제출하여야 한다(합작법 시행규정 제123조). 또한 청산위원회는 청산사업이 끝나는 대로 기업등록증, 영업허가증, 세무등록증을 해당 기관에 반환하여야 하고, 거래은행에 계좌취소신청을 내야 한다(합작법 시행규정 제124조). 청산위원회의 성원은 청산사업의 결과에 대하여 법적 책임을 진다(합작법 시행규정 제126조).

합영기업

합영기업은 존속기간이 만료되기 전에 해산 사유가 생기면 이사회에서 결정하고 투자관리기관의 승인을 받아 해산할 수 있다. 또 존속기간이 끝났거나 지불능력이 없어 기업의 존속이 불가능한 경우, 불가항력적 사유로 기업을 운영할 수 없는 경우, 이사회에서 해산을 결정한 경우에는 기업창설심사승인기관에 기업해산신청서(해산근거 기재, 이사회결정서 첨부. 불가항력 사유인 경우 공증기관의 공증문건 첨부)를 제출하여야 하고(합영법 시행규정 제128~129조), 기업해산신청을 받은 기업창설심사승인기관은 해당 신청서를 받은 날로부터 10일 안에 이를 심사하고, 승인 또는 부결하는 결정을 한 다음 해당 통지서를 신청자에게 송부하여야 한다(합영법 시행규정 제131조).

해산 승인을 받은 합영기업은 승인일부터 15일 안에 이사회에서 토의하고 청산위원회를 조직하여야 하며, 청산위원회의 성원에는 합영기업의 책임자, 채권자대표, 합영당사자, 그밖의 필요한 성원이 포함되어야 한다(합영법 시행규정 제132조). 정한 기간 안에 청산위원회를 조직하지 않을 경우 채권자는 재판소에 청산위원회를 조직하여줄 것을 요구할 수 있다(합영법 시행규정 제133조). 채권자의 청산위원회 조직 요구가 있는 경우 및 재판소가 기업의 파산을 선고한 경우, 기업창설승인 또는 기업등록이 취소된 경우에는 재판소 또는 기업창설심사승인기관이 청산원을 임명하고 청산위원회를 조직하여야 한다(합영법 시행규정 제134조). 청산위원회의 임무 및 추후 청산절차는 합작기업의 경우와 동일하다(합영법 제135조).

외국인기업

외국인기업은 해산되거나 파산되는 경우 기업해산신청서를 지역관리기관을 통하여 중앙경제협조관리기관에 낸 다음 승인받아야 한다. 해산을 승인한 날이 기업해산일이 된다(외국인기업법 시행규정 제74조).

외국인기업은 해산 결정일부터 10일 안에 기업해산을 공개하고 채권채무자에게 통지하여야 한다(외국인기업법 시행규정 제75조). 그리고 외국인기업은 기업해산 공개일부터 15일 안에 청산위원회 위원명단을 심사승인기관에 제출하여 합의를 받아야 하며, 청산위원회는 합의받은 날로부터 1주일 안에 청산사업에 착수하여야 한다(외국인기업법 시행규정 제76조). 청산위원회에는 원칙적으로 외국인기업의 대표, 채권자의 대표, 재정기관의 대표, 투자상담사 등이 포함되어야 하며(외국인기업법 시행규정 제77조), 청산위원회의 임무는 합작기업의 경우와 동일하다(외국인기업법 시행규정 제78조).

외국인기업은 청산절차가 끝나기 전에 재산을 마음대로 처리할 수 없고, 청산 관련 비용은 해산되는 외국인기업의 잔여재산에서 가장 먼저 지출되며, 세금, 종업원의 노동보수, 기업의 채무순서로 처리해야 한다(외국인기업법 시행규정 제79조). 추후 청산절차는 합작기업의 경우와 동일하다(외국인기업법 시행규정 제80~81조).

청산금 회수 방법

남측 투자가

남측 투자가가 투자사업을 청산하고 잔여재산을 회수하고자 하는 경우에는 이를 미리 지정거래 외국환은행장에게 신고하고 당해 신고조건에 따라 잔여재산을 현금으로 국내로 회수하여야 하며(다만 신고기관의 장이 부득이하다고 인정할 때에는 현물로 회수 가능), 청산자금 영수 또는 투자원리금 회수 후 즉시 대북투자사업 청산 및 대북채권 회수 보고서를 신고기관에 제출하여야 한다(대북투자 등에 관한 외국환거래지침 제10조, 제12조). 이때 해산개시일은 현지법인의 해산을 의결하고 북한 당국에 해산등기를 한 날이고, 청산종료일은 해산등기 후 잔여재산을 현금화하여 투자지분율에 따라 현금 수취를 종료한 날이며, 보고대상 잔여재산 회수내역과 함께 등기부등본 등 청산종료를 입증할 수 있는 서류, 청산손익계산서 및 잔여재산 분배 전의 대차대조표, 잔여재산 회수에 따른 외국환은행의 외환매입증명서(송금처 명기)를 제출해야 하며, 현물회수의 경우에는 세관의 수입신고필증을 제출한다.

청산 후의 잔여재산과 관련하여 해외에서 외국환거래규정에 의해 인정된 자본거래를 하고자 하는 경우에는 청산자금을 국내로 회수하지 않고 청산보고를 필한 후 해외에서 운용이 가능하도록 허용하고 있다(대북투자 등에 관한 외국환거래지침 제10조 제1항 단서).

북한지사를 폐지하고자 하는 대북 투자가는 지사를 폐지한 즉시(폐지 지시를 받은 경우에는 폐지 지시를 받은 날로부터 3월 이내) 해당 지사의 자산처분대금을 남한으로 회수하며, 북한지사설치(변경)신고서와 통일부장관의 폐지승인서사본, 잔여재산회수계획서를 지정거래 외국환은행의 장에게 제출하여 폐지신고를 하여야 한다(대북투자 등에 관한 외국환거래지침 제22조). 지정거래 외국환은행장은 북한지사 폐지신고를 받은 즉시 그 내용을 한국수출입은행에 보고하여야 한다.

대북투자 신고 후 투자가금을 송금하지 않은 상태에서 대북투자사업을 중단하려고 할 경우에는 위와 같은 절차를 거칠 필요가 없으며, 신고수리 유효기간 종료와 함께 자동 실효된다.

합작기업

합작기업의 청산재산은 청산사업과 관련한 비용, 세금, 종업원의 노동보수, 기업의 채무 순으로 처리하며 남은 재산은 합작계약에 따라 처리하여야 한다(합작법 시행규정 제121조). 청산위원회는 청산재산이 채무보다 적을 경우 재판소에 기업의 파산을 제기하여야 하고, 재판소의 판결로 파산이 선고되었을 경우에는 청산사업을 재판소에 넘겨주어야 한다(합작법 시행규정 제122조).

합영기업

합영기업의 청산재산은 청산사업과 관련한 비용, 세금, 종업원의 노동보수, 기업의 채무 순으로 처리하며, 남은 재산은 합영당사자들의 출자몫에 따라 분배받는다(합영법 시행규정 제139조). 청산위원회는 청산재산이 채무보다 적을 경우 재판소에 기업의 파산선고를 신청하여야 하고, 재판소의 판결로 파산이 선고되었을 경우에는 청산사업을 재판소에 넘겨주어야 한다(합영법 시행규정 제140조).

외국인기업

외국인기업의 경우에는 청산절차가 끝나기 전에는 임의로 재산을 처분할 수 없다(외국인기업법 제29조). 파산기업이 파산제기 6개월 전 또는 파산제기 후 재산을 분배하였거나 무상 또는 낮은 가격으로 양도한 행위, 파산제기 후 또는 그 30일 전에 자기 채권을 법적 근거 없이 포기한 행위, 기업파산을 예견하고 채권자들에게 손해를 준 행위는 무효로 한다(외국인투자기업파산법 18조).

특수경제지대의 해산 및 청산 관련 규정

개성공업지구 해산 및 청산 관련 규정

개성공업지구에서 해산하려는 기업은 이사회 또는 출자가총회에서 토의 결정하고 해산신고서를 공업지구관리기관에 제출하여야 한다. 이때 해산신고서를 제출한 날을 기업의 해산일로 한다(개성공업지구 기업창설운영규정 제25조).

기업은 해산신고서를 제출한 날로부터 10일 이내에 해산을 공개하고 기업책임자, 채권자대표와 공업지구관리기관이 지정하는 법률 및 회계 전문가를 포함하여 5명 내지 9명으로 청산위원회를 구성하여야 하며, 청산위원회성원 명단에 대해 공업지구관리기관의 승인을 받아야 한다(개성공업지구 기업창설운영규정 제26조). 청산위원회는 성원명단을 승인받은 날로부터 15일 이내에 청산사업에 착수하여야 한다. 이때 청산위원회의 사업비용은 해산되는 기업의 재산에서 먼저 지출한다(개성공업지구 기업창설운영규정 제27조).

청산위원회는 채권자, 채무자에게 기업해산 통보, 채권자회의 소집, 기업의 재산관리, 채권채무관계의 확정 및 재정상태표와 재산목록 작성, 기업의 재산에 대한 가치평가, 청산안 작성, 세금 납부, 채권채무 청산, 잔여재산 확정, 그 외 기타 청산사업과 관련한 문제 처리 등의 사업을 한다(개성공업지구 기업창설운영규정 제28조).

그 후 청산위원회는 기업을 청산하고 남은 재산총액이 등록자본을 초과하는 경우 초과분의 5%에 해당하는 몫을 기업소득세로 납부하여야 하고(15년 이상 운영한 기업에 대해서는 면제), 청산사업이 종료된 경우 청산보고서를 작성하여 기업등록증과 함께 공업지구관리기관에 제출하며 기업등록, 세관등록, 세무등록을 취소하고 거래은행계좌를 폐쇄하여야 한다(개성공업지구 기업창설운영규정 제29조, 제31조).

금강산국제관광특구 해산 및 청산 관련 규정

금강산국제관광특구 내 기업이 존속기간 완료, 자금 부족 또는 기타 원인으로 경영활동을 할 수 없거나 법과 규정을 위반하여 해산하고자 하는 경우 기업은 국제관광특구관리위원회에 해산신고서를 제출하여야 하고, 이때 해산신고서를 제출한 날을 기업해산일로 한다(금강산국제관광특구 기업창설운영규정 제27조).

해산되는 기업에 대한 청산사업은 기업 또는 국제관광특구관리위원회가 필요한 성원들로 조직한 청산위원회가 하는데, 청산위원회는 기업에 대한 청산사업이 종료되면 청산보고서를 작성하여 국제관광특구관리위원회에 제출하여야 한다(금강산국제관광특구 기업창설운영규정 제28~29조). 기업을 청산하고 남은 잔여재산은 국제관광특구 내에서 처리하거나 북한 영역 밖으로 반출할 수 있다(금강산국제관광특구 기업창설운영규정 제30조).

특수경제지대 해산 및 청산 관련 법률 비교

특수경제지대법에서는 법률상으로 해산 및 청산 관련 규정이 없으며, 각 경제특구법의 하위규정인 기업창설운영규정에 해당 규정을 두고 있다. 다만 황금평·위화도경제지대법은 기업창설운영규정을 두고 있지 않으므로 해당 지대 내 기업들은 일반적인 해산 및 청산 관련 규정에 따라야 할 것으로 보인다.

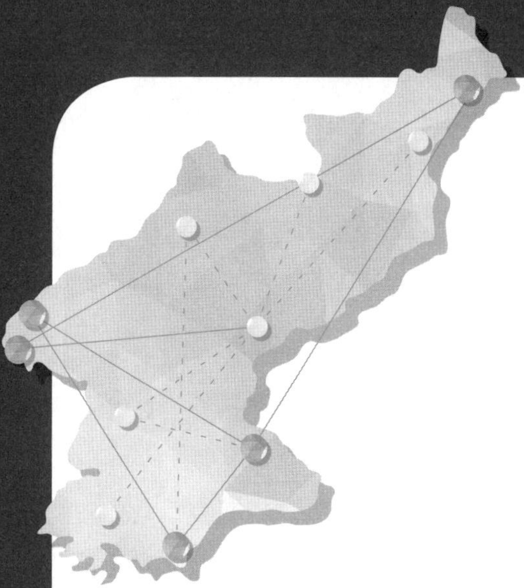

PART 05

분쟁이 발생했을 때

분쟁을 해결하는 제도와 절차

▶▶▶▶▶

투자와 관련한 분쟁해결은 원칙적으로 협의의 방법에 의하고, 협의의 방법으로 해결할 수 없는 경우에는 조정, 중재, 재판의 방법으로 해결한다(외국인투자법 제22조, 합작법 제23조, 합영법 제46조, 외국인기업법 제30조). 합작기업 및 합영기업의 경우에는 당사자들의 합의에 따라 제3국의 중재기관에 제기하여 해결할 수도 있다(합작법 시행규정 제128조, 합영법 시행규정 제146조).

분쟁해결의 일반적 절차인 신소·중재·재판제도의 내용은 다음과 같다.

신소제도

신소는 자기의 권리와 이익에 대한 침해를 미리 막거나 침해된 권리와 이익을 회복시켜줄 것을 요구하는 행위이다(신소청원법 제2조). 정당한 이유와 근거가 있는 경우 기관, 기업소, 단체와 개인에게 신소청원을 직접 할 수 있고,

해당 기관, 기업소, 단체에 찾아가 하거나 서면으로 할 수 있다(신소청원법 제8~10조).

기관, 기업소, 단체는 제기된 신소청원을 빠짐없이 접수하고 정확하게 등록하여야 하며, 신소청원의 접수등록은 신소청원사업부서가 통일적으로 한다(신소청원법 제15~16조).

기관, 기업소, 단체는 신소청원을 정해진 기간에 처리하여야 하고, 신소청원자, 피신소자, 확인자, 해당 직원을 현지 또는 필요한 장소에서 만나 담화하는 방법으로 하며, 이 경우 신소청원의 내용을 객관적 사실에 근거하여 파악하고 제기된 문제의 정당성과 부당성을 명백하게 밝혀야 한다(신소청원법 제23조, 제27조).

신소청원에 대한 파악을 끝낸 기관, 기업소, 단체는 충분한 협의를 거쳐 토의 결정하고, 해당 중앙기관은 제기된 신소청원의 처리문제를 결정한 경우 기관, 기업소, 단체에 신소청원처리통지문서를 보내 집행하게 할 수 있다. 기관, 기업소, 단체는 처리 결과를 신소청원자에게 제때에 통지하여야 한다(신소청원법 제33~36조).

중재절차

분쟁당사자 중 어느 일방이 다른 나라의 법인 또는 개인이거나 업무장소, 거주지, 주소지, 또는 분쟁재산이나 중재장소 등이 다른 나라와 연관되는 경우에 적용되는 대외경제중재법에 따르면, 대외경제중재란 당사자들 사이의 중재합의에 따라 대외경제활동과정에서 발생한 분쟁을 재판소의 판결이 아니라 중재부의 재결로 해결하는 분쟁해결제도를 말한다(대외경제중재법 제2조).

대외경제분쟁 중 무역, 투자, 봉사와 관련한 분쟁은 조선국제무역중재위원회가, 해상경제활동과정에서 발생하는 분쟁은 조선해사중재위원회가, 컴퓨터소프트웨어와 관련한 분쟁은 조선콤퓨터쏘프트웨어중재위원회가 각 심리결정하며, 대외경제중재에는 지역관할과 심급을 두지 않고 중재부가 내린 재결을 최종결정으로 한다(대외경제중재법 제3조). 국가는 대외경제중재사건의 취급과 처리에서 중재부의 독자성을 철저히 보장하도록 하므로 특별히 정한 경우를 제외하고는 중재사건의 취급과 처리에 간섭할 수 없다(대외경제중재법 제10조).

중재를 제기하기 위해서는 중재합의(서면합의원칙)가 있어야 하고, 구체적인 청구사실과 근거가 있어야 하며, 중재위원회의 관할에 속하는 분쟁이어야 한다. 해당 조건을 충족하고 중재신청을 하려는 자는 중재제기서와 중재위원회가 정한 첨부문건을 중재위원회에 제출하여야 한다(대외경제중재법 제17~18조).

중재부의 중재원수는 당사자들이 합의하여 정할 수 있고, 합의가 없는 경우에는 중재위원회가 중재원수를 1명 또는 3명으로 정한다. 중재원은 중재위원회의 성원, 분쟁사건을 심리해결할 수 있는 능력을 가진 법 또는 경제 부분 일군, 중재 분야에서 널리 알려진 해외동포 또는 외국인으로 한다(대외경제중재법 제20~23조).

당사자들은 분쟁사건의 취급과 처리에서 동등한 지위를 가지고 자기의 주장 사실을 충분히 진술할 수 있으며, 당사자들이 합의하여 중재절차 및 중재장소, 중재언어를 정할 수 있다(대외경제중재법 제33~35조, 제37조)

중재절차 중 원고는 자기의 청구사실과 분쟁 내용, 요구사항을 주장하여야 하고, 피고는 이에 항변하여야 하며, 당사들은 증거물을 제출할 수 있고, 피고는 접수된 중재사건에 대하여 맞중재를 신청할 수 있다(대외경제중재법 제38조, 제44조).

재결은 당사자들이 합의한 준거법에 따르고, 당사자들 사이에 재결의 준거법과 관련한 합의가 없으면 중재부는 분쟁사건과 가장 밀접한 연관이 있고 적용 가능하다고 인정하는 법을 적용하여야 하며, 중재원 3명으로 구성된 중재부의 경우 다수결로 의사결정하고, 당사자들의 합의 또는 중재부성원들의 합의가 있을 경우에는 책임중재원이 의사결정을 한다(대외경제중재법 제45~46조). 당사자들은 중재사건 취급처리단계에서 언제든지 서로 화해할 수 있고, 당사자들이 화해한 경우 중재부는 화해결정을 하는데, 화해결정은 재결과 같은 효력을 지닌다(대외경제중재법 제47조). 또한 대외경제분쟁은 조정의 방법으로도 해결할 수 있으며, 조정결정 역시 재결과 같은 효력을 지닌다(대외경제중재법 제48조).

중재재결의 효력은 재결문의 작성일로부터 발생하며(대외경제중재법 제55조), 재결에 이견이 있는 당사자는 법원에 중재판정의 취소를 신청할 수 있다(대외경제중재법 제56조).

재결문을 이행할 책임이 있는 당사자가 이를 이행하지 않거나 불성실히 이행할 경우 상대방 당사자는 직접 또는 중재위원회를 통해 법원 또는 관련 기관에 재결의 집행을 신청할 수 있으며(대외경제중재법 제61조), 재결집행신청이 있는 경우 이를 접수한 법원 또는 관련 기관은 접수일로부터 30일 내에 신청을 검토하고 이를 집행해야 하고, 당사자가 재결을 이행하지 않을 경우 은행예금의 동결, 반출입물자의 수속 중지, 재산의 억류 및 몰수, 벌금 부과,

경영활동의 중지, 출입국 중지와 같은 조치를 취할 수 있다(대외경제중재법 제62조).

외국의 중재부가 내린 중재재결의 승인 및 집행은 북한의 관련 법규에 따른다(대외경제중재법 제64조). 당사자가 중재합의 당시 준거법에 따라 무능력자이거나 중재합의가 당사자들이 지정한 법에 따라 효력이 없다는 사실, 당사자들이 법을 지정하지 않았을 경우에는 중재심리를 한 나라의 법에 따라 효력이 없다는 사실, 당사자가 중재원의 선정 또는 중재절차에 대하여 적절한 통지를 받지 못하였거나 부득이한 사유로 항변을 할 수 없었다는 사실, 재결이 중재합의의 대상이 아닌 분쟁을 대상으로 하였거나 중재합의의 범위를 벗어났다는 사실, 중재부의 구성 또는 중재절차가 당사자들의 합의에 따르지 않았거나 합의가 없었을 경우 중재심리를 한 나라의 법에 따르지 않았다는 사실, 재결이 아직 당사자에게 영향을 미치지 않았으나 재결을 내린 나라의 재판기관 또는 그 나라의 법에 의하여 취소 또는 집행정지되어 있다는 사실, 해당 분쟁이 재결을 내린 나라의 법에 의하여 중재절차로 해결할 수 없다는 사실, 재결의 집행이 공화국의 주권과 안전, 사회질서에 저해를 준다는 사실이 증명되었을 경우에는 외국의 중재부가 내린 중재재결의 집행을 거부할 수 있다(대외경제중재법 제65조).

재판절차

북한의 기관, 기업소, 단체, 국민과 다른 나라의 기관, 기업소, 단체, 개인들 사이 또는 북한 재판소에 제기된 다른 나라 기관, 기업소, 단체, 개인들 사이의 분쟁해결에는 민사소송법을 적용한다(민사소송법 제6조). 민사사건과 관련하여 제기되는 문제는 재판소의 판결, 판정으로 해결하고(민사소송법 제7조), 민사사건의 재판심리는 공개한다(민사소송법 제10조). 재판소는 민사사건을 접수한 날로부터 제1심 사건은 2개월 안에(연장 가능), 제2심과 비상상소심, 재심, 판사회의사건은 1개월 안에 처리하여야 한다(민사소송법 제18조).

소송을 제기하고자 하는 자는 재판소에 소송제기서를 제출하여야 하며, 소송제기서에는 재판소의 명칭, 소송당사자의 이름, 나이, 성별, 직장 직위, 주소, 청구 내용과 그 근거 사실, 해당한 증거를 밝히고, 소정의 문건을 첨부한다(민사소송법 제124~125조). 소가 제기되면 판사의 재판준비절차, 재판심리(판사인 재판장과 인민참심원 2명으로 구성된 재판소가 심리)절차를 거쳐 재판소 성원들의 다수결의 방법에 의하여 판결을 내린다(민사소송법 제92조, 제128조). 판결은 상소 없이 그 기간이 경과한 경우, 상소가 있었으나 제2심 재판소가 제1심 재판소의 판결을 지지한 경우, 상소할 수 없는 판결을 내린 경우에 확정된다(민사소송법 제145조).

남북의 상사중재절차

▶▶▶▶▶

북남경제협력사업과 관련한 분쟁은 협의의 방법으로 해결하되, 협의로 해결할 수 없는 경우에는 북남 사이에 합의한 상사분쟁해결절차로 해결한다(북남경제협력법 제27조). 북남 사이에 합의한 상사분쟁해결절차로는 2000년 12월 16일에 체결된 '남북 사이의 상사분쟁해결절차에 관한 합의서'(2003년 8월 20일 발효)와 2003년 10월 12일에 체결된 '남북상사중재위원회 구성·운영에 관한 합의서'(2005년 8월 5일 발효)가 있다.

남북은 '남북상사중재위원회 구성·운영에 관한 합의서'에 따라 2006년 남북상사중재원의 발족을 시도하였으나 아무런 성과가 없었다. 이후 2013년 9월 개성공업지구 남북공동위원회 2차 회의에서 개성공업지구와 관련한 상사분쟁을 해결하기 위하여 개성공업지구 상사중재위원회를 구성하기로 하는 내용의 '개성공업지구에서의 남북상사중재위원회 구성·운영에 관한 합의서 이행을 위한 부속합의서'를 채택하여 개성공업지구 상사중재위원회가 구성되었다. 이에 따라 2014년 3월 13일 개성공업지구지원센터에서 개성공업지구 상사중재위원회 제1차 회의가 개최되었으나 합의가 이루어지지 않아 현재까지

답보상태에 있다.

'남북 사이의 상사분쟁해결절차에 관한 합의서'에 따르면, 남북상사중재위원회는 남과 북 각각 위원장 1명, 위원 4명으로 구성되고(남북 사이의 상사분쟁해결절차에 관한 합의서 제2조), 중재위원회는 남과 북의 당사자 사이 또는 당사자와 상대방의 당국 사이에 경제교류·협력과정에서 생기는 상사분쟁의 중재 또는 조정 및 그와 관련한 사무 처리 등의 기능을 수행하며(남북 사이의 상사분쟁해결절차에 관한 합의서 제3조), 중재위원회에서 쌍방은 각각 30명의 중재인을 선정하여 중재인명부를 작성하고 그것을 상호교환하도록 규정하고 있는데(남북 사이의 상사분쟁해결절차에 관한 합의서 제5조), 중재인은 법률 및 국제무역투자실무에 정통한 자이어야 한다(남북 사이의 상사분쟁해결절차에 관한 합의서 제6조).

중재판정부는 당사자 사이의 합의에 따라 선정되는 중재인 3명으로 구성하는데, 정해진 기간 안에 선정 합의를 하지 못할 경우에는 중재인명부에서 각각 1명의 중재인을 선정하여 선정된 2명의 중재인이 협의하여 중재인명부에서 의장중재인 1명을 선정하며, 중재신청이 접수된 날로부터 50일 이내에 중재인을 선정하지 못한 경우에는 일방 분쟁당사자의 요청에 따라 일방의 중재위원회 위원장이, 의장중재인을 선정하지 못한 경우에는 쌍방의 중재위원회 위원장이 협의하여 중재인명부에서 선정하며, 그럼에도 불구하고 의장중재인을 선정하지 못한 경우에는 일방의 중재위원회 위원장이 국제투자분쟁해결센터에 의장중재인의 선정을 의뢰할 수 있다(남북 사이의 상사분쟁해결절차에 관한 합의서 제10조). 중재판정은 중재신청이 접수된 날로부터 6개월 이내에 하여야 하고, 필요한 경우 중재판정부가 당사자들과 협의하여 그 기간을 3개월까지 연장할 수 있으며(남북 사이의 상사분쟁해결절차에 관한 합의서

제14조), 중재판정부에서 중재인 과반수의 찬성에 의한다(남북 사이의 상사분쟁해결절차에 관한 합의서 제13조).

분쟁당사자는 중재판정에 따르는 의무를 이행하여야 하고, 당사자가 그 의무를 불이행하거나 불성실하게 이행할 경우 상대방 당사자는 관할 지역의 재판기관에 그 집행을 신청할 수 있으며, 남과 북은 특별한 사정(중재위원회가 정하는 사정)이 없는 한 중재판정을 구속력이 있는 것으로 승인하고 해당 지역 재판기관의 확정판결과 동일하게 집행하여야 한다(남북 사이의 상사분쟁해결절차에 관한 합의서 제16조).

또한 중재신청이 접수된 후 당사자 쌍방으로부터 조정의 요청이 있을 경우 중재위원회는 중재절차를 중지하고 조정절차를 개시하는데, 당사자 합의에 의하여 조정인 1명 또는 3명을 선정하고 조정절차와 방법은 조정인이 정하며, 당사자가 합의한 조정의 결과는 중재판정의 방식으로 처리하고 중재판정과 같은 효력을 가지며, 조정인이 선정된 날로부터 30일 이내(당사자들의 합의에 의하여 조정기간 연장 가능)에 조정이 성립하지 아니하는 경우 조정절차가 종결되고 중재절차가 다시 진행된다(남북 사이의 상사분쟁해결절차에 관한 합의서 제17조).

그러나 이러한 합의서의 내용에도 불구하고 현재까지 북남경제협력법, 남북투자보장합의서, 남북 사이의 상사분쟁해결절차에 관한 합의서, 남북상사중재위원회 구성·운영에 관한 합의서, 개성공업지구에서의 남북상사중재위원회 구성·운영에 관한 합의서 이행을 위한 부속합의서에 따른 상사중재절차가 실질적으로 실현되지 않고 있다. 또한 남북 사이의 상사분쟁해결절차에 관한 합의서 제16조에서 중재판정의 이행, 승인 및 집행에 관한 추상적인 의무만 규정하고 있을 뿐 구체적인 내용은 없는 상태다.

남북상사중재위원회에 의한 상사중재는 당사자 간 상사중재합의가 있어야만 가능하므로 상사중재합의가 없는 경우에는 원칙적으로 상사중재에 의하여 분쟁을 해결할 수 없다고 본다. 즉, 개성공단 내 상사분쟁의 경우 당사자 간 상사중재합의가 없는 경우 북한의 중재 또는 재판절차에 따라야 하는데, 북한의 대외경제중재법 제5조에서 대외경제중재 역시 중재합의를 요구하므로, 중재합의가 없다면 결국 북한의 재판절차에 의할 수밖에 없다.

또한 중재 시 당사자 간에 합의한 법령이 없을 경우 남 또는 북의 관련 법령, 국제법의 일반 원칙, 국제무역거래관습에 따라 중재판정을 한다(남북 사이의 상사분쟁해결절차에 관한 합의서 제12조). 따라서 남북경제교류협력당사자 간 합의에 의해 중재의 준거법을 계약서에 명시하는 경우에는 이에 따르면 되나, 당사자 간에 중재합의를 하면서도 준거법을 명시적으로 정하지 아니하거나 당사자 간 준거법에 관한 합의가 없는 중재의 대상이 되는 경우 어느 법을 준거법으로 할 것인지, 남 또는 북의 법령과 국제무역거래관습 중 어느 것을 우선 적용할 것인지 등 준거법의 결정이 문제될 수 있다.

특수경제지대의 분쟁해결 관련 법률

▶▶▶▶▶

특수경제지대에서 발생하는 분쟁해결에 관한 법률은 지대별로 차이가 있다. 다음의 표는 각각의 특징을 간단히 정리한 것이다. 황금평·위화도경제지대법의 분쟁해결제도는 라선경제무역지대법과 동일하여 따로 정리하지 않았다.

특수경제지대 분쟁해결 관련 법률 비교

구분	라선경제무역지대법	개성공업지구법	금강산 국제관광특구법	경제개발구법
분쟁 해결 제도	• 신소: 관리위원회, 라선시인민위원회, 중앙특수경제지대지도기관, 해당 기관에 신소 제기 가능(80조) • 조정에 의한 분쟁해결: 관리위원회 또는 해당 기관의 분쟁 조정. 분쟁당사자들의 의사에 기초하여 조정안 작성, 분쟁당사자들이 조정안 수표해야 효력 발생(81조)	• 당사자들의 협의로 해결 • 협의로 해결할 수 없는 경우 북남 사이에 합의한 상사분쟁해결절차 또는 중재, 재판절차로 해결(46조)	• 당사자들의 협의로 해결 • 협의로 해결할 수 없는 경우 당사자들이 합의한 중재절차, 재판절차로 해결(41조)	• 신소: 관리기관, 중앙특수경제지대지도기관, 해당 기관에 신소 제기 가능(59조) • 조정에 의한 분쟁해결: 당사자들의 의사에 기초하여 조정안 작성, 분쟁당사자들이 조정안 수표해야 효력 발생(60조)

구분	라선경제무역지대법	개성공업지구법	금강산 국제관광특구법	경제개발구법
분쟁 해결 제도	• 중재에 의한 분쟁해결: 분쟁당사자들의 합의에 따라 국제중재기관에 중재제기 가능(82조) • 재판에 의한 분쟁해결: 경제무역지대 관할재판소 소 제기(83조)			• 중재에 의한 분쟁해결: 분쟁당사자들의 합의에 따라 북한 혹은 외국 국제중재기관에 중재제기 가능(61조) • 재판에 의한 분쟁해결: 경제개발구 관할 도(직할시)재판소 또는 최고재판소 소 제기(62조)

출처: 북한 특구 관련 법령의 분쟁해결 부분을 토대로 저자 정리

참고할 만한 분쟁해결 사례

▶▶▶▶▶

개성공업지구의 사례

개성공업지구법 제46조는 "북한 민사소송법의 특별규정으로서 개성공단 내 기업활동과 관련한 사항은 상사분쟁해결절차 또는 중재, 재판절차로 해결한다"고 규정하고 있다. 따라서 개성공단 내 기업활동과 관련한 상사분쟁은 우선적으로 남북이 합의한 상사분쟁해결절차로 해결함이 원칙이다.

그러나 실제로 개성공단에서 발생한 사건 중 남북상사중재로 해결된 사례는 없고, 북한의 중재 또는 재판절차를 밟은 것도 없는 것으로 파악된다. 대부분 당사자 간 합의로 해결되었거나 미해결상태로 남아 있는 것으로 보이며, 오히려 남한 법원의 판결에 의해 해결된 사례들이 존재한다.

일례로 개성공단의 현지 기업들 사이에 임대차계약 만료 후 소유권에 기한 부동산인도청구소송이 남한 법원에 제기된 적이 있다. 이에 대해 대법원은 대한민국 법원이 개성공단의 현지 기업 간 민사분쟁에 관하여 당연히 재판관할권이 있으며, 소송 목적물이 개성공단 내에 있는 건물이라고 달리 보지 않았다. 또한 이행판결의 집행이 사실상 불가능하거나 현저히 곤란하다는 사정만으로 소의 이익이 부정된다고 보지 않았고, 결론적으로 원고의 청구를 인용하였다(대법원 2016. 8. 30. 선고 2015다255265 판결).

다만 판결집행과 관련하여 의정부지방법원 고양지원 집행관에게 인도집행의 위임을 신청했으나 거부당했고, 이에 대해 이의신청을 했지만 기각되었다(의정부지방법원 고양지원 2015타기820 결정). 이와 관련하여 개성공업지구 부동산집행준칙 제3조의 개성공업지구관리기관 내 집행기구를 통해 판결집행을 하는 방법을 고려할 수 있으나, 이 또한 북한 당국의 협조가 필요하다.

노동 관련 분쟁과 관련해서는 개성공단 내 북한 근로자의 운용에 관하여 남한 법률의 적용이 가능한지가 문제된 적이 있었는데, 법원은 "남북의 특수관계와 북한의 지위를 고려하여 원칙적으로 개성공단 내 북한 근로자의 채용, 해고, 노동시간과 휴식, 보수 등 근로조건과 관련된 내용에 관하여는 개성공업지구법 및 하위 노동규정 등이 적용된다고 할 것이나, 북한의 법률이 규율하지 않고 있는 북한 근로자의 운용에 관하여는 남한 법률이 일률적으로 배제되는 것이 아니라 개별적으로 문제되는 사안별로 남한의 법률이 적용될 여지가 있는지를 제반 사정을 종합적으로 검토하여 판단해야 한다"고 판시하였다(인천지방법원 2015. 12. 9. 선고 2015가합51391 판결).

라선경제무역지대의 사례

라선경제무역지대의 경우에는 개성공업지구와 달리 남북의 자본과 인프라로만 구성된 것이 아니라 중국, 러시아 등 다국적 자본과 인프라가 함께 구성되어 있어 개성공단에서의 분쟁해결보다 적극적이고 국제적인 특색을 보인다. 이에 따라 신소, 조정, 중재, 재판 등 다양한 분쟁해결절차를 상정하고 있으나, 실제 분쟁 발생 및 해결 사례에 대한 통계나 내용은 찾아보기 어렵다.

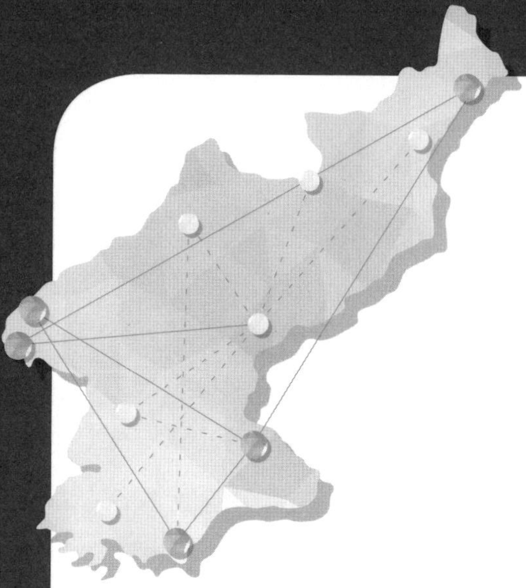

APPENDIX

북한 투자실무 관련 법규 리스트

구분	법률	관련 하위 규정
PART 2 투자 준비부터 실제 투자까지		
1. 투자 준비	외국인투자법(2011)	
	합작법(2014)	합작법 시행규정(2004)
	합영법(2014)	합영법 시행규정(2005)
	외국인기업법(2011)	외국인기업법 시행규정(2005)
	북남경제협력법(2005)	
	남북교류협력법(2014)	남북사이의 투자보장에 관한 합의서(2000)
	외국인투자기업 및 외국인세금법(2015)	
2. 특수 경제지대 투자	라선경제무역지대법(2011)	
	개성공업지구법(2003)	
	금강산국제관광특구법(2011)	
	신의주특별행정구 기본법(2002)	
	황금평위화도 경제지대법(2011)	
	경제개발구법(2013)	
3. 투자절차	북남경제협력법(2005)	
	남북교류협력법(1990)	• 남북교류협력법 시행령(2019) • 남북교류협력법 시행규칙(2019) • 남북한 방문 특례 및 북한 주민접촉절차에 대한 고시(2015) • 남북경제협력사업 처리에 관한 규정(2014) • 대북투자 등에 관한 외국환관리지침(2015)

구분	법률	관련 하위 규정
3. 투자절차	남북협력기금법(1990)	
	출입국법(2013)	
	대외경제계약법(2008)	
	개성공업지구법(2003)	• 출입체류거주규정 • 개성공업지구와 금강산관광지구 출입 및 체류에 관한 합의서(2004)
PART 3 어떤 회사를 어떻게 설립할 수 있는가		
1. 회사 설립 형태	외국인투자법(2011)	
	합작법(2014)	합작법 시행규정(2004)
	합영법(2014)	합영법 시행규정(2005)
	외국인기업법(2011)	외국인기업법 시행규정(2005)
2. 회사 설립 절차	합작법(2014)	합작법 시행규정(2004)
	합영법(2014)	합영법 시행규정(2005)
	외국인기업법(2011)	외국인기업법 시행규정(2005)
	남북교류협력법(1990)	
	외국환거래법(2017)	• 외국환거래규정(2019) • 대북투자 등에 관한 외국환거래지침(2015)
	개성공업지구법(2003)	기업창설운영규정(2003)
	금강산국제관광특구법(2011)	기업창설운영규정(2011)
PART 4 어떻게 경영할 것인가		
1. 부동산 관리	헌법(2019)	
	민법(2007)	
	외국인투자법(2011)	
	토지법(1999)	
	토지임대법(2011)	
	금강산국제관광특구법(2011)	부동산규정(2013)
	개성공업지구법(2003)	부동산규정(2004)
	남북합의서(1991)	• 남북사이의 화해와 불가침 및 교류협력에 관한 합의서(1991) • 남북 사이의 투자보장에 관한 합의서(2000) • 남북 사이의 상사분쟁해결절차에 관한 합의서(2000)
2. 노무관리	북남경제협력법(2005)	
	외국인투자법(2011)	
	합작법(2014)	합작법 시행규정(2004)

구분	법률	관련 하위 규정
2. 노무관리	합영법(2014)	합영법 시행규정(2005)
	외국인기업법(2011)	외국인기업법 시행규정(2005)
	외국인투자기업로동법(2015)	
	사회주의로동법(2015)	
	개성공업지구법(2003)	노동규정(2003)
3. 생산관리	합작법(2014)	합작법 시행규정(2004)
	합영법(2014)	합영법 시행규정(2005)
	외국인기업법(2011)	외국인기업법 시행규정(2005)
4. 수출입 관리	합작법(2014)	합작법 시행규정(2004)
	합영법(2014)	합영법 시행규정(2005)
	외국인기업법(2011)	외국인기업법 시행규정(2005)
	북남경제협력법(2005)	
	남북교류협력법(1990)	남북교류협력법 시행령(2017) 남북교류협력법 시행규칙(2015)
	무역법(2015)	
	외국환거래법(2017)	
	세관법(2012)	
	수출품원산지법(2009)	
	개성공업지구법(2003)	세관규정(2003)
	남북합의서(1991)	개성공업지구 통관에 관한 합의서(2002)
	고시, 지침	• 수입통관사무처리에 관한 고시(2019) • 남북 교역물품의 원산지 확인에 관한 고시(2014) • 반출반입 승인대상품목 및 승인절차에 관한 고시(2014)
5. 회계관리	회계법(2015)	
	외국인기업법(2011)	외국인기업법 시행규정(2005)
	외국인투자법(2011)	
	외국인투자기업회계법(2011)	
	개성공업지구법(2003)	개성공업지구 회계규정(2005)
	라선경제무역지대법(2011)	
	북남경제협력법(2005)	
	합작법(2014)	합작법 시행규정(2004)
	합영법(2014)	합영법 시행규정(2005)
	회계검증법(2015)	
	개성공업지구법(2003)	개성공업지구 회계검증규정(2005)

구분	법률	관련 하위 규정
6. 조세관리	외국인투자기업 및 외국인 세금법(2015)	외국인투자기업 및 외국인 세금법 시행규정(2002)
	금강산관광지구법(2003)	금강산국제관광특구 세금규정(2012)
	개성공업지구법(2003)	개성공업지구 세금규정(2003)
	세관법(2012)	
	금강산국제관광특구법(2011)	금강산국제관광특구 세관규정(2012)
	개성공업지구법(2003)	개성공업지구 세관규정(2003)
	이중과세방지합의서(2000)	
7. 금융관리	외국인투자법(2011)	
	합작법(2014)	합작법 시행규정(2004)
	합영법(2014)	합영법 시행규정(2005)
	외국인기업법(2011)	외국인기업법 시행규정(2005)
	북남경제협력법(2005)	
	외국인투자기업재정관리법(2011)	
	외화관리법(2004)	
	보험법(2015)	
	개성공업지구법(2003)	보험규정(2004)
8. 해산 및 청산	합작법(2014)	합작법 시행규정(2004)
	합영법(2014)	합영법 시행규정(2005)
	외국인기업법(2011)	외국인기업법 시행규정(2005)
	외국인투자기업파산법(2011)	
	개성공업지구법(2003)	기업창설운영규정(2003)
	금강산국제관광특구법(2011)	기업창설운영규정(2011)
PART 5 분쟁이 발생했을 때		
1. 분쟁해결 제도 일반	외국인투자법(2011)	
	합작법(2014)	합작법 시행규정(2004)
	합영법(2014)	합영법 시행규정(2005)
	외국인기업법(2011)	외국인기업법 시행규정(2005)
	신소청원법(2010)	
	대외경제중재법(2014)	
	민사소송법(2015)	

구분	법률	관련 하위 규정
2. 남북 상사 중재절차	북남경제협력법(2005)	
	남북합의서(1991)	• 남북 사이의 상사분쟁 해결절차에 관한 합의서(2000) • 남북상사중재위원회의 구성운영에 관한 합의서(2003) • 개성공업지구에서의 남북상사중재위원회 구성 운영에 관한 합의서 이행을 위한 부속합의서(2013)

출처: 통일법제데이터베이스

남측 투자가가 알아야 할 투자절차[37]

북한 방문 및 주민접촉

북한 방문승인절차

북한 방문승인절차

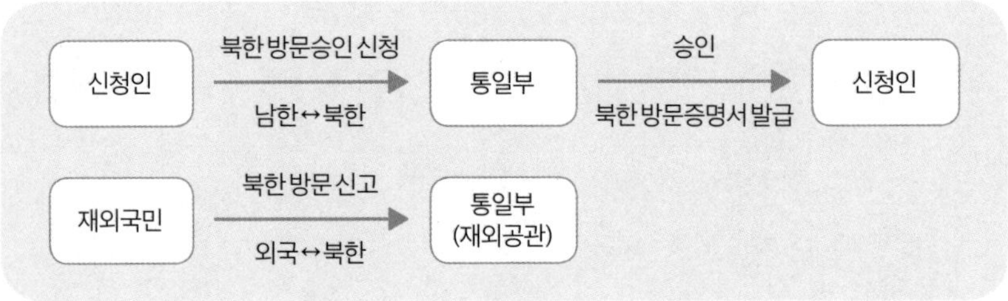

출입 및 체류 요건

북한에 투자하고자 하는 남측 투자가가 북한지역에 출입할 경우 북남 당국 사이의 합의에 따른 증명서를 소지하고 있어야 하며, 수송수단에도 정해진 증

37 남북교류협력시스템(https://www.tongtong.go.kr)에서 관련 내용을 참고하여 재정리

명서가 있어야 한다(북남경제협력법 제13조). 이에 따라 남측 투자가가 투자를 위하여 북한에 체류하고자 하는 경우에는 남북교류협력법에 따른 북한 방문증명서를 발급받아 소지하여야 한다.

개성공업지구의 경우, 남한에서 개성공업지구로 출입하는 남측 및 해외동포, 외국인과 수송수단은 공업지구관리기관이 발급한 출입증명서를 가지고 지정된 통로로 사증 없이 출입할 수 있으며, 북한의 다른 지역에서 개성공업지구로 출입하는 경우 및 개성공업지구에서 북한의 다른 지역으로 출입하는 경우에 대해서는 별도의 규정에 따른다(개성공업지구법 제28조).

방문승인 신청

남측 투자가가 북한을 방문하려는 경우에는 방문 7일 전까지 방문승인신청서에 신청인 인적사항, 북한 당국이나 단체 등의 초청 의사를 확인할 수 있는 서류, 방문증명서용 사진을 첨부하여 통일부장관에게 제출하여야 한다(남북교류협력법 제9조, 동법 시행령 제12조 제1항). 다만 개성공업지구 방문을 주된 목적으로 하여 통일부장관에게 방문승인을 신청하려는 자는 방문 5일 전까지 위 서류를 통일부장관에게 제출할 수 있고, 이때 북한 당국이나 단체 등의 초청 의사를 확인할 수 있는 서류는 그 제출이 면제될 수 있다(남북한 방문특례 및 북한 주민접촉절차에 대한 고시 제3조).

외국에 체류 중인 남한 주민이나 재외국민(외국 정부로부터 영주권을 취득하였거나 이에 준하는 장기체류허가를 받은 사람, 외국에 소재하는 외국법인 등에 취업하여 업무수행의 목적으로 북한을 방문하는 사람)이 한국을 통하여 북한을 방문하려는 경우에도 방문승인을 받아야 하는데, 이 경우에는 방문승인신청서와 첨부서류를 재외공관의 장에게 제출할 수 있고, 재외공관의 장이 통일부장관에게 서류를 전달한다(남북교류협력법 시행령 제13조). 그러나 재외국민이 외국에서 북한을 왕래할 때에는 승인이 아닌 신고로 족하며, 이 경우에는 출발 3일 전까지 또는 귀환 후 10일 이내에 통일부장관이나 재외공관의 장에게 북한 방문신고서를 제출하여야 하고, 재외공관의 장이 신고받은 경우에는 해당 서류를 통일부장관에게 전달한다(남북교류협력법 제9조 제8항, 동법 시행령 제14조).

방문승인 및 방문증명서 발급

통일부장관은 신청받은 내용이 중요하다고 인정되는 경우에는 승인하기 전에 관계 행정기관의 장과 협의하여야 한다(남북교류협력법 시행령 제12조 제8항). 그리고 방문승인을 하는 경우, 통일부장관은 1년 이내의 범위에서 방문기간을 부여하여 북한 방문증명서를 발급한다(남북교류협력법 제9조 제4~5항, 시행령 제12조 제3항). 방문증명서는 상기 방문기간 내에 한 차례만 사용할 수 있는 방문증명서 혹은 유효기간이 끝날 때까지 여러 차례 사용할 수 있는 방문증명서(이하 '복수방문증명서')로 구분하여 발급된다(남북교류협력법 제9조 제2항). 복수방문증명서는 남북교류 및 협력을 추진하기 위하여 수시로 남북한을 방문할 필요가 있다고 통일부장관이 인정하는 사람에게 발급되는데, 유효기간은 5년 이내이고 5년의 범위에서 연장 가능하다(남북교류협력법 제9조 제3항).

또한 통일부장관은 방문승인을 하는 경우, 방문 목적·방문 대상자·방문 지역 및 방문 경로 등의 제한 또는 변경, 군사분계선을 출입하는 경우 그 일정에 관한 사항의 제출, 북한 방문결과보고서의 제출, 통일부령으로 정하는 북한 방문 안내교육의 이수, 그 밖에 통일부장관이 필요하다고 인정하는 사항의 조건을 붙일 수 있다(남북교류협력법 시행령 제12조 제6항). 그리고 북한 방문 결과보고서의 내용이 중요하다고 인정되는 경우, 통일부장관은 그 보고서를 관계 행정기관의 장에게 송부하여야 한다(남북교류협력법 시행령 제12조 제9항).

방문승인 취소

통일부장관은 북한 방문승인을 받은 사람이 거짓이나 그 밖의 부정한 방법으로 방문승인을 받은 경우에는 승인을 취소하여야 하고, 방문조건을 위반한 경우, 남북교류 및 협력을 해칠 명백한 우려가 있는 경우, 국가안전보장 및 질서유지 또는 공공복리를 해칠 명백한 우려가 있는 경우에는 그 승인을 취소할 수 있다(남북교류협력법 제9조 제7항).

방문승인 관련 제재

북한 방문승인을 받지 아니하고 북한을 방문한 자, 거짓이나 그 밖의 부정한 방법으로 승인을 받은 자는 3년 이하의 징역 또는 3천만 원 이하의 벌금에 처해지고 미수범도 처벌되며, 법인의 대표자나 법인 또는 개인의 대리인, 사용인, 그 밖의 종업원이 그 법인 또는 개인의 업무에 관하여 위반행위를 한 경우 그 행위자를 벌하는 외에 그 법인 또는 개인에게도 해당 조문의 벌금형이 과해진다(남북교류협력법 제27조 제1항 제1~2호). 재외국민이 북한 방문 신고를 하지 않고 북한을 왕래하거나 거짓이나 그 밖의 부정한 방법으로 신고를 한 경우에는 300만 원 이하의 과태료가 부과된다(남북교류협력법 제28조의2 제1항 제1호).

북한 주민접촉 관련 절차

북한 주민접촉 신고절차

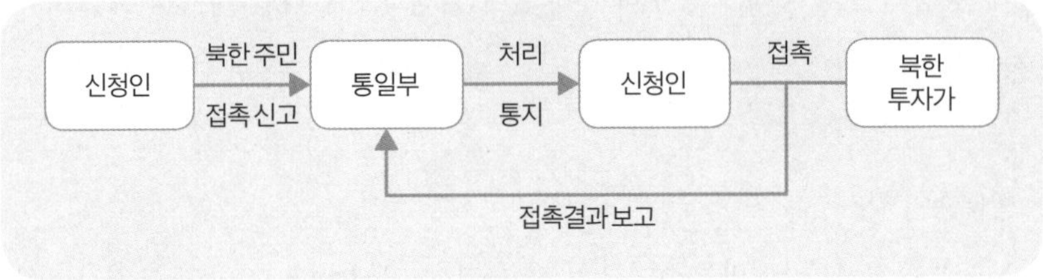

주민접촉 신고

북한 방문증명서를 발급받은 사람이 북한을 방문하여 그 방문 목적의 범위에서 당연히 인정되는 접촉을 하는 경우, 외국에 소재하는 외국법인 등에 취업한 사람이 업무 수행의 목적 내에서 접촉을 하는 경우를 제외하고, 남측 투자가가 북한 주민과 회합·통신, 그 밖의 방법으로 접촉하기 위해서는 접촉 7일 전까지 북한주민접촉신고서에 인적사항, 회사소개서, 대북사업계획서, 북한회사소개서, 중개상사소개서, 북한주민접촉계획서, 무역업고유번호부여증사본, 사업자등록증사본을 첨부하여 통일부장관에게 제출하여야 한다(남북교류협력법 제9조의2 제1항, 동법 시행령 제16조 제1항). 여기에서 접촉이라 함은 북한 주민과 정보나 메시지를 주고받는 과정을 말하며, 이때 의사교환의 방법·수단·장소 등을 불문하고 남북한 주민 상호 간에 어떤 형태로든 특정 내용의 의사가 교환되었다면 접촉으로 간주한다. 따라서 북한 주민을 직접 대면하여 의사를 교환하는 것은 물론, 중개인(제3자)을 통하거나 전화, 우편, 팩스, 이메일 등의 통신수단을 이용한 의사교환도 포함된다. 다만 교역을 목적으로 긴급하게 북한 주민과 접촉한 경우, 사전계획 없이 전자우편 등 인터

넷을 통하여 북한 주민과 접촉한 경우 등 부득이한 사유로 사전에 북한주민접촉신고를 하지 못한 경우에는 접촉 후 7일 이내에 북한주민사후접촉신고서를 작성하여 사후 신고할 수 있다(남북교류협력법 시행령 제16조 제2항).

한편 외국에 체류 중인 남한 주민이 접촉신고를 할 때에는 신고서 및 첨부서류를 재외공관의 장에게 제출할 수 있고, 이 경우 재외공관의 장은 지체 없이 해당 서류를 통일부장관에게 전달하여야 한다(남북교류협력법 시행령 제17조).

주민접촉 신고수리

통일부장관은 신고받은 내용이 중요하다고 인정되는 경우에는 수리하기 전에 관계 행정기관의 장과 협의하여야 하고, 남북교류 및 협력을 해칠 명백한 우려가 있거나 국가안전보장 및 질서유지 또는 공공복리를 해칠 명백한 우려가 있는 경우에만 신고수리를 거부할 수 있다(남북교류협력법 제9조의2 제3항). 그 외의 경우, 통일부장관은 접촉 목적·접촉 대상자 및 접촉 방법 등의 제한 또는 변경, 북한주민접촉결과보고서의 제출 등의 조건을 붙이거나 3년 이내의 유효기간(3년의 범위에서 연장 가능)을 정하여 접촉신고를 수리할 수 있다(남북교류협력법 제9조의2 제3~4항, 동법 시행령 제16조 제5항). 이때 유효기간 중에는 접촉 목적의 범위 내에서 횟수에 제한 없이 접촉할 수 있다.

신고 미이행 시 제재

신고를 하지 않고 북한 주민과 접촉하거나 거짓이나 그 밖의 부정한 방법으로 신고를 한 자, 신고수리 시 부여된 조건을 위반한 자에게는 300만 원 이하의 과태료가 부과된다(남북교류협력법 제28조의2 제1항 제2호 및 제3호).

북한 방문 및 체류

남측 투자가와 수송수단은 북남경제협력법에 따라 출입지점이나 정해진 장소에서 통행검사, 세관검사, 위생검역 등 검사와 검역을 받아야 한다(북남경제협력법 제14조). 또한 남측 투자가는 남북교류협력법에 따라 출입장소에서 신원 확인, 휴대품 등의 검사, 검역, 방문증명서 등 필요한 서류의 확인 등의 심사를 받고, 심사 시 방문증명서와 출입신고서를 출입심사 공무원에게 제출한 후 방문증명서에 심사확인 도장을 받아야 하는데, 방문증명서를 전자식 카드 등으로 발급받은 사람은 제출 및 도장 날인이 생략될 수 있다(남북교류협력법 제11조, 동법 시행령 제21~22조). 그 후 남측 투자가는 출입사업기관의 승인을 받고 북측지역에 체류할 수 있다(북남경제협력법 제15조 1문).

이때 공업지구와 관광지구에서의 체류, 거주는 해당 법규에 따르므로(북남경제협력법 제15조 2문), '개성공업지구와 금강산관광지구 출입 및 체류에 관한 합의서' 및 '개성공업지구 출입, 체류, 거주규정'에 따라 개성공업지구에 8일 이상 체류하려는 자는 북한으로부터 체류등록증, 거주등록증을 발급받아 출입하여야 한다.

외국 투자가의 북한 출입국, 체류

북한 출입국

외국인의 체류, 거주에 관한 일반법인 출입국법에 따르면, 북한에 입국하려는 외국인은 해당 나라에 주재하는 북한 외교 및 영사 대표기관을 통하여 사증 발급신청을 하여 사증을 발급받고 출입국하여야 한다(출입국법 제19~20조).

국경지역출입국증명서를 가진 외국인은 정해진 국경지역에 입국하여야 하고, 국경지역에 입국하였다가 북한의 다른 지역으로 가려 할 경우에는 해당 출입국사업기관의 승인을 받아야 한다(출입국법 제22조).

북한 체류

체류는 입국일부터 90일까지 머무는 단기체류와 91일 이상 머무는 장기체류로 구분된다(출입국법 제43조).

북한에 입국한 외국인은 목적지에 도착한 때부터 48시간 안에 체류등록을 하고 여권 또는 따로 받은 사증에 확인을 받아야 하며(출입국법 제44조), 부득이한 사유로 목적지가 아닌 지역에서 48시간 이상 체류할 경우에는 해당 지역 출입국사업기관에 도중체류등록을 하여야 한다(출입국법 제45조). 다만 입국하여 숙박하지 않고 그날로 출국하는 외국인 등은 체류등록을 하지 않아도 된다(출입국법 제48조).

장기체류하려는 외국인은 체류 목적에 따라 외국인장기체류증을 발급받아야 한다(출입국법 제47조).

경제무역지대 체류

외국인은 경제무역지대에 출입, 체류, 거주할 수 있으며 여권 또는 그것을 대신하는 출입증명서를 가지고 정해진 통로로 경제무역지대에 사증 없이 출입할 수 있다(라선경제무역지대법 제79조, 개성공업지구법 제28조, 황금평·위화도경제지대법 제67조).

계약체결 방법

북한에 투자하고자 하는 남측 투자가가 단독투자가 아닌 공동투자를 하고자 하는 경우, 사전에 북측 투자가와 함께 투자 진출 가능성 및 위험성을 검토하고 사업계획을 수립하는 등 사업에 관하여 협의를 하여야 한다.

그 후 남측 투자가는 설립할 회사의 명칭, 총칙, 규모, 경영 목적, 총투자액 및 등록자본, 사업 당사자의 의무, 기술이전 및 상표사용, 원재료, 부품조달, 제품판매, 이사회, 경영관리기구, 노동관리, 세무, 재무, 회계감사, 이익분배, 회사의 해산 및 청산, 보험, 계약변경, 개정 및 해제, 위약책임, 불가항력, 준거법, 분쟁해결, 부칙 등 구체적인 내용을 포함하여 계약서를 작성하여야 한다.

계약은 원칙적으로 중앙무역지도기관이 만든 표준계약서에 따라 체결하나, 표준계약서의 일부 내용을 달리 정하려 하거나 표준계약서가 없는 경우에는 계약당사자들의 협의로 정할 수 있다(대외경제계약법 제10조).

북한지역 안에 외국투자기업을 창설하는 것과 관련한 계약, 거래액이 많거나 국가적 의의를 가지는 계약의 체결은 중앙무역지도기관 또는 해당 기관의 승인을 받아야 하며, 이 경우 해당 계약을 체결하기 전에 계약서 초안을 중앙무역지도기관 또는 해당 기관에 제출하고 합의를 받아야 한다(대외경제계약법 제11조).

북한의 투자 승인

남측 투자가가 북한에 투자하는 경우에 북남경제협력법에 따라 중앙민족경제협력지도기관으로부터 북남경제협력의 승인을 받아야 하고, 승인 없이는 북남경제협력을 할 수 없다(북남경제협력법 제10조). 이에 따라 남측 투자가 혹은 북측 투자가는 중앙민족경제협력지도기관에 협력신청서를 제출하여야 하고, 이 경우 남측 투자가는 공증기관이 발급한 신용담보문서를 함께 제출하여야 한다(북남경제협력법 제11조). 여기에서 공증기관 및 신용담보문서가 무엇을 의미하는지는 불분명하나, 개성공업지구에 기업을 창설하려는 투자가가 기업창설신청서와 함께 자본신용확인서(개성공업지구 기업창설·운영규정 제8조)로 '거래은행이 발급한 투자가의 신용확인서'를 첨부하는 실무에 비추어보건대[38], 이와 유사한 서면을 의미하는 것으로 보인다.

중앙민족경제협력지도기관은 해당 신청서를 받은 날부터 20일 내에 검토하여 승인 또는 부결하게 되는데, 신청을 승인하는 경우에는 승인서를, 부결하는 경우에는 이유를 밝힌 부결통지서를 신청자에게 보내야 한다(북남경제협력법 제12조).

북남경제협력법은 남측 투자가의 구체적 투자자격요건이나 투자대상승인요건에 관해서는 특별하게 규정하고 있지 않으므로, 승인범위에 관하여는 중앙민족경제협력지도기관의 재량이 크게 작용하는 것으로 보인다.

외국 투자가의 투자승인

외국 투자가가 북한에서 외국인투자기업과 외국투자은행을 창설, 운영하려는 경우에는 투자관리기관(해당 중앙기관과 특수경제지대관리기관)의 승인을 받아야 한다(외국인투자법 제3조).

38 법무부, 북남경제협력법 분석(p. 48)

남한의 협력사업 승인

협력사업승인제도

북한에 투자하고자 하는 남측 투자가는 남한에서도 남북교류협력법상 협력사업의 승인을 받아야 한다. 남북교류협력법상 협력사업승인제도는 남한과 북한이 특정 사업을 지속적으로 실시하는 과정에서 외환거래, 물자 반출·반입, 남북왕래 등을 정부가 총괄적으로 관리·감독할 필요가 있다는 점에서 방문 및 반출·반입승인제도와 별도로 운영되고 있다.

협력사업은 남북경제협력사업, 사회문화협력사업, 인도적 대북지원사업으로 구분되는데, 남측 투자가가 북한에 투자하는 것과 관련된 것은 남북경제협력사업이다. 남북경제협력사업은 남한과 북한의 주민(법인, 단체 포함)이 경제적 이익을 주된 목적으로 상대방의 지역이나 제3국에 재산 및 재산권에 공동으로 투자하고 사업이윤을 투자비율이나 계약조건에 따라 분배받기로 하거나 투자원본을 계약조건에 따라 상환받기로 하는 행위, 합작투자행위, 남북한 합의에 의해 경제개발 등을 위하여 지정된 지역에서 포괄적 사업권을 취득한 자와 계약을 통한 투자행위와 북한 주민의 고용 혹은 용역제공 행위 중 통일부장관이 사업의 규모, 계속성, 기타 형성되는 경제관계의 특성을 고려하여 협력사업으로 인정하는 행위, 그 밖에 남북 당국 간 합의에 의하여 정하는 협력사업을 말한다(남북경제협력사업 처리에 관한 규정 제3조).

이에 따라 남북경제협력사업을 하고자 하는 남측 투자가는 북측 투자가와 협력사업마다 사전에 통일부장관의 승인을 받아야 한다(남북교류협력법 제17조 제1항). 다만 개성공업지구 또는 남북한 간 합의에 따라 경제개발을 위한 특별구역 등으로 지정된 지역 중 통일부장관이 고시하는 지역에서 하는 사업으로서 북한에 투자하는 총금액이 미화 50만 달러 이하인 소액투자의 경우에는 승인이 아닌 신고로 할 수 있다(남북교류협력법 제17조의2, 동법 시행령 제29조 제1항).

협력사업 승인절차

협력사업 승인절차

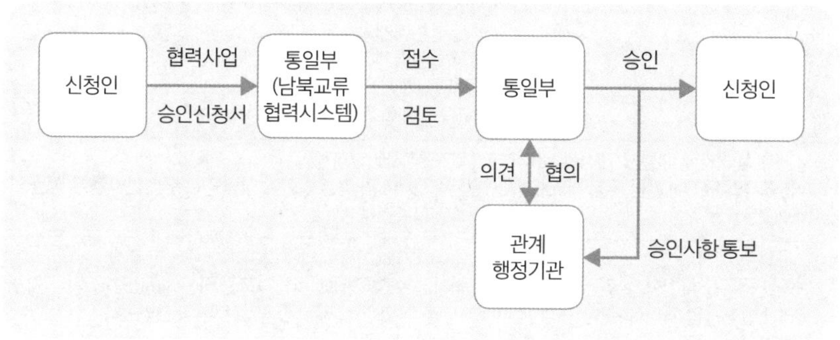

승인 신청

협력사업의 승인을 받으려는 남측 투자가는 협력사업승인신청서에 다음의 서류를 첨부하여 통일부장관(남북교류협력시스템 등)에게 제출하여야 한다(남북교류협력법 제 17조 제1항, 동법 시행령 제27조 제1항).

협력사업승인 신청 첨부서류

첨부서류 목록	기재 내용
① 협력사업 승인신청인 인적사항	• 신청인의 인적사항 • 사업상대자 인적사항 • 사업명, 사업 목적, , 신청부서, 사업장소, 사업기간 • 법인의 경우 정관, 승인신청일로부터 3년 이내의 기간 중 가장 최근에 작성된 대차대조표(대차대조표를 작성하지 아니하는 자는 자본금 상태를 증명할 수 있는 서류 1부)
② 협력사업계획서 (남북경제협력사업 처리에 관한 규정 제5조 제1항 제1호)	• 투자계획(현물출자가 수반되는 경우 현물출자에 필요한 반출입물자의 상세 목록 포함) • 자금의 조달 및 운용계획(수익·비용 분석 포함) • 생산 및 판매계획 • 조직 및 인력계획 • 환경관리계획 • 추진일정계획
③ 북한측 상대자에 대한 소개서(남북경제협력사업 처리에 관한 규정 제5조 제1항 제2호)	• 연혁, 조직, 사업실적 등 • 북한측 상대자가 북한 법령에 의해 등록된 법인인 경우 이를 입증하는 등록증사본
④ 북한측 상대자와 협력사업에 대하여 협의한 내용을 확인할 수 있는 서류(남북경제협력사업 처리에 관한 규정 제5조 제1항 제3호)	• 사업 상대자와 최종 협의된 것 • 협력사업 수행을 위해 설립하고자 하는 회사, 단체, 기타 기구(회사 등)의 명칭, 소재지, 존속기간 및 적용 법규 • 협력사업 당사자의 성명, 주소 • 총투자액, 출자비율, 등록자본금 및 증감가부, 출자방식, 출자자산 평가방법, 출자기간, 출자금 양도 조건 • 임원 및 이사회의 구성, 의결정족수, 이사회 소집절차 등 회사의 조직, 운영에 관한 중요 사항 • 회사 등의 업종, 생산규모, 생산제품의 판매·처리 방법, 자재조달 방법 • 당사자의 임무 • 근로자의 고용, 해고, 임금에 관한 사항 • 결산 및 이윤의 분배·적립, 송금 보장에 관한 사항 • 세금, 회계에 관한 사항 • 분쟁의 해결에 관한 사항 • 효력발생 조건 • 회사 등의 해산 및 청산에 관한 사항 • 천재지변 등 불가항력적 사유 및 이로 인한 의무불이행의 해결 방법 내용
⑤ 북한 당국 또는 북한의 권한 있는 기관의 확인서(남북경제협력사업 처리에 관한 규정 제5조 제1항 제4호)	• 북한 법령에 의거, 해당 협력사업승인권이 있는 기관이 발행한 것 • 협의서 내용의 이행 보장 • 인원의 남북 왕래 및 신변안전 보장, 협력사업 수행에 필요한 편의제공

첨부서류 목록	기재 내용
⑥ 협력사업을 하려는 분야의 사업 실적, 협력사업을 추진할 만한 자본·기술·경험 등을 갖추고 있음을 증명하는 서류(남북경제협력사업 처리에 관한 규정 제4조)	• 제조업: 해당 협력사업에서 생산하고자 하는 주된 생산품목에 대한 생산실적 또는 수출입실적, 생산에 직접 관련되는 기계·설비의 생산실적 또는 수출입실적 • 농림수산업, 광업, 건설업, 숙박·음식점업, 운수·창고·통신업, 금융·보험업, 기타 서비스업: 해당 협력사업과 직접 관련되는 영업실적(사업 수주실적 포함) • 기타 특수업종: 통일부장관이 관계행정기관의 담당자와 협의하여 별도로 인정하는 사업실적
⑦ 협력사업의 북한 현지에서의 실현 가능성·성공가능성 등에 대한 자체 조사 결과(남북경제협력사업 처리에 관한 규정 제5조 제1항 제5호)	• 수송, 전력, 통신, 항만, 용수, 노동력 등의 내용
⑧ 북한 당국에 제출할 외국인기업창설신청서	
⑨ 그 밖에 통일부장관이 필요하다고 인정하는 서류	

협력사업의 변경승인을 받으려는 자는 협력사업 변경승인신청서에 협력사업 변경승인신청사유서, 변경사실을 증명하는 서류, 변경하려는 협력사업의 추진계획서, 그 밖에 통일부장관이 필요하다고 인정하는 서류를 첨부하여 통일부장관에게 제출하여야 한다. 다만 통일부장관은 협력사업 변경의 내용 등을 고려하여 변경하려는 협력사업의 추진계획서를 첨부하지 아니하게 할 수 있다(남북교류협력법 시행령 제27조 제3항).

승인요건

협력사업 승인을 받기 위해서는 협력사업의 내용이 실현 가능하고 구체적일 것, 협력사업으로 인하여 남한과 북한 간의 분쟁을 일으킬 사유가 없을 것, 이미 시행되고 있는 협력사업과 심각한 경쟁을 하게 될 가능성이 없을 것, 협력사업을 하려는 분야의 사업실적이 있거나 협력사업을 추진할 만한 자본·기술·경험 등을 갖추고 있을 것, 국가안전보장, 질서유지 또는 공공복리를 해칠 명백한 우려가 없을 것 등의 요건을 충족하여야 한다(남북교류협력법 제17조 제1항).

이들 요건을 충족하였는지 여부에 관하여 통일부는 승인 및 투자시점에서 협력사업자로서의 자격·능력, 과다경쟁 여부, 국내 산업에 미치는 영향, 사업계획서의 적정성 여부, 협의서가 필요한 요건을 갖추고 있는지 여부, 필요한 북한 당국의 확인서가 구비되어 있는지 여부, 투자 타당성 및 실현 가능성(투자대상지역의 수송, 전력, 통신, 용수 등 산업입지조건, 산업입지조건이 여의치 않은 경우에는 적절한 해결방안 확보 여부), 남북관계 개선에 대한 기여도 등을 검토한다.

협력사업의 승인

협력사업의 승인을 받으려는 자가 협력사업의 승인신청을 하면 통일부장관은 전자정부법 제36조 제1항에 따른 행정정보 공동이용을 통하여 법인등기부등본(신청인이 법인인 경우에만 해당)을 확인하여야 하며(남북교류협력에 관한 법률 시행령 제27조 제2항), 협력사업의 승인을 하려면 미리 관계 행정기관의 장과 협의(변경승인의 경우에는 중요하다고 인정되는 경우에 한하여 미리 관계 행정기관의 장과 협의)하여야 한다(남북교류협력법 제17조 제2항).

통일부장관은 협력사업 승인신청을 접수한 날로부터 20일 이내에 그 처리결과를 신청인에게 문서로 알려야 하고, 부득이한 사유로 처리기간 내 처리가 곤란한 경우 그 사유를 명시하여 신청인에게 통보하고 20일의 범위 내에서 1회에 한하여 처리기간을 연장할 수 있다. 다만 개성공업지구의 경우에는

7일 이내에 처리결과를 통보하여야 하며, 부득이한 경우 사유를 신청인에게 통보하고 7일의 범위 내에서 1회에 한하여 처리기간을 연장할 수 있다(남북교류협력법 시행규칙 제14조 제3항, 남북경제협력사업 처리에 관한 규정 제6조).

협력사업의 승인을 하는 경우 남북교류·협력의 원활한 추진을 위하여 협력사업의 목적, 내용, 규모, 사업기간 및 장소 등의 제한 또는 변경, 협력사업의 시행 내용의 보고, 그 밖에 필요하다고 인정하는 사항 등 조건을 붙이거나 승인의 유효기간을 정할 수 있고(남북교류협력법 제17조 제2항, 동법 시행령 제27조 제4항), 통일부장관은 승인 내용을 관계 행정기관의 장에게 알려야 한다(남북교류협력법 시행령 제27조 제5항).

한편 협력사업 신고의 경우, 통일부장관은 협력사업 신고를 접수한 날로부터 7일 이내에 수리 여부를 신청인에게 통보하여야 하나 부득이한 사유로 수리가 불가능한 경우, 그 사유를 명시하여 신청인에게 통보하고 7일의 범위 내에서 1회에 한하여 수리기간을 연장할 수 있다(남북경제협력사업 처리에 관한 규정 제7조).

승인 취소

통일부장관은 협력사업의 승인을 받은 자가 거짓이나 그 밖의 부정한 방법으로 협력사업의 승인을 받은 경우, 협력사업 정지기간 중에 협력사업을 한 경우에는 승인을 취소하여야 하고, 협력사업 승인요건을 갖추지 못하게 된 경우, 변경승인을 받지 않고 협력사업의 내용을 변경한 경우, 협력사업 승인 시 부여된 조건을 위반한 경우, 협력사업에 관한 조정명령을 따르지 않은 경우, 협력사업의 시행 내용 보고를 하지 아니하거나 거짓으로 보고한 경우, 통일부장관의 조사를 정당한 사유 없이 거부·기피하거나 방해한 경우, 협력사업의 승인을 받고 최근 3년간 계속하여 협력사업의 실적이 없는 경우, 협력사업의 시행 중 남북교류·협력을 해칠 명백한 우려가 있는 행위를 한 경우, 국가안전보장, 질서유지 또는 공공복리를 해칠 명백한 우려가 있는 경우에는 청문을 실시한 후 관계 행정기관의 장과 협의하여 6개월 이내의 기간을 정하여 협력사업의 정지를 명하거나 그 승인을 취소할 수 있다(남북교류협력법 제17조 제4항).

협력사업에 관한 조정명령

통일부장관은 조약이나 일반적으로 승인된 국제법규 또는 남북관계 발전에 관한 법률에 따라 체결·발효된 남북합의서의 이행을 위하여 필요한 경우, 국제평화 및 안전유지를 위한 국제적 합의에 이바지할 필요가 있는 경우, 남북교류협력법 또는 관련 법령을 위반한 경우, 협력사업의 공정한 경쟁을 해칠 우려가 있는 경우, 신용을 손상하는 행위를 방지하기 위하여 필요한 경우에는 협력사업을 하는 자에게 협력사업의 내용·조건 또는 승인의 유효기간 등에 관하여 필요한 조정을 서면으로 명할 수 있다.

통일부장관은 조정을 명하는 경우 관계 전문가 또는 이해관계자 등의 의견을 들을 수 있고, 중요하다고 인정되는 사항은 미리 관계 행정기관의 장과 협의하여야 한다(남북교류협력법 제18조, 동법 시행령 제30조 제1항 및 제3항).

협력사업의 시행 보고

통일부장관은 협력사업을 하는 자에게 협력사업의 시행 내용을 보고하게 할 수 있다(남북교류협력법 제18조 제3항). 이때 보고하여야 하는 사항은 북한측 상대자와의 사업약정 또는 계약의 체결·해지에 관한 사항, 협력사업의 착수 및 완료에 관한 사항, 협력사업의 진행 상황, 협력사업의 진행 중 발생한 분쟁 또는 사고에 관한 사항, 회사 등의 규약(채택일로부터 20일 이내), 영업허가증·출자증명서·토지이용증 등 제증명서의 취득사항(발생일로부터 20일 이내), 회사 등의 대표자의 변경(변경일로부터 20일 이내), 기타 협력사업의 효과적인 관리를 위하여 통일부장관이 필요하다고 인정하는 사항이다(남북교류협력법 시행령 제30조 제4항, 남북경제협력사업 처리에 관한 규정 제9조).

통일부장관이 협력사업에 관한 보고를 받은 경우, 그 내용이 중요하다고 인정되는 경우에는 그 보고 내용을 관계 행정기관의 장에게 알려야 한다(남북교류협력법 시행령 제30조 제5항).

협력사업 승인 관련 제재

협력사업의 승인을 받지 않고 협력사업을 시행하거나 거짓이나 그 밖의 부정한 방법으로 승인을 받은 자는 3년 이하의 징역 또는 3천만 원 이하의 벌금에 처해지고 미수범은 처벌되며, 법인의 대표자나 법인 또는 개인의 대리인, 사용인, 그 밖의 종업원이 그 법인 또는 개인의 업무에 관하여 위반행위를 한 경우 그 행위자를 벌하는 외에 그 법인 또는 개인에게도 해당 조문의 벌금형이 과해진다(남북교류협력법 제27조 제1항 제4호 및 제6호, 제3항, 제28조).

협력사업의 신고를 하지 않고 협력사업을 시행하거나 거짓이나 그 밖의 부정한 방법으로 신고를 한 자, 협력사업에 관한 조정명령을 따르지 아니한 자는 1년 이하의 징역 또는 1천만 원 이하의 벌금에 처해진다(남북교류협력법 제2항 제2호 내지 제4호). 또한 협력사업 신고수리 시 부여된 조건을 위반한 자에게는 300만 원 이하의 과태료가 부과된다(남북교류협력법 제28조의2 제1항 제2~3호).

대북투자 신고

대북투자신고제도

협력사업으로 승인받은 행위가 외국환의 거래를 수반하는 경우, 협력사업 승인 이후의 투자절차에 관하여는 외국환거래법 등 관계 법령을 필요한 범위 안에서 준용하되, 남북교류협력법 제26조 제4항에 따라 기획재정부장관이 별도로 특례를 고시하는 때에는 이에 의한다(남북경제협력사업 처리에 관한 규정 제8조). 이러한 특례규정으로서 대북투자 등에 관한 외국환 거래지침(이하 '대북 외국환 거래지침')을 제정 및 시행하고 있다.

대북 외국환 거래지침에 따라 북한의 법령에 의하여 설립된 법인의 증권 또는 출자지분 등을 취득하는 방법, 해당 법인에 대하여 투자사업 수행에 필요한 자금을 대부하는 방법, 북한지역에 지점을 설치 또는 확장하기 위하여 그 지점에 자금을 지급하는 방법, 그 외의 방법으로 북한지역에서 사업을 영위하기 위한 자금을 지급하는 방법으로 북한에 투자하고자 하는 남측 투자가는 협력사업승인을 받은 후 지정거래 외국환은행장에게 신고('대북투자 신고')를 하여야 한다(제4조, 제7조).

대북투자 신고절차

대북투자 신고절차

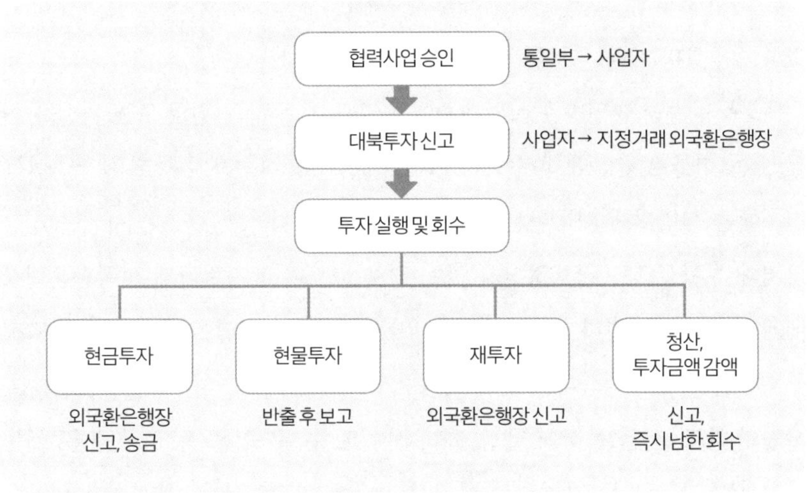

대북투자 신고서류 제출

대북투자 신고를 하고자 하는 자는 대북투자신고서에 협력사업승인서사본, 투자에 관한 최종합의서사본(외국환은행장이 부득이하다고 인정하는 경우 생략 가능), 자금조달 및 운용계획을 포함한 사업계획서(부속명세서가 있는 경우 그 부속명세서), 신고한 내용을 변경하고자 하는 경우에는 통일부장관의 변경승인서사본을 첨부하여 지정거래 외국환은행장에게 제출하여야 한다(대북 외국환 거래지침 제7조 제3항).

대북투자 실행 및 회수에 따른 제반 절차

대북투자 신고를 한 자(이하 '대북투자가')가 협력사업의 승인을 받은 바에 따라 북한에 송금 또는 투자를 하는 경우에는 지정거래 외국환은행장에게 신고하여야 한다(대북 외국환 거래지침 제9조).

대북투자가는 승인받은 사업계획에 따라 당해 투자의 원금 또는 과실을 현금 또는 현물로 남한에 회수하여야 하는데, 이를 회수하지 않고 재투자하는 경우에는 지정거래 외국환은행장에게 신고하여야 하고, 신고한 사업을 청산하거나 투자금액을 감액하고자 하는 경우에는 미리 지정거래 외국환은행장에게 신고하여야 한다. 또한 대북투자가는 협력사업승인이 취소된 경우 당해 투자사업을 즉시 청산하여야 하고, 투자금액을 감액하거나 사업기간의 종료, 사업의 양도, 사업 목적의 달성, 기타 사유로 투자사업을 종료하는 경우에는 감액한 투자금 또는 잔여재산을 즉시 남한에 회수하여야 한다(대북 외국환 관리지침 제10조).

대북투자가는 증권취득보고서를 투자금액 납입 후 6개월 이내에, 대부채권의 취득 및 변동보고서를 취득 또는 변동 후 1개월 이내에, 연간사업실적 및 결산보고서를 회계기간 종료 후 5개월 이내에, 청산보고서를 청산자금 수령 후 즉시, 지정거래 외국환은행장에게 제출하여야 하고(대북 외국환 관리지침 제12조), 지정거래 외국환은행장은 대북투자사업의 분석 결과 경영이 부실한 대북투자가에 대해 신규 대북투자의 승인 제한 등 필요한 조치를 기획재정부를 경유하여 통일부장관에게 건의할 수 있다(대북 외국환 거래지침 제13조).

개성공업지구의 투자절차

개성공업지구에는 남측 투자가, 외국 법인 및 개인, 경제조직들이 투자할 수 있고 투자가는 공업지구에 기업을 창설하거나 지사, 영업소, 사무소 등을 설치하고 자유로운 경제활동을 할 수 있다(개성공업지구법 제3조).

개성공업지구는 정해진 개발업자(중앙공업지구지도기관이 정함)가 토지를 임대받아 부지정리와 하부구조건설을 하고 투자를 유치하는 방법으로 개발한다(개성공업지구법 제2조, 제10조). 이에 따라 중앙공업지구지도기관과 토지임대차계약을 체결한 개발업자가 중앙공업지구지도기관으로부터 토지이용증을 발급받고(개성공업지구법 제12조), 공업지구개발계획에 대하여 중앙공업지구지도기관의 승인을 받은 후(개성공업지구법 제13조), 해당 계획에 따라 공업지구를 개발하며(개성공업지구법 제14조), 하부구조대상건설이 끝나는 즉시 공업지구개발계획에 따라 투자기업을 배치한다(개성공업지구법 제18조).

이때 투자기업은 공업지구의 토지이용권과 건물을 양도받거나 재임대받을 수 있다(개성공업지구법 제18조). 이 밖의 투자절차는 일반적 투자절차와 동일하다.

개성공업지구 투자절차

출처: 개성공업지구지원재단, 개성공업지구관리위원회의 '개성공단 투자안내' 브로슈어 참고

북한 비즈니스 진출 전략

삼정KPMG 대북비즈니스지원센터 / 20,000원

위기의 한국 경제, '기회의 땅'을 예비하라!

북한의 투자 유망 분야와 지역에 대한 세밀한 분석과 실행 대안을 제시한 '국내 최초의 북한 비즈니스 전략서'. 남북관계의 특수성에 비추어 남북경협을 단기·중기·장기로 나누고 단계별 효과적 접근 방법과 예상되는 리스크를 최소화하는 방안을 친절히 안내한다.

북한을 읽다, 지속가능발전 프로젝트

구애림·조정훈·조진희 / 16,000원

북한을 읽으면 한반도의 미래가 보인다!

지속가능발전의 프레임으로 북한을 진단한 최초의 책. 남한과 북한, 국제사회의 개발협력을 위한 새로운 디자인이 절실한 상황에서 미래지향적 발전모델과 실현 가능한 사업 방안을 제시한다.

경계에서 평화를 찾다: 유럽·양안·한반도

구갑우 외 / 16,000원

갈등은 왜 지속되는가

전 지구적으로 다양한 경계가 무너지거나 재구성되는 역동성 속에서 한반도 평화프로세스의 새로운 패러다임을 모색하는 책. 군사정전이 완전한 평화협약으로 대체되지 못하고 현재에도 분단체제가 이어지는 이유와 전환의 실마리를 제시한다.